普通高等教育应用型本科创新教材

Introduction to
Surveying and Mapping Laws
测绘法律法规概论

宋　雷　王德保　主　编

周保兴　宋黎民　副主编

余正昊　夏小裕

人民交通出版社股份有限公司
China Communications Press Co., Ltd.

内 容 提 要

本书依据2017年新修订的《中华人民共和国测绘法》和国家注册测绘师考试大纲内容与要求进行编写，编写过程中主要参考了国家测绘地理信息局职业技能鉴定指导中心编写的注册测绘师资格考试教材《测绘管理与法律法规》的内容。全书共分9章，主要内容包括：测绘法律法规概述、测绘资质资格、测绘项目管理和测绘标准化、测绘基准和测绘系统、基础测绘管理、测绘成果管理、界线测绘与不动产测绘管理、地图管理和测绘法律法规选辑等。每章精选部分注册测绘师考试真题作为课后练习题，并对题目的答案根据新的测绘法律法规体系进行解释。

本书可作为本科和高职高专院校测绘工程、地理信息系统、遥感科学与技术等专业的教材，也可作为国家注册测绘师考试的参考用书。

图书在版编目(CIP)数据

测绘法律法规概论/宋雷，王德保主编.— 北京：
人民交通出版社股份有限公司，2018.9
ISBN 978-7-114-14998-6

Ⅰ.①测⋯ Ⅱ.①宋⋯ ②王⋯ Ⅲ.①测绘法令—中国—高等学校—教材 Ⅳ.①D922.17

中国版本图书馆 CIP 数据核字(2018)第 208864 号

Cehui Falü Fagui Gailun

书　　　名：	测绘法律法规概论
著 作 者：	宋　雷　王德保
责任编辑：	李　坤
责任校对：	刘　芹
责任印制：	张　凯
出版发行：	人民交通出版社股份有限公司
地　　　址：	(100011)北京市朝阳区安定门外外馆斜街3号
网　　　址：	http://www.ccpcl.com.cn
销售电话：	(010)59757973
总 经 销：	人民交通出版社股份有限公司发行部
经　　　销：	各地新华书店
印　　　刷：	北京武英文博科技有限公司
开　　　本：	787×1092　1/16
印　　　张：	14
字　　　数：	312 千
版　　　次：	2018 年 9 月　第 1 版
印　　　次：	2021 年 1 月　第 3 次印刷
书　　　号：	ISBN 978-7-114-14998-6
定　　　价：	38.00 元

(有印刷、装订质量问题的图书，由本公司负责调换)

前　言

国家教育部要求测绘工程专业毕业生除获得测量领域的基本理论和知识外,还应熟悉各种测绘方针、政策和法规。全国注册测绘师资格考试也将"测绘管理与法律法规"作为考试科目之一。本书为适应新形势下注册测绘师考试制度,满足应用性人才培养的目标与要求,依据2017年新修订的《中华人民共和国测绘法》,同时参考国家注册测绘师考试大纲的要求编写而成,编写过程中主要参考了国家测绘地理信息局(2018年并入自然资源部)职业技能鉴定指导中心编写的注册测绘师资格考试教材《测绘管理与法律法规》的内容,并根据新修订的《测绘法》进行部分改进。编写力求做到结构严谨、概念清晰,叙述清楚。

全书共分9章,主要内容包括:测绘法律法规概述、测绘资质资格、测绘项目管理和测绘标准化、测绘基准和测绘系统、基础测绘管理、测绘成果管理、界线测绘与不动产测绘管理、地图管理和测绘法律法规选辑等。每章精选部分注册测绘师考试真题作为课后练习题,并对题目的答案根据新的测绘法律法规体系进行解释。本书内容为测绘工程专业和测绘相关专业学生能够熟悉测绘基本法律法规,依法从事测绘管理和测绘生产管理等各项测绘活动奠定坚实的基础。

本书由山东交通学院测绘教研室宋雷担任主编,山东交通学院测绘教研室王德保、余正昊、夏小裕、周保兴和山东省聊城市测绘院的注册测绘师宋黎民参与编写,具体编写分工如下:宋雷编写第1章、第2章和第6章;夏小裕编写第3章的第1节至第5节和第5章;宋黎民编写第3章第6节至第10节和第4章;王德保编写第7章;余正昊编写第8章;周保兴选辑第9章并精选部分习题。全书由宋雷统稿,王德保教授进行审核。

本书出版得到山东交通学院交通土建工程学院领导和人民交通出版社股份有限公司有关同志的大力支持,在此表示感谢,同时,对书中引用文献的作者表示诚挚感谢。

由于作者水平所限,缺点和错误在所难免,敬请同行及读者批评指正。

作者邮箱:songlei98@163.com。

编　者
2018年2月

目　　录

第1章　测绘法律法规概述	1
1.1　法律基本知识	1
1.2　我国测绘法律法规现状	3
1.3　我国测绘基本法律制度	7
1.4　与测绘相关的法律法规	16
习题	17
第2章　测绘资质资格	20
2.1　测绘资质管理制度	20
2.2　测绘执业资格与注册测绘师制度	28
2.3　测绘作业证管理	33
2.4　外国的组织或个人来华测绘管理	35
习题	38
第3章　测绘项目管理和测绘标准化	42
3.1　测绘项目发包和承包	42
3.2　测绘项目招标投标	44
3.3　测绘项目合同	46
3.4　测绘项目经费	48
3.5　测绘项目立项审核	49
3.6　标准化的基本知识	50
3.7　测绘标准的概念与分类	52
3.8　测绘标准的制定	54
3.9　测绘标准化管理职责	55
3.10　测绘计量管理	56
习题	59
第4章　测绘基准和测绘系统	64
4.1　测绘基准的概念和特征	64
4.2　测绘基准管理	65
4.3　测绘系统的概念与特点	66
4.4　卫星导航定位基准站建设与运营管理	67
4.5　相对独立的平面坐标系统	68

4.6 测量标志管理 …………………………………………………………………… 69
习题 ……………………………………………………………………………… 74

第 5 章　基础测绘管理 …………………………………………………………… 78
5.1 基础测绘的概念、特征与原则 ………………………………………………… 78
5.2 基础测绘规划 …………………………………………………………………… 81
5.3 基础测绘分级管理 ……………………………………………………………… 83
5.4 基础测绘成果定期更新 ………………………………………………………… 86
5.5 基础测绘应急保障 ……………………………………………………………… 87
5.6 基础测绘设施 …………………………………………………………………… 90
5.7 基础测绘成果提供利用 ………………………………………………………… 92
习题 ……………………………………………………………………………… 95

第 6 章　测绘成果管理 …………………………………………………………… 98
6.1 测绘成果的概念与特征 ………………………………………………………… 98
6.2 测绘成果保密管理 ……………………………………………………………… 99
6.3 测绘成果汇交 …………………………………………………………………… 103
6.4 测绘成果保管 …………………………………………………………………… 105
6.5 测绘地理信息档案管理 ………………………………………………………… 107
6.6 测绘成果质量管理 ……………………………………………………………… 110
6.7 测绘成果提供利用 ……………………………………………………………… 113
6.8 重要地理信息数据审核与公布 ………………………………………………… 116
6.9 测绘成果产权保护 ……………………………………………………………… 118
习题 ……………………………………………………………………………… 120

第 7 章　界线测绘与不动产测绘管理 …………………………………………… 127
7.1 界线测绘管理 …………………………………………………………………… 127
7.2 地籍测绘管理 …………………………………………………………………… 129
7.3 房产测绘管理 …………………………………………………………………… 131
7.4 海洋测绘管理 …………………………………………………………………… 133
习题 ……………………………………………………………………………… 133

第 8 章　地图管理 ………………………………………………………………… 137
8.1 地图的概念与特征 ……………………………………………………………… 137
8.2 地图编制管理 …………………………………………………………………… 138
8.3 地图出版、展示与登载管理 …………………………………………………… 141
8.4 地图审核管理 …………………………………………………………………… 143
8.5 互联网地图服务 ………………………………………………………………… 145
8.6 地理信息系统工程管理 ………………………………………………………… 147
习题 ……………………………………………………………………………… 149

第 9 章　测绘法律法规选辑 ……………………………………………………… 153
9.1 中华人民共和国测绘法 ………………………………………………………… 153
9.2 地图管理条例 …………………………………………………………………… 161

9.3 基础测绘条例 …………………………………………………………………… 167
9.4 中华人民共和国测绘成果管理条例 …………………………………………… 171
9.5 中华人民共和国测量标志保护条例 …………………………………………… 174
9.6 测绘资质管理规定 ……………………………………………………………… 177
9.7 测绘资质分级标准 ……………………………………………………………… 182
习题答案 ……………………………………………………………………………… 196
参考文献 ……………………………………………………………………………… 215

第1章　测绘法律法规概述

1.1　法律基本知识

1.1.1　法的概念和本质

法律是国家制定或认可的,由国家强制力保证实施的,以规定当事人权利和义务为内容的具有普遍约束力的社会规范。一般说来,"法"的范围比较大,往往指整个制度,"律"则指具体准则。法律是一系列的规则,通常需要经由一套制度来落实。

从本质上说,法是指国家按照统治阶级的利益制定或认可,并以国家强制力保证其实施的行为规范的总和。法律属于上层建筑范畴,决定于经济基础,并为经济基础服务。法的本质是统治阶级意志的体现,主要体现在以下几个方面:

(1)法是统治阶级意志的体现,这说明法的阶级性,法不是超阶级的,它总是一定阶级的意志的体现。

(2)法是统治阶级意志的体现,法只能是在经济上、政治上居于支配地位的阶级的意志的体现。法不是统治阶级中个人意志的体现,也不应是统治阶级个别或部分阶级(阶层)意志的体现。而是作为整体的统治阶级意志的体现。

(3)法是统治阶级的阶级意志的体现。法是通过统治阶级所掌握的国家政权,把统治阶级的意志上升为国家意志,只有以国家意志表现出来的统治阶级的意志才是法。

(4)法是统治阶级的基本意志的体现。但不是说统治阶级的意志都表现为法,统治阶级的意志要靠多种方式、多种途径去体现、去贯彻。法不可能包罗万象,它只规定和调整有关统治阶级基本利益的社会基本制度和主要的社会关系。

(5)法所体现的统治阶级意志的内容,最终是由统治阶级的物质生活条件决定的。物质生活条件主要指与一定生产力发展水平相适应的生产关系。

1.1.2　我国的法律渊源

我国法律形式是以宪法为核心的制定法形式,有权制定规范性法律文件的国家机关有全国人民代表大会及其常务委员会,国务院及其所属各部委,地方人民代表大会及其常委会,地方人民政府等。由于制定规范性文件的国家机关不同,文件的效率也不同,我国社会主义法律的渊源主要有以下几种:

1)宪法

宪法是由全国人民代表大会依特别程序制定的具有最高效力的根本法。在我国法律体系中具有最高的法律地位和法律效力,是我国最高的法律渊源。宪法是制定一切法律、法规的依据。宪法主要由两个方面的基本规范组成,一是《中华人民共和国宪法》;二是其他附属的宪法性文件,主要包括:国家机关组织法、选举法、民族区域自治法、特别行政区基本法、国籍法、国旗法、国徽法、保护公民权利法及其他宪法性法律文件。

2) 法律

法律是指由全国人民代表大会和全国人民代表大会常务委员会制定颁布的规范性法律文件,其法律效力仅次于宪法。法律分为基本法律和一般法律(非基本法律、专门法)两类。基本法律是由全国人民代表大会制定的调整国家和社会生活中带有普遍性社会关系的规范性法律文件的统称,如刑法、民法、诉讼法以及有关国家机构的组织法等法律。一般法律是由全国人民代表大会常务委员会制定的调整国家和社会生活中某种具体社会关系或其中某一方面内容的规范性文件的统称。其调整范围较基本法律小,内容较具体,如商标法、文物保护法等。

3) 行政法规

行政法规是国家最高行政机关(国务院)根据宪法和法律就有关执行法律和履行行政管理职权的问题,以及依据全国人民代表大会的特别授权所制定的规范性文件的总称。其法律地位和法律效力仅次于宪法和法律,但高于地方性法规和法规性文件。

4) 地方性法规

地方性法规是指依法由有地方立法权的地方人民代表大会及其常务委员会就地方性事务以及根据本地区实际情况执行法律、行政法规的需要所制定的规范性文件。有权制定地方性法规的地方人大及其常委会包括省、自治区、直辖市人大及其常委会、较大的市的人大及其常委会。较大的市,指省、自治区人民政府所在地的市,经济特区所在地的市和经国务院批准的较大市。地方性法规只在本辖区内有效。

5) 部门规章

国务院各部、各委员会、中国人民银行、审计署和具有行政管理职能的直属机构,以及省、自治区、直辖市人民政府和较大的市的人民政府所制定的规范性文件称规章。内容限于执行法律、行政法规、地方法规的规定,以及相关的具体行政管理事项。

6) 民族自治地方的自治条例和单行条例

根据《宪法》和《民族区域自治法》的规定,民族自治地方的人民代表大会有权依照当地民族的政治、经济和文化的特点,制定自治条例和单行条例。其适用范围是该民族自治地方。

7) 特别行政区的法律法规

宪法规定"国家在必要时得设立特别行政区"。特别行政区根据宪法和法律的规定享有行政管理权、立法权、独立的司法权和终审权。特别行政区同中央的关系是地方与中央的关系。但特别行政区享有一般地方所没有的高度自治权,包括依据全国人大制定的特别行政区基本法所享有的立法权。特别行政区的各类法的形式,是我国法律的一部分,是我国法律的一种特殊形式。特别行政区立法会制定的法律也是我国法的渊源。

8) 国际条约和行政协定

国际条约指我国与外国缔结、参加、签订、加入、承认的双边、多边的条约、协定和其他具有条约性质的文件(国际条约的名称,除条约外还有公约、协议、协定、议定书、宪章、盟约、换文和联合宣言等)。这些文件的内容除我国在缔结时宣布持保留意见不受其约束的以外,都与国内法具有一样的约束力,所以也是我国法的渊源。

1.2 我国测绘法律法规现状

目前我国已建立了由法律、行政法规、地方性法规、部门规章、政府规章、重要规范文件等共同组成的测绘法律法规体系,为测绘管理提供依据,为从事测绘活动提供基本准则。本节对测绘法律法规进行综合性简要的概述,具体内容将在其他章节分别阐述。

1.2.1 测绘法

在我国,法律由全国人民代表大会及其常务委员会制定。现行测绘法律是《中华人民共和国测绘法》(以下简称《测绘法》)。《测绘法》于1992年12月28日经第七届全国人民代表大会常务委员会第29次会议审议通过,并于1993年7月1日起实施。2002年8月29日第九届全国人民代表大会常务委员会第29次会议对《测绘法》进行第一次修订,于2002年12月1日起实施。2017年4月27日第十二届全国人民代表大会常务委员会第二十七次会议对《测绘法》进行第二次修订,于2017年7月1日起实施。2017年新修订的《测绘法》共10章68条,是我国在今后一段时期从事测绘活动和进行测绘管理的基本准则和依据,是我国测绘工作的基本法律。

1.2.2 行政法规

行政法规由国务院根据宪法和法律,并且按照行政法规制定的程序制定。行政法规的地位和效力仅次于法律,服从于宪法和法律。目前,测绘行政法规主要有《地图管理条例》《基础测绘条例》《中华人民共和国测绘成果管理条例》和《中华人民共和国测量标志保护条例》。

1)《地图管理条例》

《地图管理条例》于2015年11月11日国务院第111次常务会议通过,2015年12月14日中华人民共和国国务院第664号令公布,自2016年1月1日起施行。该条例是一部专门规范地图编制出版活动的行政法规,也是现行地图管理的主要依据。该条例对地图编制、地图审核、地图出版、互联网地图服务、监督检查和法律责任等方面都作出了具体的规定,并明确法律责任。《地图管理条例》共有八章五十八条。

2)《基础测绘条例》

《基础测绘条例》于2009年5月12日由中华人民共和国国务院令第556号公布,自2009年8月1日起施行。该条例对基础测绘规划、基础测绘项目的组织实施和基础测绘成果的更新与利用等作出了规定,并明确法律责任。《基础测绘条例》共有六章三十五条。

3)《中华人民共和国测绘成果管理条例》(以下简称《测绘成果管理条例》)

《测绘成果管理条例》于2006年5月27日由中华人民共和国国务院令第469号公布,自2006年9月1日起施行。该条例对测绘成果的汇交与保管、测绘成果的利用、重要地理信息数据的审核与公布和法律责任等作出了规定。《测绘成果管理条例》共有六章三十二条。

4)《中华人民共和国测量标志保护条例》(以下简称《测量标志保护条例》)

《测量标志保护条例》于 1996 年 9 月 4 日由中华人民共和国国务院令第 203 号发布,自 1997 年 1 月 1 日起施行。该条例对测量标志管理的职责分工、测量标志建设的要求、占地范围、设置标记、义务保管、检查维修、有偿使用、拆迁审批、标志保护、打击破坏测量标志的违法行为等作出了规定。《测量标志保护条例》共有二十六条。

1.2.3 部门规章和重要规范性文件

1)部门规章

部门规章由国务院各部、各委员会、中国人民银行、审计署和具有行政管理职能的直属机构,根据法律和国务院的行政法规、决定、命令,在本部门的权限范围内制定。部门规章经部务会议或者委员会会议决定,由部门首长签署命令予以公布。与测绘工作相关的现行部门规章如下。

(1)《测绘地理信息行政执法证管理办法》

《测绘地理信息行政执法证管理办法》于 2014 年 4 月 10 日国土资源部❶第 2 次部务会议通过,自 2014 年 7 月 1 日起施行。该办法是为了加强测绘地理信息行政执法证管理,规范测绘地理信息行政执法行为,促进测绘地理信息行政执法队伍建设,根据《中华人民共和国行政处罚法》《中华人民共和国测绘法》等有关法律法规制定。

(2)《测绘行政处罚程序规定》

《测绘行政处罚程序规定》于 2000 年 1 月 4 日国家测绘局令第 6 号发布,根据 2010 年 11 月 30 日《国土资源部关于修改〈测绘行政处罚程序规定〉的决定》修正。该规定是为规范和保证各级测绘主管部门依法行使职权,正确实施行政处罚,维护测绘行政执法相对人的合法权益,依照《中华人民共和国行政处罚法》《中华人民共和国测绘法》及有关行政法规的规定制定。《测绘行政处罚程序规定》对测绘行政处罚的管辖、简易程序、一般程序、听证程序和送达方式等做出具体规定。

(3)《外国的组织或者个人来华测绘管理暂行办法》

该办法是为实施《测绘法》的有关外国组织或者个人来华测绘制度而制定的部门规章,于 2007 年 1 月 19 日由中华人民共和国国土资源部令第 38 号公布,自 2007 年 3 月 1 日起施行。后根据《国土资源部关于修改〈外国的组织或者个人来华测绘管理暂行办法〉的决定》进行修正,于 2011 年 4 月 27 日重新公布施行。办法中针对外国组织或者个人来华测绘必须遵循的原则、组织形式、审批和监督管理、禁止从事的活动、资质条件和资质的申请审批、一次性测绘的申请审批、罚则等做出具体规定。

(4)《地图审核管理规定》

该规定是为加强地图审核管理,保证地图质量,根据《中华人民共和国测绘法》等有关法律、法规,制定的部门规章。这个部门规章对地图审核主体、地图审核的申请与受理、地图内容审查、审批与备案、罚则等作出了规定。

---

❶ 2018 年 3 月,国土资源部并入自然资源部。

(5)《重要地理信息数据审核公布管理规定》

该规定是为实施《测绘法》的有关条款而制定的部门规章,于 2003 年 3 月 25 日由中华人民共和国国土资源部令第 19 号发布,自 2003 年 5 月 1 日起施行。这个部门规章对重要地理信息数据的涵义、审核公布的主体、建议人提出审核公布建议的办法、审核的主要内容、公布的办法、罚则等作出规定。

(6)《房产测绘管理办法》

该办法为加强房产测绘管理,规范房产测绘行为,保护房屋权利人的合法权益,根据《中华人民共和国测绘法》和《中华人民共和国城市房地产管理法》制定,于 2000 年 12 月 28 日由建设部、国家测绘局令第 83 号令发布,自 2001 年 5 月 1 日起施行。该办法对房产测绘的委托、资格管理、成果管理、法律责任等作出了具体规定。

2) 规范性文件

规范性文件,是指各级党政机关、团体、组织制发的各类文件中最重要的一类,因其内容具有约束和规范人们行为的性质,故而称为规范性文件,如国家测绘地理信息局[1]发布的《关于全面开展地理国情监测的指导意见》《关于规范互联网服务单位使用地图的通知》和《关于规范卫星导航定位基准站数据密级划分和管理的通知》等,都属于规范性文件。目前,我国法律法规对规范性文件的涵义、制发主体、程序等尚无全面、统一的规定,但在实际工作中应用较多,各级人民政府及其各工作部门经常发一些规范性文件。测绘工作中经常涉及的重要规范性文件如下:

(1)《国家涉密基础测绘成果资料提供使用审批程序规定(试行)》

此项规定于 2007 年 7 月 1 日起施行。其中对于使用涉密测绘成果的申请、受理、审批程序以及保密责任书等作出规定。

(2)《测绘资质管理规定》

此项规定是为实施《测绘法》的测绘资质管理制度而制定,现执行的《测绘资质管理规定》于 2014 年 8 月 1 日起施行。《测绘资质管理规定》对测绘资质申请与受理、审查与决定、变更与延续、监督管理、罚则等作出规定。

(3)《测绘资质分级标准》

此标准与《测绘资质管理规定》相衔接,现执行的《测绘资质分级标准》于 2014 年 8 月 1 日起施行。《测绘资质分级标准》对各个测绘专业不同等级测绘资质应当具备的最低条件的标准作出规定,包括主体资格、专业技术人员、仪器设备、办公场所、质量管理、档案和保密管理、测绘业绩和测绘监理等方面的标准。

(4)《注册测绘师制度暂行规定》

此规定是为实施《测绘法》规定的测绘执业资格制度的有关条款制定的,于 2007 年 1 月 24 日由中华人民共和国人力资源和社会保障部、国家测绘局共同发布,于 2007 年 3 月 1 日起施行。其中对于注册测绘师的管理、考试科目、申请考试条件、考试办法、注册测绘师资格证书的取得、注册、执业范围、执业能力、权利、义务等作出规定。

---

[1] 2018 年 3 月,国家测绘地理信息局并入自然资源部。

(5)《注册测绘师执业管理办法(试行)》

为加强注册测绘师管理,规范注册测绘师执业行为,国家测绘地理信息局制定了《注册测绘师执业管理办法(试行)》,自 2015 年 1 月 1 日起施行。

(6)《测绘作业证管理规定》

此项规定是为实施《测绘法》中有关测绘作业证件的条款而制定的,于 2004 年 3 月 19 日由国家测绘局发布,于 2004 年 6 月 1 日起施行。其中对于测绘作业证的管理、申请、受理、审核、发放、注册、使用、当事人的权利义务等作出规定。

(7)《建立相对独立平面坐标系统管理办法》

该办法是为实施《测绘法》中有关建立相对独立平面坐标系统的条款而制定的,于 2006 年 4 月 12 日由国家测绘局发布,自发布之日起施行。其中对相对独立的平面坐标系统的涵义、审批主体、申请、受理、审批程序和期限等作出规定。

(8)《测绘标准化工作管理办法》

该办法由国家测绘局根据《中华人民共和国标准化法》和《测绘法》制定,于 2008 年 3 月 10 日由国家测绘局发布,自发布之日起施行。其中对测绘标准化工作的组织机构和职责分工、国家标准和行业标准的制定、标准项目的立项程序、测绘标准制定和修订的程序及要求、审批、发布、实施、监督、复审等作出规定。

(9)《地理信息标准化工作管理规定》

该规定由中国国家标准化管理委员会、国家测绘局依据《中华人民共和国标准化法》和《测绘法》制定,于 2009 年 4 月 1 日发布,自发布之日起施行。其中对地理信息标准化工作的职责、地理信息标准的立项、制修订、实施与监督等作出规定。

(10)《测绘计量管理暂行办法》

该办法根据《中华人民共和国计量法》制定,于 1996 年 5 月 22 日由国家测绘局发布,自发布之日起施行。其中对计量标准的考核认证、测绘计量器具的检定机构的授权、计量检定人员的考核认证、测绘计量器具的鉴定办法和要求等作出规定。

(11)《测绘质量监督管理办法》

该办法根据《测绘法》和《中华人民共和国产品质量法》制定,于 1997 年 8 月 6 日由国家测绘局发布,自发布之日起施行。其中对测绘产品质量遵循的原则、测绘单位的责任和义务、测绘标准化、计量检定、产品验收、测绘产品质量监督、罚则等作出规定。

(12)《测绘生产质量管理规定》

此项规定根据《测绘法》制定,于 1997 年 7 月 22 日由国家测绘局发布,自发布之日起施行。其中对测绘单位质量管理机构和人员、测绘质量责任制、生产组织的质量管理、生产过程的质量管理、产品使用过程的质量管理、质量奖罚等作出规定。

(13)《关于汇交测绘成果目录和副本实施办法》

该办法根据《测绘法》制定,于 1993 年 5 月 18 日由国家测绘局发布,自发布之日起施行。其中对汇交的测绘成果类别、汇交主体、期限、接受机构、成果保护和提供等作出规定。

(14)《测绘地理信息业务档案管理规定》

为加强测绘地理信息业务档案管理工作,国家测绘地理信息局会同国家档案局于 2015

年3月制定了《测绘地理信息业务档案管理规定》,其中对测绘地理信息业务档案管理工作的机构与职责、建档与归档、保管与销毁、服务与利用和监督管理等作出规定。

(15)《基础测绘成果提供使用管理暂行规定》

该办法根据《测绘法》和《测绘成果管理条例》制定,于2006年9月25日由国家测绘局发布,自发布之日起施行。其中对基础测绘成果提供使用管理机构、使用条件、申请、受理、批准、领取、提供、使用原则、使用情况跟踪检查等作出规定。

1.2.4 地方性法规与政府规章

1)地方性法规

省、自治区、直辖市的人民代表大会及其常务委员会根据本行政区域的具体情况和实际要求,在与宪法、法律、行政法规不相抵触的前提下,可以制定地方性法规。

较大的市的人民代表大会及其常务委员会根据本市的具体情况和实际需要,在与宪法、法律、行政法规和本省、自治区、直辖市的地方性法规不相抵触的前提下,可以制定地方性法规,报省、自治区、直辖市的人民代表大会常务委员会批准后施行。

目前,绝大多数省、自治区、直辖市都制定了测绘地方性法规,多见于各地的测绘管理条例或者实施测绘法办法。如《天津市测绘管理条例》《吉林省测绘条例》《四川省测绘成果管理办法》和《山东省测绘管理条例》等,都属于地方性法规。

2)政府规章

省、自治区、直辖市和较大的市的人民政府,可以根据法律、行政法规和本省、自治区、直辖市的地方性法规,制定政府规章。地方政府规章应当经政府常务会议或者全体会议决定。地方政府规章由省长或者自治区主席或者市长签署命令予以公布。

目前,有一些地方政府制定了测绘方面的政府规章。地方性法规和政府规章仅在特定的行政区域内有效。

1.3 我国测绘基本法律制度

《测绘法》是从事测绘活动和进行测绘管理的基本法律,是制定测绘行政法规、部门规章和规范性文件的主要依据,《测绘法》所确定的基本制度可以划分为测绘管理体制、测绘活动主体资质资格与权力保障制度、测绘项目发包和承包制度、测绘基准制度、基础测绘制度、维护国家安全和权益的制度、维护不动产权益的测绘管理制度、测绘标准化和质量管理制度、测绘成果管理制度和测绘公共设施保护制度等。

1.3.1 测绘管理体制

1)各级人民政府加强测绘工作领导

《测绘法》第三条规定:测绘事业是经济建设、国防建设、社会发展的基础性事业。各级人民政府应当加强对测绘工作的领导。

根据该条规定,国务院、省(自治区、直辖市)人民政府、市人民政府、县人民政府以及乡镇人民政府应当加强对测绘工作的领导。

2)测绘地理信息主管部门对测绘工作实行统一监督管理

《测绘法》第四条规定:国务院测绘地理信息主管部门负责全国测绘工作的统一监督管理。国务院其他有关部门按照国务院规定的职责分工,负责本部门有关的测绘工作。

根据该条规定,县级以上地方人民政府测绘地理信息主管部门负责本行政区域测绘工作的统一监督管理。

3)县级以上人民政府其他有关部门的责任

《测绘法》第四条规定:县级以上地方人民政府其他有关部门按照本级人民政府规定的职责分工,负责本部门有关的测绘工作。

4)军事测绘部门的责任

《测绘法》第四条规定:军队测绘部门负责管理军事部门的测绘工作,并按照国务院、中央军事委员会规定的职责分工负责管理海洋基础测绘工作。

1.3.2 测绘活动主体资质资格与权力保障制度

1)测绘资质管理制度

《测绘法》第二十七条规定:国家对从事测绘活动的单位实行测绘资质管理制度。从事测绘活动的单位应当具备下列条件,并依法取得相应等级的测绘资质证书,方可从事测绘活动:①有法人资格;②有与从事的测绘活动相适应的专业技术人员;③有与从事的测绘活动相适应的技术装备和设施;④有健全的技术和质量保证体系、安全保障措施、信息安全保密管理制度以及测绘成果和资料档案管理制度。

《测绘法》第二十八条规定:国务院测绘地理信息主管部门和省、自治区、直辖市人民政府测绘地理信息主管部门按照各自的职责负责测绘资质审查、发放测绘资质证书。具体办法由国务院测绘地理信息主管部门商国务院其他有关部门规定。军队测绘部门负责军事测绘单位的测绘资质审查。

《测绘法》第二十九条规定:测绘单位不得超越资质等级许可的范围从事测绘活动,不得以其他测绘单位的名义从事测绘活动,不得允许其他单位以本单位的名义从事测绘活动。

《测绘法》第五十五条规定:违反本法规定,未取得测绘资质证书,擅自从事测绘活动的,责令停止违法行为,没收违法所得和测绘成果,并处测绘约定报酬一倍以上二倍以下的罚款;情节严重的,没收测绘工具。以欺骗手段取得测绘资质证书从事测绘活动的,吊销测绘资质证书,没收违法所得和测绘成果,并处测绘约定报酬一倍以上二倍以下的罚款;情节严重的,没收测绘工具。

《测绘法》第五十六条规定:违反本法规定,测绘单位有下列行为之一的,责令停止违法行为,没收违法所得和测绘成果,处测绘约定报酬一倍以上二倍以下的罚款,并可以责令停业整顿或者降低测绘资质等级;情节严重的,吊销测绘资质证书:①超越资质等级许可的范围从事测绘活动;②以其他测绘单位的名义从事测绘活动;③允许其他单位以本单位的名义从事测绘活动。

根据这些规定,测绘单位应当申请领取测绘资质证书,测绘地理信息主管部门应当对测绘单位进行测绘资质审查和发放测绘资质证书,对未取得测绘资质证书从事测绘活动的应当予以处罚。

2）测绘执业资格制度

《测绘法》第三十条规定：从事测绘活动的专业技术人员应当具备相应的执业资格条件。具体办法由国务院测绘地理信息主管部门会同国务院人力资源社会保障主管部门规定。

《测绘法》第三十二条规定：测绘单位的测绘资质证书、测绘专业技术人员的执业证书和测绘人员的测绘作业证件的式样，由国务院测绘地理信息主管部门统一规定。

《测绘法》第五十九条规定：违反本法规定，未取得测绘执业资格，擅自从事测绘活动的，责令停止违法行为，没收违法所得和测绘成果，对其所在单位可以处违法所得二倍以下的罚款；情节严重的，没收测绘工具；造成损失的，依法承担赔偿责任。

根据这些规定，测绘专业技术人员应当申请取得测绘执业资格，未取得测绘执业资格从事测绘活动的应当受到处罚，国务院测绘地理信息主管部门应当会同国务院人事行政主管部门制定执业资格的具体规定，国务院测绘地理信息主管部门应当规定测绘专业技术人员的执业证书的式样。

3）测绘权利保障制度

《测绘法》第三十一规定：测绘人员进行测绘活动时，应当持有测绘作业证件。任何单位和个人不得阻碍测绘人员依法进行测绘活动。

根据上述规定，对于持有测绘作业证件的测绘人员从事合法的测绘活动的权利受《测绘法》的保护，任何单位和个人不得阻碍测绘人员依法进行测绘活动。

1.3.3 测绘项目发包和承包制度

《测绘法》第二十九条规定：测绘项目实行招标投标的，测绘项目的招标单位应当依法在招标公告或者投标邀请书中对测绘单位资质等级作出要求，不得让不具有相应测绘资质等级的单位中标，不得让测绘单位低于测绘成本中标。中标的测绘单位不得向他人转让测绘项目。

《测绘法》第五十七条规定：违反本法规定，测绘项目的招标单位让不具有相应资质等级的测绘单位中标，或者让测绘单位低于测绘成本中标的，责令改正，可以处测绘约定报酬二倍以下的罚款。招标单位的工作人员利用职务上的便利，索取他人财物，或者非法收受他人财物为他人谋取利益的，依法给予处分；构成犯罪的，依法追究刑事责任。

《测绘法》第五十八条规定：违反本法规定，中标的测绘单位向他人转让测绘项目的，责令改正，没收违法所得，处测绘约定报酬一倍以上二倍以下的罚款，并可以责令停业整顿或者降低测绘资质等级；情节严重的，吊销测绘资质证书。

根据这些规定，测绘项目承包和发包的当事人应当依法进行发包和承包活动；测绘地理信息主管部门应当对测绘项目发包和承包活动进行监督，依法查处违法行为。

除《测绘法》外，《中华人民共和国招标投标法》也赋予了测绘地理信息主管部门在测绘项目招标投标活动中的监督管理责任，包括监督检查招标投标活动，审查招标投标情况的书面报告，查处招标投标过程中违法行为等。

1.3.4 测绘基准制度

1）测绘基准

《测绘法》第九条规定：国家设立和采用全国统一的大地基准、高程基准、深度基准和重力基准,其数据由国务院测绘地理信息主管部门审核,并与国务院其他有关部门、军队测绘部门会商后,报国务院批准。

这里包括几层含义:一是国家设立全国统一的测绘基准;二是设立测绘基准要有严格的审核审批程序,测绘基准数据由国务院测绘地理信息主管部门审核,并与国务院其他有关部门、军队测绘部门会商后,报国务院批准;三是从事测绘活动,应当采用国家规定的测绘基准。

2)测绘系统

《测绘法》第十条规定:国家建立全国统一的大地坐标系统、平面坐标系统、高程系统、地心坐标系统和重力测量系统。

这里包括两层含义:一是国家设立统一的测绘系统;二是在测绘活动中,应当采用国家统一的坐标系统。

3)建立相对独立的平面坐标系统制度

《测绘法》第十一条规定:因建设、城市规划和科学研究的需要,国家重大工程项目和国务院确定的大城市确需建立相对独立的平面坐标系统的,由国务院测绘地理信息主管部门批准;其他确需建立相对独立的平面坐标系统的,由省、自治区、直辖市人民政府测绘地理信息主管部门批准。建立相对独立的平面坐标系统,应当与国家坐标系统相联系。

《测绘法》第五十二条规定:违反本法规定,未经批准擅自建立相对独立的平面坐标系统,或者采用不符合国家标准的基础地理信息数据建立地理信息系统的,给予警告,责令改正,可以并处五十万元以下的罚款;对直接负责的主管人员和其他直接责任人员,依法给予处分。

根据上述规定,建立和使用相对独立的平面坐标系统,必须经过测绘地理信息主管部门的批准,否则将受到处罚。

4)卫星导航定位基准站建设

《测绘法》第十二条规定:国务院测绘地理信息主管部门和省、自治区、直辖市人民政府测绘地理信息主管部门应当会同本级人民政府其他有关部门,按照统筹建设、资源共享的原则,建立统一的卫星导航定位基准服务系统,提供导航定位基准信息公共服务。

《测绘法》第十三条规定:建设卫星导航定位基准站的,建设单位应当按照国家有关规定报国务院测绘地理信息主管部门或者省、自治区、直辖市人民政府测绘地理信息主管部门备案。国务院测绘地理信息主管部门应当汇总全国卫星导航定位基准站建设备案情况,并定期向军队测绘部门通报。

卫星导航定位基准站,是指对卫星导航信号进行长期连续观测,并通过通信设施将观测数据实时或者定时传送至数据中心的地面固定观测站。

《测绘法》第十四条规定:卫星导航定位基准站的建设和运行维护应当符合国家标准和要求,不得危害国家安全。

卫星导航定位基准站的建设和运行维护单位应当建立数据安全保障制度,并遵守保密法律、行政法规的规定。

县级以上人民政府测绘地理信息主管部门应当会同本级人民政府其他有关部门,加强对卫星导航定位基准站建设和运行维护的规范和指导。

1.3.5 基础测绘制度

1）基础测绘分级管理

《测绘法》第十五条规定：基础测绘是公益性事业。国家对基础测绘实行分级管理。

根据该条规定，国家的基础测绘应当是一个完整的体系，采用县级以上人民政府分级管理的办法。

2）基础测绘规划编制

《测绘法》第十六条规定：国务院测绘地理信息主管部门会同国务院其他有关部门、军队测绘部门组织编制全国基础测绘规划，报国务院批准后组织实施。县级以上地方人民政府测绘地理信息主管部门会同本级人民政府其他有关部门，根据国家和上一级人民政府的基础测绘规划及本行政区域的实际情况，组织编制本行政区域的基础测绘规划，报本级人民政府批准后组织实施。

根据该条规定基础测绘应当制定规划，国家的基础测绘规划应当报国务院批准后实施。省（自治区、直辖市）、市、县的测绘地理信息主管部门组织编制本行政区域的基础测绘规划，报本级人民政府批准后组织实施。

3）基础测绘列入国民经济和社会发展年度计划及财政预算

《测绘法》第十八条规定：县级以上人民政府应当将基础测绘纳入本级国民经济和社会发展年度计划，将基础测绘工作所需经费列入本级政府预算。

根据该条规定，国务院、省（自治区、直辖市）、市、县人民政府将基础测绘列入本级政府预算。

4）基础测绘年度计划编制

《测绘法》第十八条规定：国务院发展改革部门会同国务院测绘地理信息主管部门，根据全国基础测绘规划编制全国基础测绘年度计划。

县级以上地方人民政府发展改革部门会同本级人民政府测绘地理信息主管部门，根据本行政区域的基础测绘规划编制本行政区域的基础测绘年度计划，并分别报上一级部门备案。

根据该条规定，应当编制基础测绘年度计划，编制年度计划要符合基础测绘规划的要求，下级基础测绘年度计划要报上一级部门备案。

5）基础测绘成果更新

《测绘法》第十九条规定：基础测绘成果应当定期更新，经济建设、国防建设、社会发展和生态保护急需的基础测绘成果应当及时更新。基础测绘成果的更新周期根据不同地区国民经济和社会发展的需要确定。

根据该条规定，应当按需制定基础测绘成果更新周期。

6）海洋基础测绘

《测绘法》第十七条规定：军队测绘部门按照国务院、中央军事委员会规定的职责分工负责编制海洋基础测绘规划，并组织实施。

1.3.6 维护国家安全和权益的制度

1）外国的组织或者个人来华测绘

《测绘法》第八条规定：外国的组织或者个人在中华人民共和国领域和中华人民共和国

管辖的其他海域从事测绘活动,应当经国务院测绘地理信息主管部门会同军队测绘部门批准,并遵守中华人民共和国有关法律、行政法规的规定。外国的组织或者个人在中华人民共和国领域从事测绘活动,应当与中华人民共和国有关部门或者单位合作进行,并不得涉及国家秘密和危害国家安全。

第五十一条规定:违反本法规定,外国的组织或者个人未经批准,或者未与中华人民共和国有关部门、单位合作,擅自从事测绘活动的,责令停止违法行为,没收违法所得、测绘成果和测绘工具,并处十万元以上五十万元以下的罚款;情节严重的,并处五十万元以上一百万元以下的罚款,限期出境或者驱逐出境;构成犯罪的,依法追究刑事责任。

根据上述规定,外国的组织或者个人来华从事测绘活动,必须与我国有关部门或者单位合作进行,并经过批准,否则将受到处罚。

2)测绘成果的保密

《测绘法》第三十四条规定:测绘成果保管单位应当采取措施保障测绘成果的完整和安全,并按照国家有关规定向社会公开和提供利用。测绘成果属于国家秘密的,适用保密法律、行政法规的规定;需要对外提供的,按照国务院和中央军事委员会规定的审批程序执行。

3)国界线测绘

《测绘法》第二十条规定:中华人民共和国国界线的测绘,按照中华人民共和国与相邻国家缔结的边界条约或者协定执行,由外交部组织实施。中华人民共和国地图的国界线标准样图,由外交部和国务院测绘地理信息主管部门拟定,报国务院批准后公布。

4)行政区域界线测绘

《测绘法》第二十一条规定:行政区域界线的测绘,按照国务院有关规定执行。省、自治区、直辖市和自治州、县、自治县、市行政区域界线的标准画法图,由国务院民政部门和国务院测绘地理信息主管部门拟定,报国务院批准后公布。

5)地图管理

《测绘法》第三十八条规定:地图的编制、出版、展示、登载及更新应当遵守国家有关地图编制标准、地图内容表示、地图审核的规定。

互联网地图服务提供者应当使用经依法审核批准的地图,建立地图数据安全管理制度,采取安全保障措施,加强对互联网地图新增内容的核校,提高服务质量。

县级以上人民政府和测绘地理信息主管部门、网信部门等有关部门应当加强对地图编制、出版、展示、登载和互联网地图服务的监督管理,保证地图质量,维护国家主权、安全和利益。

地图管理的具体办法由国务院规定。

《测绘法》第六十二条规定:违反本法规定,编制、出版、展示、登载、更新的地图或者互联网地图服务不符合国家有关地图管理规定的,依法给予行政处罚、处分;构成犯罪的,依法追究刑事责任。

6)军事测绘

《测绘法》第十七条规定:军队测绘部门负责编制军事测绘规划,并组织实施。

1.3.7　维护不动产权益的测绘管理制度

1）不动产权属测绘制度

《测绘法》第二十二条规定：县级以上人民政府测绘地理信息主管部门应当会同本级人民政府不动产登记主管部门，加强对不动产测绘的管理。测量土地、建筑物、构筑物和地面其他附着物的权属界址线，应当按照县级以上人民政府确定的权属界线的界址点、界址线或者提供的有关登记资料和附图进行。权属界址线发生变化的，有关当事人应当及时进行变更测绘。

2）地理国情监测

《测绘法》第二十六条规定：县级以上人民政府测绘地理信息主管部门应当会同本级人民政府其他有关部门依法开展地理国情监测，并按照国家有关规定严格管理、规范使用地理国情监测成果。

各级人民政府应当采取有效措施，发挥地理国情监测成果在政府决策、经济社会发展和社会公众服务中的作用。

1.3.8　测绘标准化和质量管理制度

1）测绘标准化

对测绘标准化和规范化方面的行政管理活动，《中华人民共和国标准化法》和《中华人民共和国计量法》中规定测绘地理信息主管部门在测绘标准化和规范化管理中应当承担必要的责任。同时，测绘法又作出了一些特别规定。

（1）国家统一确定大地测量等级和精度

《测绘法》第十条规定：国家确定全国统一的大地测量等级和精度，具体规范和要求由国务院测绘地理信息主管部门会同国务院其他有关部门、军队测绘部门制定。

（2）国家统一规定国家基本比例尺地图的系列和基本精度

《测绘法》第十条规定：国家确定全国统一的国家基本比例尺地图的系列和基本精度。具体规范和要求由国务院测绘地理信息主管部门会同国务院其他有关部门、军队测绘部门制定。

（3）国家制定工程测量规范

《测绘法》第二十三条规定：水利、能源、交通、通信、资源开发和其他领域的工程测量活动，应当执行国家有关的工程测量技术规范。

（4）国家制定房产测量规范

《测绘法》第二十三条规定：城乡建设领域的工程测量活动，与房屋产权、产籍相关的房屋面积的测量，应当执行由国务院住房城乡建设主管部门、国务院测绘地理信息主管部门组织编制的测量技术规范。

2）测绘质量管理制度

《测绘法》第三十九条规定：测绘单位应当对完成的测绘成果质量负责。县级以上人民政府测绘地理信息主管部门应当加强对测绘成果质量的监督管理。

《测绘法》第六十三条规定：违反本法规定，测绘成果质量不合格的，责令测绘单位补测或者重测;情节严重的,责令停业整顿,并处降低测绘资质等级或者吊销测绘资质证书;造成损失的,依法承担赔偿责任。

1.3.9 测绘成果管理制度

1)测绘成果的汇交

《测绘法》第三十三条规定:国家实行测绘成果汇交制度。国家依法保护测绘成果的知识产权。

测绘项目完成后,测绘项目出资人或者承担国家投资的测绘项目的单位,应当向国务院测绘地理信息主管部门或者省、自治区、直辖市人民政府测绘地理信息主管部门汇交测绘成果资料。属于基础测绘项目的,应当汇交测绘成果副本;属于非基础测绘项目的,应当汇交测绘成果目录。负责接收测绘成果副本和目录的测绘地理信息主管部门应当出具测绘成果汇交凭证,并及时将测绘成果副本和目录移交给保管单位。测绘成果汇交的具体办法由国务院规定。

《测绘法》第六十条规定:违反本法规定,不汇交测绘成果资料的,责令限期汇交;测绘项目出资人逾期不汇交的,处重测所需费用一倍以上二倍以下的罚款;承担国家投资的测绘项目的单位逾期不汇交的,处五万元以上二十万元以下的罚款,并处暂扣测绘资质证书,自暂扣测绘资质证书之日起六个月内仍不汇交的,吊销测绘资质证书;对直接负责的主管人员和其他直接责任人员,依法给予处分。

2)测绘成果目录公布

《测绘法》第三十三条规定:国务院测绘地理信息主管部门和省、自治区、直辖市人民政府测绘地理信息主管部门应当及时编制测绘成果目录,并向社会公布。

3)测绘成果提供使用

《测绘法》第三十四条规定:县级以上人民政府测绘地理信息主管部门应当积极推进公众版测绘成果的加工和编制工作,通过提供公众版测绘成果、保密技术处理等方式,促进测绘成果的社会化应用。

测绘成果保管单位应当采取措施保障测绘成果的完整和安全,并按照国家有关规定向社会公开和提供利用。

《测绘法》第三十六条规定:基础测绘成果和国家投资完成的其他测绘成果,用于政府决策、国防建设和公共服务的,应当无偿提供。

除前款规定情形外,测绘成果依法实行有偿使用制度。但是,各级人民政府及有关部门和军队因防灾减灾、应对突发事件、维护国家安全等公共利益的需要,可以无偿使用。

测绘成果使用的具体办法由国务院规定。

4)重要地理信息数据的审核公布

《测绘法》第三十七条规定:中华人民共和国领域和中华人民共和国管辖的其他海域的位置、高程、深度、面积、长度等重要地理信息数据,由国务院测绘地理信息主管部门审核,并与国务院其他有关部门、军队测绘部门会商后,报国务院批准,由国务院或者国务院授权的部门公布。

《测绘法》第六十一条规定:违反本法规定,擅自发布中华人民共和国领域和中华人民共和国管辖的其他海域的重要地理信息数据的,给予警告,责令改正,可以并处五十万元以下的罚款;对直接负责的主管人员和其他直接责任人员,依法给予处分;构成犯罪的,依法追究刑事责任。

5)地理信息系统的建立

《测绘法》第二十四条规定:建立地理信息系统,应当采用符合国家标准的基础地理信息数据。

《测绘法》第四十条规定:国家鼓励发展地理信息产业,推动地理信息产业结构调整和优化升级,支持开发各类地理信息产品,提高产品质量,推广使用安全可信的地理信息技术和设备。

县级以上人民政府应当建立健全政府部门间地理信息资源共建共享机制,引导和支持企业提供地理信息社会化服务,促进地理信息广泛应用。

县级以上人民政府测绘地理信息主管部门应当及时获取、处理、更新基础地理信息数据,通过地理信息公共服务平台向社会提供地理信息公共服务,实现地理信息数据开放共享。

《测绘法》第五十二条规定:违反本法规定,未经批准擅自建立相对独立的平面坐标系统,或者采用不符合国家标准的基础地理信息数据建立地理信息系统的,给予警告,责令改正,可以并处五十万元以下的罚款;对直接负责的主管人员和其他直接责任人员,依法给予处分。

1.3.10 测绘公共设施保护制度

测量标志是标定地面测量控制点位置的标石、觇标以及其他用于测量的标记物的通称。在《测绘法》中,重点规定了对测量标志的保护。

1)建设测量标志设立明显标记并委托保管

《测绘法》第四十二条规定:永久性测量标志的建设单位应当对永久性测量标志设立明显标记,并委托当地有关单位指派专人负责保管。

2)使用测量标志必须出示作业证

《测绘法》第四十四条规定:测绘人员使用永久性测量标志,应当持有测绘作业证件,并保证测量标志的完好。保管测量标志的人员应当查验测量标志使用后的完好状况。

3)严禁损毁或擅自移动测量标志

《测绘法》第四十一条规定:任何单位和个人不得损毁或者擅自移动永久性测量标志和正在使用中的临时性测量标志,不得侵占永久性测量标志用地,不得在永久性测量标志安全控制范围内从事危害测量标志安全和使用效能的活动。

4)永久性测量标志的拆迁审批

《测绘法》第四十三条规定:进行工程建设,应当避开永久性测量标志;确实无法避开,需要拆迁永久性测量标志或者使永久性测量标志失去使用效能的,应当经省、自治区、直辖市人民政府测绘地理信息主管部门批准;涉及军用控制点的,应当征得军队测绘部门的同意。所需迁建费用由工程建设单位承担。

《测绘法》第六十四条规定:违反本法规定,有下列行为之一的,给予警告,责令改正,可以并处二十万元以下的罚款;对直接负责的主管人员和其他直接责任人员,依法给予处分;造成损失的,依法承担赔偿责任;构成犯罪的,依法追究刑事责任:

(1)损毁、擅自移动永久性测量标志或者正在使用中的临时性测量标志;

(2)侵占永久性测量标志用地;

(3)在永久性测量标志安全控制范围内从事危害测量标志安全和使用效能的活动;

(4)擅自拆迁永久性测量标志或者使永久性测量标志失去使用效能,或者拒绝支付迁建费用;

(5)违反操作规程使用永久性测量标志,造成永久性测量标志毁损。

5)保护与检查维护测量标志

《测绘法》第四十五条规定:县级以上人民政府应当采取有效措施加强测量标志的保护工作。

县级以上人民政府测绘地理信息主管部门应当按照规定检查、维护永久性测量标志。

乡级人民政府应当做好本行政区域内的测量标志保护工作。

1.4　与测绘相关的法律法规

测绘工作涉及行政许可、招标投标、合同签订、标准化、计量等,从事测绘工作还应遵守与测绘工作相关的系列法律法规。主要包括《中华人民共和国行政许可法》《中华人民共和国招标投标法》《中华人民共和国反不正当竞争法》《中华人民共和国合同法》《中华人民共和国标准化法》《中华人民共和国计量法》《中华人民共和国保守国家秘密法》《行政区域界线管理条例》《中华人民共和国物权法》《中华人民共和国土地管理法》和《中华人民共和国城市房地产管理法》等。

(1)《中华人民共和国行政许可法》是一部规范行政许可的设定和实施的法律,对保护公民、法人和其他组织的合法权益,维护公共利益和社会秩序,保障和监督行政机关有效实施行政管理,都具有重要意义。该法对行政许可的原则、设定、实施机关、实施程序、监督检查等作出规定。在测绘活动和测绘管理中,也涉及一些行政许可事项,例如,资质审批、地图审核、建立相对独立平面坐标系统审批等,这些行政许可的设定和实施要符合《中华人民共和国行政许可法》的规定。

(2)《中华人民共和国招标投标法》是国家用来规范招标投标活动、调整在招标投标过程中产生的各种关系的法律。其中对招标投标活动遵循的原则、招标、投标、开标、评标、中标等作出法律规定。

(3)《中华人民共和国反不正当竞争法》是保障社会主义市场经济健康发展,鼓励和保护公平竞争,制止不正当竞争行为,保护经营者和消费者的合法权益的法律。其中对经营者在市场交易活动中遵循的原则、不正当竞争行为的种类、对不正当竞争行为的监督检查、对不正当竞争行为的处罚等作出法律规定。

(4)《中华人民共和国合同法》是规范各类合同的订立和履行、规范市场交易的法律,对于及时解决经济纠纷,保护当事人的合法权益,维护社会主义市场经济秩序,具有十分重要的作用。其中对合同订立和履行的基本原则、合同订立的形式和内容、合同订立的程序和方法、合同的效力、合同的履行、合同的变更和转让、合同的权利义务终止、违约责任等作出法律规定。

(5)《中华人民共和国标准化法》确定了我国的标准体系和标准化管理体制,规定了制定标准的对象与原则以及实施标准的要求,明确了违法行为的法律责任和处罚办法。《中华人民共和国标准化法》是国家推行标准化,实施标准化管理和监督的重要依据。

(6)《中华人民共和国计量法》对计量工作的管理、计量基准器具、计量标准器具和计量检定、计量器具的制造和修理,计量监督,法律责任作出规定。

(7)《中华人民共和国保守国家秘密法》对保密工作管理体制、单位和个人的保密义务、国家秘密范围和密级、保密制度、法律责任等作出规定。

(8)《行政区域界线管理条例》是行政法规,对行政区域界线的确定、管理、勘定、测绘、公布、检查、归档、行政区域界线标准详图的绘制和使用等作出规定。

(9)《中华人民共和国物权法》是为了维护国家基本经济制度,维护社会主义市场经济秩序,明确物的归属,发挥物的效用,保护权利人的物权,根据宪法制定的法律。其中对于物权的设立、变更、转让和消灭,物权保护,物权的种类和内容等作出规定。在这部法律中规定的不动产物权登记制度等是地籍测绘、房产测绘的根据和服务对象。

(10)《中华人民共和国土地管理法》是为了加强土地管理,维护土地的社会主义公有制,保护、开发土地资源,合理利用土地,切实保护耕地,促进社会经济的可持续发展而制定的法律。

(11)《中华人民共和国城市房地产管理法》是为了加强对城市房地产的管理,维护房地产市场秩序,保障房地产权利人的合法权益,促进房地产业的健康发展而制定的法律。

习　　题

一、单项选择题

1.《测绘法》于2017年4月27日第十二届全国人民代表大会常务委员会第二十七次会议第二次修订通过,自(　　)起实施。

　　A.2017年5月1日　　　　　　　　B.2017年4月27日
　　C.2017年7月1日　　　　　　　　D.2017年8月1日

2.(　　)是在我国从事测绘活动和进行测绘管理的基本准则和依据,是我国测绘工作的基本法律,是从事测绘活动的基本准则。

　　A.《中华人民共和国测绘法》　　　　B.测绘行政法规
　　C.部门规章和重要规范性文件　　　　D.地方性法规与政府规章

3.从事测绘活动的单位应当取得(　　)。

　　A.测绘许可证　　　　　　　　　　B.测绘资质证书
　　C.测绘资格证书　　　　　　　　　D.测绘作业证

4.某测绘单位的《测绘资质证书》载明的业务范围为工程测量。对于大地测量项目招标邀请,该单位正确的做法是(　　)。

A. 使用本单位《测绘资质证书》投标

B. 借用其他单位的《测绘资质证书》投标

C. 不参与投标

D. 从中标单位分包部分大地测量业务

5. 关于测绘作业证的说法,错误的是(　　)。

　　A. 由国家测绘局统一规定样式

　　B. 由省、自治区、直辖市测绘地理信息主管部门审核发放

　　C. 在本省、自治区、直辖市区域内使用

　　D. 测绘人员从事测绘活动应当持有测绘作业证件

6.《测绘法》规定,批准全国统一的大地基准、高程基准、深度基准和重力基准数据的机构是(　　)。

　　A. 国务院　　　　　　　　　　　B. 国务院测绘地理信息主管部门

　　C. 军队测绘部门　　　　　　　　D. 国务院发展计划主管部门

7. 根据《测绘法》,全国统一的大地基准、高程基准、深度基准和重力基准,其数据由(　　)审核。

　　A. 国务院

　　B. 国务院测绘地理信息主管部门会同有关部门

　　C. 军队测绘部门

　　D. 国务院测绘地理信息主管部门

8. 根据《测绘法》规定,卫星导航定位基准站的建设和运行维护单位应当建立数据安全保障制度,并遵守保密法律、行政法规的规定。(　　)应当会同本级人民政府其他有关部门,加强对卫星导航定位基准站建设和运行维护的规范和指导。

　　A. 县级以上人民政府测绘地理信息主管部门

　　B. 国务院测绘地理信息主管部门

　　C. 省、自治区、直辖市测绘地理信息主管部门

　　D. 军队测绘部门

二、多项选择题

1. 目前,我国测绘行政法规主要有(　　)。

　　A.《地图管理条例》

　　B.《基础测绘条例》

　　C.《中华人民共和国测绘成果管理条例》

　　D.《中华人民共和国测量标志保护条例》

　　E.《测绘资质分级标准》

2. 下列属于测绘法律法规组成部分的是(　　)。

　　A.《中华人民共和国测绘法》　　　B.《基础测绘条例》

　　C.《房产测绘管理办法》　　　　　D.《测绘技术方案设计书》

　　E. 地方政府制定的测绘方面的政府规章

三、简答题

简述我国测绘法律法规体系的组成。

四、论述题

《中华人民共和国测绘法》是从事测绘活动和进行测绘管理的基本法律,论述《测绘法》所确定的基本制度。

第2章 测绘资质资格

2.1 测绘资质管理制度

测绘资质管理是对测绘地理信息企事业单位(简称"测绘单位")的主体资格、专业技术力量、仪器设备状况、技术质量管理体系、资料档案管理制度、测绘生产和成果的保密管理制度、办公设施等情况进行审查,确保测绘单位能够达到法定条件,并许可其从事特定测绘活动的行政行为。

2.1.1 测绘资质等级和专业划分

测绘资质指测绘单位从事测绘活动的素质和能力,包括人员素质、仪器设备、管理制度等物质条件及生产能力、测绘业绩等。为加强对测绘资质的监督管理,《测绘法》规定国家对从事测绘活动的单位实行测绘资质管理制度,从事测绘活动的单位应当依法取得相应等级的测绘资质证书并在资质等级许可的业务范围内从事测绘活动。

目前,我国的测绘资质证书等级分为甲、乙、丙、丁四级。测绘资质的专业范围划分为:大地测量、测绘航空摄影、摄影测量与遥感、地理信息系统工程、工程测量、不动产测绘、海洋测绘、地图编制、导航电子地图制作、互联网地图服务共10个专业。

《测绘资质分级标准》根据不同专业特点,将上述10个专业又划分了若干专业子项。如大地测量专业划分为卫星定位测量、全球导航卫星系统连续运行基准站网位置数据服务、水准测量、三角测量、天文测量、重力测量、基线测量和大地测量数据处理4个专业子项;不动产测绘专业划分为地籍测绘、房产测绘、行政区域界线测绘、不动产测绘监理4个专业子项;测绘资质专业、专业子项及资质设置情况列于表2-1。

测绘资质专业、专业子项及资质设置情况　　　　表2-1

测绘资质专业范围	专业子项	资质设置
大地测量专业	1. 卫星定位测量; 2. 全球导航卫星系统连续运行基准站网位置数据服务; 3. 水准测量; 4. 三角测量; 5. 天文测量; 6. 重力测量; 7. 基线测量; 8. 大地测量数据处理	设甲、乙级
测绘航空摄影专业	1. 一般航摄; 2. 无人飞行器航摄; 3. 倾斜航摄	设甲、乙级

续上表

测绘资质专业范围	专业子项	资质设置
摄影测量与遥感专业	1. 摄影测量与遥感外业； 2. 摄影测量与遥感内业； 3. 摄影测量与遥感监理	设甲、乙、丙级
地理信息系统工程专业	1. 地理信息数据采集； 2. 地理信息数据处理； 3. 地理信息系统及数据库建设； 4. 地面移动测量； 5. 地理信息软件开发； 6. 地理信息系统工程监理	设甲、乙、丙级
工程测量专业	1. 控制测量； 2. 地形测量； 3. 规划测量； 4. 建筑工程测量； 5. 变形形变与精密测量； 6. 市政工程测量； 7. 水利工程测量； 8. 线路与桥隧测量； 9. 地下管线测量； 10. 矿山测量； 11. 工程测量监理	设甲、乙、丙、丁级
不动产测绘专业	1. 地籍测绘； 2. 房产测绘； 3. 行政区域界线测绘； 4. 不动产测绘监理	设甲、乙、丙、丁级
海洋测绘专业	1. 海域权属测绘； 2. 海岸地形测量； 3. 水深测量； 4. 水文观测； 5. 海洋工程测量； 6. 扫海测量； 7. 深度基准测量； 8. 海图编制； 9. 海洋测绘监理	设甲、乙、丙、丁级
地图编制专业	1. 地形图； 2. 教学地图； 3. 世界政区地图； 4. 全国及地方政区地图； 5. 电子地图； 6. 真三维地图； 7. 其他专用地图	设甲、乙级
导航电子地图制作专业	导航电子地图制作	仅设甲级
互联网地图服务专业	1. 地理位置定位； 2. 地理信息上传标注； 3. 地图数据库开发	设甲、乙、丙、丁级

2.1.2 测绘资质管理职责

《测绘法》第二十八条规定:国务院测绘地理信息主管部门和省、自治区、直辖市人民政府测绘地理信息主管部门按照各自的职责负责测绘资质审查、发放资质证书,具体办法由国务院测绘地理信息主管部门商国务院其他有关部门规定。

现行《测绘资质管理规定》和《测绘资质分级标准》明确规定了各级测绘地理信息主管部门的测绘资质管理职责。

1)国务院测绘地理信息主管部门职责
(1)制定测绘资质管理的具体办法。
(2)负责审查甲级测绘资质申请并作出行政许可决定。
(3)规定测绘单位的测绘资质证书式样。
(4)指导全国测绘资质巡查工作,对省级测绘资质巡查工作进行抽查。
(5)对全国测绘单位的测绘资质年度报告公示内容进行抽查。
(6)负责对全国测绘资质的统一监督管理。

2)省级测绘地理信息主管部门职责
(1)根据本地实际调整各专业标准中乙、丙、丁级的人员规模及仪器设备数量。
(2)负责受理甲级测绘资质申请并提出初步审查意见。
(3)负责审查乙、丙、丁级测绘资质申请并作出行政许可决定。
(4)负责制定本行政区域内测绘资质巡查工作计划并组织实施。
(5)对本行政区域内测绘单位的测绘资质年度报告公示内容进行抽查。
(6)负责本行政区域内测绘资质的统一监督管理。

3)市、县级测绘地理信息主管部门职责
(1)负责本行政区域内测绘资质的日常监督管理。
(2)根据地方性测绘法规授权和省级测绘地理信息主管部门委托,受理本行政区域内乙、丙、丁级测绘资质申请并提出初步审查意见。
(3)根据测绘资质巡查计划,组织开展本行政区域内测绘资质巡查工作。
(4)负责本行政区域内测绘单位的测绘资质年度报告公示内容抽查。

2.1.3 申请测绘资质的条件

《测绘资质分级标准》划分为通用标准、专业标准两部分。通用标准是指对各专业范围统一适用的标准。专业标准包括测绘资质的专业范围划分的10个专业和每个专业的若干专业子项所应达到的标准。凡申请测绘资质的单位,应当同时达到通用标准和相应的专业标准要求。

根据《测绘资质分级标准》,省级测绘地理信息主管部门可以根据本地实际情况,适当调整各专业标准中乙、丙、丁级的人员规模、仪器设备数量要求。调整后的地方标准,不得高于标准的高一等级考核条件,也不得低于标准的低一等级考核条件,不得修改专业范围及专业子项、考核指标和作业限额,不得突破通用标准的规定。调整后的标准应当报送国家测绘地理信息局备案。

申请测绘资质应具备以下条件：
（1）具有企业或者事业单位法人资格。
（2）具有符合要求的专业技术人员、仪器设备和办公场所。
（3）具有健全的技术、质量保证体系，测绘成果档案管理制度及保密管理制度和条件。
（4）具有与申请从事测绘活动相匹配的测绘业绩和能力（初次申请除外）。

根据《测绘资质管理规定》，测绘资质各专业范围的等级划分及其考核条件由《测绘资质分级标准》规定。

拟从事生产、加工、利用国家秘密测绘成果的单位，其保密管理工作应当符合的条件为：
（1）依法成立3年以上的法人，无违法犯罪情况。
（2）依照国家有关保密和测绘地理信息法律法规，建立健全保密管理制度。
（3）设立保密工作机构，配备保密管理人员。
（4）依照国家有关规定，确定本单位保密要害部门、部位，明确岗位职责，设置安全可靠的保密防护措施。
（5）与涉密人员签署保密责任书，测绘成果核心涉密人员应当持有省级以上测绘地理信息主管部门颁发的涉密人员岗位培训证书。

2.1.4 申请测绘资质应当提交的材料

初次申请测绘资质，应提交以下材料的原件扫描件：
（1）企业法人营业执照或者事业单位法人证书，法定代表人的简历及任命或聘任文件。
（2）符合要求的专业技术人员的身份证、毕业证与测绘及相关专业技术岗位工作年限证明材料或者任职资格证书，劳动合同，社会保险缴纳证明等材料。
（3）符合要求的仪器设备所有权证明及省级以上测绘地理信息主管部门认可的测绘仪器检定单位出具的检定证书。
（4）单位办公场所证明。
（5）健全的测绘质量保证体系证明。
（6）测绘成果及资料档案管理制度材料。
（7）测绘成果保密管理制度材料。

申请测绘资质升级，应提交以下材料的原件扫描件：
（1）符合要求的专业技术人员的身份证、毕业证书与测绘及相关专业技术岗位工作年限证明材料或者任职资格证书、劳动合同、社会保险缴纳证明材料。
（2）符合要求的仪器设备所有权证明及省级以上测绘地理信息主管部门认可的测绘仪器检定单位出具的检定证书。
（3）健全的测绘质量保证体系证明。
（4）测绘成果及资料档案管理制度材料。
（5）测绘成果保密管理制度材料。
（6）与所申请升级专业范围相匹配的测绘业绩和能力证明材料。申请新增专业范围的单位，应当提供上述1~5项材料。

测绘单位的名称、注册地址、法定代表人发生变更的，应当提交下列材料的原件扫描件：

(1)变更申请文件。
(2)有关部门核准变更证明。
(3)测绘资质证书正、副本。

2.1.5 测绘资质审批程序

1)测绘资质申请与受理

根据《测绘资质管理规定》,国家测绘地理信息局是甲级测绘资质审批机关,负责审查甲级测绘资质申请并作出行政许可决定。

省级测绘地理信息主管部门是乙、丙、丁级测绘资质审批机关,负责受理、审查乙、丙、丁级测绘资质申请并作出行政许可决定;负责受理甲级测绘资质申请并提出初步审查意见。

省级测绘地理信息主管部门可以委托有条件的设区的市级测绘地理信息主管部门受理本行政区域内乙、丙、丁级测绘资质申请并提出初步审查意见;可以委托有条件的县级测绘地理信息主管部门受理本行政区域内丁级测绘资质申请并提出初步审查意见。

2)审查与决定

测绘资质审批机关应当自收到申请材料之日起 5 个工作日内作出不予受理、补正材料或者予以受理的决定。测绘资质审批机关应当自受理申请之日起 20 个工作日内作出行政许可决定。20 个工作日内不能作出决定的,经本机关负责人批准,可以延长 10 个工作日,并应当将延长期限的理由告知申请单位。

申请单位符合法定条件的,测绘资质审批机关作出拟准予行政许可的决定,通过本机关网站向社会公示 5 个工作日。公示期间有异议的,测绘资质审批机关应当组织调查核实。经核实有问题的,应当依法作出处理。

公示期满无异议的,或者有异议但经核实无问题的,测绘资质审批机关作出准予行政许可决定,并于 10 个工作日内向申请单位颁发测绘资质证书。测绘资质审批机关作出准予行政许可决定,应当予以公开,公众有权查阅。测绘资质审批机关作出不予行政许可决定,应当向申请单位书面说明理由。

3)颁发测绘资质证书

测绘资质证书分为正本和副本,由国家测绘地理信息局统一印制,正、副本具有同等法律效力。测绘资质证书有效期不超过 5 年。编号形式为:等级+测资字+省级行政区编号+顺序号+校验位。

初次申请测绘资质不得超过乙级。测绘资质单位申请晋升甲级测绘资质的,应当取得乙级测绘资质满 2 年。申请的专业范围只设甲级的,可直接申请甲级不受限制。

4)变更与延续

测绘资质单位的名称、注册地址、法定代表人发生变更的,应当在有关部门核准完成变更后 30 日内,向测绘资质审批机关提出变更申请。

测绘资质证书有效期满需要延续的,测绘资质单位应当在有效期满 60 日前,向测绘资质审批机关申请办理延续手续。对继续符合测绘资质条件的单位,经测绘资质审批机关批准,有效期可以延续。

测绘资质单位在领取新的测绘资质证书的同时,应当将原测绘资质证书交回测绘资质审批机关。测绘资质单位遗失测绘资质证书申请补领的,应当持在公众媒体上刊登的遗失声明原件、补领证书申请等材料到测绘资质审批机关办理补领手续。测绘资质单位转制或者合并的,被转制或者合并单位的测绘资质条件可以计入转制或者合并后的新单位。测绘资质单位分立的,分立后的单位可以重新申请原资质等级和专业范围的测绘资质。

2.1.6 测绘资质监督管理

目前,我国测绘资质监督管理主要有两种方式,分别为测绘资质年度报告公示和测绘资质巡查,并通过建立测绘地理信息市场信用管理制度,强化对测绘资质的日常监督管理。

1)测绘资质年度报告公示

《测绘资质管理规定》第二十二条规定:实行测绘资质年度报告公示制度。测绘资质单位应当于每年2月底前,通过测绘资质管理信息系统,按照规定格式向测绘地理信息主管部门报送本单位上一年度测绘资质年度报告,并向社会公示,任何单位和个人均可查询。

测绘资质年度报告的主要内容包括:

(1)本单位符合测绘资质条件情况。

(2)本单位遵守测绘地理信息法律法规情况。

(3)上一年度单位名称、注册地址、办公地址和法定代表人变更、专业技术人员流动、仪器设备更新、基本情况变化(含上市、兼并重组、改制分立、重大股权变化等)情况。

(4)测绘地理信息统计报表报送情况、测绘项目质量(用户认可或者通过质检机构检查验收)、诚信等级等情况。

测绘单位应当对测绘资质年度报告的真实性、合法性负责。各级测绘地理信息主管部门可以对本行政区域内测绘单位的测绘资质年度报告公示内容进行抽查。经检查发现测绘资质年度报告隐瞒真实情况、弄虚作假的,测绘地理信息主管部门依法予以相应处罚。对未按规定期限报送测绘资质年度报告的单位,测绘地理信息主管部门应当提醒其履行测绘资质年度报告公示义务。

2)测绘资质巡查

《测绘资质管理规定》第二十四条规定:实行测绘资质巡查制度。各级测绘地理信息主管部门应当有计划地对测绘资质单位执行《测绘资质管理规定》和《测绘资质分级标准》的有关情况进行巡查。

国家测绘地理信息局负责指导全国测绘资质巡查工作,并对省级测绘地理信息主管部门开展的巡查工作进行抽查。省级测绘地理信息主管部门负责制定本行政区域内测绘资质巡查工作计划,并组织实施。每年巡查比例不少于本行政区域内各等级测绘资质单位总数的5%。

各级测绘地理信息主管部门组织开展测绘资质巡查工作,应当事先向被巡查单位发出书面通知,告知巡查时间、巡查内容和具体要求。巡查结束后,应当向被巡查单位书面反馈意见。

3)测绘地理信息市场信用管理制度

《测绘资质管理规定》第二十五条规定:实行测绘地理信息市场信用管理制度。各级测绘地理信息主管部门应当加强测绘地理信息市场信用管理,褒扬诚信,惩戒失信,营造依法经营、有序竞争的市场环境。

2.1.7 测绘资质管理的法律责任

《测绘法》第五十五条规定:未取得测绘资质证书,擅自从事测绘活动的,责令停止违法行为,没收违法所得和测绘成果,并处测绘约定报酬一倍以上二倍以下的罚款;情节严重的,没收测绘工具。以欺骗手段取得测绘资质证书从事测绘活动的,吊销测绘资质证书,没收违法所得和测绘成果,并处测绘约定报酬一倍以上二倍以下的罚款;情节严重的,没收测绘工具。

《测绘资质管理规定》第二十七条规定:测绘资质单位违法从事测绘活动的,各级测绘地理信息主管部门应当依照《中华人民共和国测绘法》及有关法律、法规的规定予以处罚。

违反《中华人民共和国测绘法》及有关法律、法规的规定,依情节严重程度处罚的方式主要包括予以通报批评、依法予以办理注销手续、依法视情节责令停业整顿或者降低资质等级和依法吊销测绘资质证书等。

测绘资质单位在从事测绘活动中,因泄露国家秘密被国家安全机关查处的,测绘资质审批机关应当注销其测绘资质证书。

2.1.8 测绘资质分级标准

《测绘资质分级标准》作为《测绘资质管理规定》的重要配套文件,规定了测绘资质各专业范围的等级划分及具体考核条件。

1) 专业技术人员

《测绘资质分级标准》通用标准中所指的专业技术人员,包括测绘专业技术人员和测绘相关专业技术人员。根据《测绘资质分级标准》,注册测绘师可以计入中级专业技术人员数量。

测绘专业技术人员是指测绘工程、地理信息、地图制图、摄影测量、遥感、大地测量、工程测量、地籍测绘、土地管理、矿山测量、导航工程、地理国情监测等专业的技术人员。

测绘相关专业技术人员是指地理、地质、工程勘察、资源勘查、土木、建筑、规划、市政、水利、电力、道桥、工民建、海洋、计算机、软件、电子、信息、通信、物联网、统计、生态、印刷等专业的技术人员。

申请大地测量、测绘航空摄影、摄影测量与遥感、工程测量、不动产测绘、海洋测绘、地图编制、导航电子地图制作的单位,测绘相关专业技术人员不得超过对专业技术人员要求数量的60%;申请地理信息系统工程的单位,测绘相关专业技术人员不得超过本标准对专业技术人员要求数量的80%;申请互联网地图服务的单位,专业技术人员比例不作要求。

2) 对测绘业绩的规定

(1) 申请晋升甲级测绘资质的,应当符合以下条件:近2年内完成的测绘服务总值不少于1600万元,且有3个以上测绘工程项目取得省级以上测绘地理信息主管部门认可的质检机构出具的质量检验合格证明。

(2) 申请晋升乙级测绘资质的,应当符合以下条件:近2年内完成的测绘服务总值不少于400万元,且有2个以上测绘工程项目取得设区的市级以上测绘地理信息主管部门认可的质检机构出具的质量检验合格证明。

（3）申请晋升丙级测绘资质的,应当符合以下条件:近2年内完成的测绘服务总值不少于50万元,且有1个以上测绘工程项目取得县级以上测绘地理信息主管部门认可的质检机构出具的质量检验合格证明。

（4）申请导航电子地图制作或者互联网地图服务专业范围的,不作测绘业绩考核要求。

3）对测绘监理的规定

从事测绘监理应当取得相应专业范围及专业子项的测绘资质,根据《测绘资质分级标准》,摄影测量与遥感、地理信息系统工程、工程测量、不动产测绘、海洋测绘专业范围下设置相应的甲、乙级测绘监理专业子项。具体规定如下:

（1）申请甲级测绘监理专业子项的,应当符合以下条件:取得相应专业范围的甲级测绘资质;近2年内,在每个相应专业范围内有2个以上测绘工程项目取得省级以上测绘地理信息主管部门认可的质检机构出具的质量检验合格证明。

（2）申请乙级测绘监理专业子项的,应当符合以下条件:取得相应专业范围的甲级或者乙级测绘资质;近2年内,在每个相应专业范围内有1个以上测绘工程项目取得省级以上测绘地理信息主管部门认可的质检机构出具的质量检验合格证明。

（3）测绘监理资质单位不得超出其测绘监理专业范围和作业限额从事测绘监理活动。

（4）乙级测绘监理资质单位不得监理甲级测绘资质单位施测的测绘工程项目。

4）对考核指标的规定

《测绘资质分级标准》对考核指标的规定,涉及对办公场所面积的规定、专业技术人员数量、各类仪器设备、软件的数量等。如对办公场所的要求,各等级测绘资质单位的办公场所:甲级不少于600m^2,乙级不少于150m^2,丙级不少于40m^2,丁级不少于20m^2。

在质量管理方面,甲级测绘资质单位应当通过ISO 9000系列质量保证体系认证;乙级测绘资质单位应当通过ISO 9000系列质量保证体系认证或者通过省级测绘地理信息主管部门考核;丙级测绘资质单位应当通过ISO 9000系列质量保证体系认证或者设区的市级以上测绘地理信息主管部门考核;丁级测绘资质单位应当通过县级以上测绘地理信息主管部门考核。

2.1.9 行政许可

行政许可指行政机关根据公民、法人或者其他组织的申请,经依法审查,准予其从事特定活动的行为,设定和实施行政许可,应当遵循公开、公平、公正的原则。目前,国家测绘地理信息局依法公布保留的测绘地理信息行政许可事项包括:甲级测绘资质审批、测绘专业技术人员执业资格审批、外国的组织或者个人来华测绘审批、采用国际坐标系统审批、建立相对独立的平面坐标系统审批、永久性测量标志拆迁审批、地图审核、属于国家秘密的基础测绘成果资料提供使用审批、对外提供属于国家秘密的测绘成果资料审批共9项。

根据《中华人民共和国行政许可法》,法律可以设定行政许可。尚未制定法律的,行政法规可以设定行政许可。必要时,国务院可以采用发布决定的方式设定行政许可。尚未制定法律、行政法规的,地方性法规可以设定行政许可;尚未制定法律、行政法规和地方性法规的,因行政管理的需要,确需立即实施行政许可的,省、自治区、直辖市人民政府规章可以设定临时性的行政许可。临时性的行政许可实施满一年需要继续实施的,应当提请本级人民代表大会及其常务委员会制定地方性法规。

行政法规可以在法律设定的行政许可事项范围内,对实施该行政许可作出具体规定。地方性法规可以在法律、行政法规设定的行政许可事项范围内,对实施该行政许可作出具体规定。规章可以在上位法设定的行政许可事项范围内,对实施该行政许可作出具体规定。法规、规章对实施上位法设定的行政许可作出的具体规定,不得增设行政许可;对行政许可条件作出的具体规定,不得增设违反上位法的其他条件。

2.2 测绘执业资格与注册测绘师制度

2.2.1 测绘执业资格的概念和特征

1)测绘执业资格的概念

测绘执业资格指从事测绘专业技术活动的自然人应当具备的知识、技术水平和能力等。实行测绘执业资格制度,对于规范专业技术人员的执业行为,提高其社会地位,维护测绘地理信息市场的正常秩序具有重要意义。同时,也是我国测绘地理信息行业参与国际测绘地理信息市场竞争的重要条件。

《测绘法》第三十条规定:从事测绘活动的专业技术人员应当具备相应的执业资格条件。具体办法由国务院测绘地理信息主管部门会同国务院人力资源社会保障主管部门规定。

2)测绘执业资格的特征

(1)测绘执业资格的主体是个人,而单位从事测绘活动应当具备的基本素质和能力称为测绘资质。

(2)测绘执业资格隶属国家职业资格体系。目前,国家将从业人员的职业资格分为从业资格和执业资格两种。从业资格指规定从事某种专业技术性工作应具备的学识、技术和能力的起点标准。执业资格指从事责任较大、社会通用性强、关系公共利益的专业技术性工作应具备的学识、技术和能力的准入标准。测绘成果质量关系国家安全和公共利益,基础地理信息属国家战略性资源,为经济社会发展和政府部门提供服务,测绘专业技术人员责任重大,因此测绘实行执业资格制度。

(3)测绘执业资格的对象是测绘专业技术人员。从事测绘活动的人员中,可分为专业技术人员、技术工作人员和辅助人员等,这些人员有着明确的分工和责任。而其中责任最大的是专业技术人员,对专业技术人员在学识、技术和能力的要求远高于其他人员,因此,测绘执业资格的对象是测绘专业技术人员。

2.2.2 注册测绘师考试

凡中华人民共和国公民,遵守国家法律、法规,恪守职业道德,并具备一定条件的测绘专业技术人员,均可申请参加注册测绘师资格考试。

1)申请注册测绘师资格考试的条件

(1)取得测绘类专业大学专科学历,从事测绘业务工作满6年。

(2)取得测绘类专业大学本科学历,从事测绘业务工作满4年。

(3)取得含测绘类专业在内的双学士学位或者测绘类专业研究生班毕业,从事测绘业务工作满3年。

(4)取得测绘类专业硕士学位,从事测绘业务工作满2年。

(5)取得测绘类专业博士学位,从事测绘业务工作满1年。

(6)取得其他理学类或者工学类专业学历或者学位的人员,其从事测绘业务工作年限相应增加2年。

2)注册测绘师考试的组织

(1)注册测绘师考试由人力资源和社会保障部、国家测绘地理信息局共同负责。国家测绘地理信息局成立注册测绘师资格考试专家委员会,负责拟定考试科目、考试大纲、考试试题,研究建立并管理考试题库,提出考试合格标准建议。人力资源和社会保障部组织专家审定考试科目、考试大纲和考试试题,并会同国家测绘地理信息局确定考试合格标准和对考试工作进行指导、监督和检查。

(2)注册测绘师资格实行全国统一大纲、统一命题的考试制度,原则上每年举行一次。考试的科目按照国家测绘地理信息局与人力资源和社会保障部联合制定的《注册测绘师资格考试实施办法》规定,设《测绘管理与法律法规》《测绘综合能力》和《测绘案例分析》三个科目。注册测绘师考试的具体内容和要求,由国家测绘地理信息局与人力资源和社会保障部联合制定的《注册测绘师考试大纲》具体规定。

(3)注册测绘师资格考试合格,颁发由人力资源和社会保障部统一印制,人力资源和社会保障部、国家测绘地理信息局共同用印的"中华人民共和国注册测绘师资格证书"(简称"资格证书")。

2.2.3 注册测绘师注册

国家对注册测绘师资格实行注册执业管理,取得"中华人民共和国注册测绘师资格证书"的人员,经过注册后方可以注册测绘师的名义执业。国家测绘地理信息局为注册测绘师资格的注册审批机构。各省、自治区、直辖市测绘地理信息主管部门负责注册测绘师资格的注册审查工作。为规范注册测绘师注册、执业和继续教育行为,国家测绘地理信息局制定了《注册测绘师执业管理办法(试行)》(国测人发〔2014〕8号),自2015年1月1日起施行。

1)注册申请

依法取得资格证书的人员,通过一个且只能是一个具有测绘资质的单位(简称"注册单位")办理注册手续,并取得注册证和执业印章后,方可以注册测绘师名义开展执业活动。申请注册测绘师资格注册的人员,应向省级测绘地理信息主管部门提出注册申请。具体注册程序如下:

(1)申请人填写注册申请表。

(2)注册单位审核后,报省级测绘地理信息主管部门。

(3)省级测绘地理信息主管部门审查并提出意见后报国家测绘地理信息局。

(4)国家测绘地理信息局审批。

(5)国家测绘地理信息局作出批准注册决定后在国家测绘地理信息局网站公布。

2)初始注册

初始注册者,可自取得资格证书之日起1年内提出注册申请。初始注册需要提交下列材料:

(1)中华人民共和国注册测绘师初始注册申请表。

(2)中华人民共和国注册测绘师资格证书。

(3)与注册单位签订的聘用(劳动)合同或相关证明。

(4)申请人的身份证明材料。

除提交上述材料外,申请延续注册或逾期初始注册的,必须同时提交注册测绘师继续教育证书。根据《注册测绘师执业管理办法(试行)》,取得资格证书超过1年以上不满3年提出申请初始注册的,须提供不少于30学时继续教育必修内容培训的证明。取得资格证书3年以上提出申请初始注册的,须提供相当于一个注册有效期要求的继续教育证明。

3)延续注册

注册证和执业印章每一注册有效期为3年,期满需要继续执业的,应在期满30个工作日前提出延续注册申请。变更注册单位须及时办理变更注册手续,距离原注册有效期满半年以内申请变更注册的,可同时申请延续注册。准予延续注册的,注册有效期重新计算。延续注册需要提交下列材料:

(1)中华人民共和国注册测绘师延续注册申请表。

(2)与注册单位签订的聘用(劳动)合同或相关证明。

(3)注册测绘师继续教育证书。

准予延续注册的,注册有效期重新计算。

4)变更注册

根据《注册测绘师执业管理办法(试行)》,申请变更注册,应提交下列材料:

(1)中华人民共和国注册测绘师变更注册申请表。

(2)与注册单位签订的聘用(劳动)合同或相关证明。

(3)与原注册单位解除聘用(劳动)或合作关系的证明材料。

5)注销注册

注册申请人或者聘用单位有下列行为之一申请注销的,应当向当地省级测绘地理信息主管部门提出申请,由国家测绘地理信息局审核批准后,办理注销手续,收回注册证和执业印章。

(1)不具有完全民事行为能力的。

(2)申请注销注册的。

(3)注册有效期满且未延续注册的。

(4)被依法撤销注册的。

(5)受到刑事处罚的。

(6)与聘用单位解除劳动或者聘用关系的。

(7)聘用单位被依法取消测绘资质证书的。

(8)聘用单位被吊销营业执照的。

(9)因本人过失造成利害关系人重大经济损失的。

(10)应当注销注册的其他情形。

6)不予注册

注册测绘师有下列情形之一的,不予注册:

(1)不具有完全民事行为能力的。

(2)刑事处罚尚未执行完毕的。

(3)因在测绘活动中受到刑事处罚,自刑事处罚执行完毕之日起至申请注册之日止不满3年的。

(4)法律、法规规定不予注册的其他情形。

7)其他规定

(1)注册测绘师注册通过注册系统进行在线申请。有关材料原件通过系统扫描报送电子文件。申请人和注册单位对相关材料的真实性负责并承担相应法律责任。

(2)注册测绘师注册证或执业印章遗失或污损,需要补办的,应当持省级以上公众媒体上刊登的遗失声明或污损的原注册证或执业印章,经注册地省级测绘地理信息主管部门审核后,向国家测绘地理信息局申请补办。

2.2.4 注册测绘师的权利与义务

注册测绘师(Registered Surveyor)是指经考试取得《中华人民共和国注册测绘师资格证书》,并依法注册后,从事测绘活动的专业技术人员。

1)注册测绘师的权利

(1)使用注册测绘师称谓。

(2)保管和使用本人的"中华人民共和国注册测绘师注册证"(以下简称"注册证")和执业印章。

(3)在规定的范围内从事测绘执业活动。

(4)接受继续教育。

(5)对违反法律法规和有关技术规范的行为提出劝告,并向上级测绘地理信息主管部门报告。

(6)获得与执业责任相应的劳动报酬。

(7)对侵犯本人执业权利的行为进行申诉。

2)注册测绘师的义务

(1)遵守法律、行政法规和有关管理规定,恪守职业道德。

(2)执行测绘技术标准和规范。

(3)履行岗位职责,保证执业活动成果质量,并承担相应责任。

(4)保守知悉的国家秘密和委托单位的商业、技术秘密。

(5)只受聘于一个有测绘资质的单位执业。

(6)不准他人以本人名义执业。

(7)更新专业知识,提高专业技术水平。

(8)完成注册管理机构交办的相关工作。

2.2.5 注册测绘师执业

根据《注册测绘师执业管理办法(试行)》,注册测绘师开展执业活动,必须依托注册单位并与注册单位的测绘资质等级和业务许可范围相适应。

1) 注册测绘师执业范围

(1) 测绘项目技术设计。

(2) 测绘项目技术咨询和技术评估。

(3) 测绘项目技术管理、指导与监督。

(4) 测绘成果质量检验、审查和鉴定。

(5) 国务院有关部门规定的其他测绘业务。

2) 注册测绘师执业能力

(1) 熟悉并掌握国家测绘及相关法律、法规和规章。

(2) 了解国际、国内测绘技术发展状况,具有较丰富的专业知识和技术工作经验,能够处理较复杂的技术问题。

(3) 熟练运用测绘相关标准、规范和技术手段,完成测绘项目技术设计、咨询、评估及测绘成果质量检验管理。

(4) 具有组织实施测绘项目的能力。

3) 注册测绘师岗位及数量规定

《注册测绘师执业管理办法(试行)》对注册测绘师岗位充任及数量进行了规定:

(1) 测绘地理信息项目的技术和质检负责人等关键岗位须由注册测绘师充任。

(2) 测绘单位须配备一定数量的注册测绘师,具体要求根据单位资质等级、业务性质和范围、人员规模等,由国家测绘地理信息局在《测绘资质分级标准》中规定。

(3) 根据《测绘资质分级标准》,自《测绘资质分级标准》施行之日起满3年后,甲、乙级测绘单位的注册测绘师数量应当达到本标准的考核要求;满5年后,丙、丁级测绘单位也应当具备相应数量的注册测绘师。

《测绘资质分级标准》对甲、乙级测绘单位注册测绘师数量的要求,主要分三个层次:一是不作要求,涉及互联网地图服务专业;二是要求甲级2名注册测绘师、乙级1名注册测绘师,主要涉及测绘航空摄影、摄影测量与遥感、地理信息系统工程、地图编制4个专业;三是要求甲级5名注册测绘师、乙级2名注册测绘师,主要涉及大地测量、工程测量、不动产测绘、海洋测绘和导航电子地图制作5个专业。

4) 注册测绘师执业规定

(1) 注册单位与注册测绘师人事关系所在单位或聘用单位可以不一致。

(2) 测绘地理信息项目的设计文件、成果质量检查报告、最终成果文件以及产品测试报告、项目监理报告等,须由注册测绘师签字并加盖执业印章后方可生效。

(3) 修改经注册测绘师签字盖章的测绘文件,应由注册测绘师本人进行;因特殊情况,该注册测绘师不能进行修改的,应由其他注册测绘师修改并签字、加盖印章,同时对修改部分承担责任。

(4) 注册测绘师从事执业活动,应由其所在单位接受委托并统一收费。因测绘成果质量问题造成的经济损失,接受委托的单位应承担赔偿责任。接受委托的单位可以依法向承担测绘业务的注册测绘师追偿。

2.2.6 继续教育

1) 继续教育要求

注册测绘师延续注册、重新申请注册和逾期初始注册,应当完成本专业的继续教育。注册测绘师继续教育分为必修教育和选修教育,在一个注册有效期内,必修内容和选修内容均不得少于60学时。

2) 继续教育方式

(1) 注册测绘师继续教育必修内容通过培训的形式进行,由国家测绘地理信息局推荐的机构承担。必修内容培训每次30学时,注册测绘师须在一个注册有效期内参加2次不同内容的培训。

(2) 注册测绘师继续教育选修内容通过参加指定的网络学习获得40学时,另外20学时通过出版专业著作、承担科研课题、获得科技奖励、发表学术论文、参加学习等方式取得。

3) 继续教育的组织管理

(1) 国家测绘地理信息局在人力资源和社会保障部指导下,负责组织编写必修课培训大纲,审查培训教材,评估培训机构,下达年度继续教育培训计划。

(2) 注册测绘师继续教育实行登记制度。

(3) 注册单位应积极为注册测绘师提供继续教育学习经费和学习时间,以及参加继续教育的其他必要条件。

2.2.7 相关法律责任

《测绘法》第五十九条规定:违反本法规定,未取得测绘执业资格,擅自从事测绘活动的,责令停止违法行为,没收违法所得和测绘成果,对其所在单位可以处违法所得二倍以下的罚款;情节严重的,没收测绘工具;造成损失的,依法承担赔偿责任。

在实施注册测绘师制度过程中,相关行政部门和相关机构,因工作失误,使专业技术人员合法权益受到损害的,应当依法给予相应赔偿,并可向有关责任人追偿。实施注册测绘师制度的相关行政部门和相关机构的工作人员,有不履行工作职责,监督不力,或者谋取其他利益等违纪违规行为,并造成不良影响或者严重后果的,由其上级相关行政部门责令改正,对直接负责的主管人员和其他直接责任人员依法给予行政处分;构成犯罪的,依法追究刑事责任。

2.3 测绘作业证管理

测绘作业证是由测绘地理信息主管部门颁发的、用来表明野外测绘作业人员身份的一种凭证。根据《测绘法》,测绘人员进行测绘活动时,应当持有测绘作业证件。为规范测绘作业证使用,加强对测绘作业证的监督管理,国家测绘地理信息局修订发布《测绘作业证管理规定》,明确了测绘作业证的发放范围、管理权限和基本要求。测绘作业证由封皮、《测绘法》相关条款、内芯、用证规定四部分组成,按编号顺序组合。

2.3.1 测绘作业证申请

测绘单位申领测绘作业证,应当向单位所在地的省级测绘地理信息主管部门或者其委托的市级人民政府测绘地理信息主管部门提出办证申请。

申请测绘作业证的范围包括:

(1)取得测绘资质证书单位的人员。

(2)从事野外测绘作业的人员。

(3)需要领取测绘作业证的其他人员。

申请测绘作业证应当上交的材料包括:

(1)测绘作业证申请表。

(2)测绘作业证申请汇总表。

(3)申请人1寸彩色证件照片1张。

2.3.2 测绘作业证件使用

1)测绘作业证件使用范围

测绘人员应当持有测绘作业证件进行作业的情况有以下几种:

(1)进入机关、企业、住宅小区、耕地或者其他地块进行测绘时。

(2)测绘人员使用测量标志时。

(3)测绘人员接受测绘地理信息主管部门执法监督检查时。

(4)测绘人员办理与所从事的测绘活动相关的其他事项时。

2)测绘作业证件使用规定

测绘人员进行测绘活动时,应当遵守国家法律法规,保守国家秘密,遵守职业道德,不得损毁国家、集体和他人的财产。测绘人员必须依法使用测绘作业证,不得利用测绘作业证从事与其测绘工作身份无关的活动。

测绘人员应当妥善保存测绘作业证,防止遗失,不得损毁,不得涂改。测绘作业证只限持证人本人使用,不得转借他人。测绘人员遗失测绘作业证,应当立即向本单位报告并说明情况。所在单位应当及时向发证机关书面报告情况。

测绘人员离(退)休或调离工作单位的,必须由原所在测绘单位收回测绘作业证,并及时上交发证机关。测绘人员调往其他测绘单位的,由新调入单位重新申领测绘作业证。

测绘单位办理遗失证件的补证和旧证换新证的,省级测绘地理信息主管部门或者其委托的市级人民政府测绘地理信息主管部门应当自收到补(换)证申请之日起30日内,完成补(换)证工作。

3)测绘作业证件注册

根据《测绘作业证管理规定》,测绘作业证由省级人民政府测绘地理信息主管部门或者其委托的市级人民政府测绘地理信息主管部门负责注册核准。测绘作业证注册指测绘地理信息主管部门对测绘作业证的使用情况、持有、完整状况进行验证,并标示合格标识的行为。

测绘作业证每次注册核准有效期为3年。注册核准有效期满前30日内,各测绘单位应当将测绘作业证送交单位所在地的省级人民政府测绘地理信息主管部门或者其委托的市级人民政府测绘地理信息主管部门进行注册核准。过期不注册核准的测绘作业证无效。

2.3.3 测绘作业证的监督管理

国家测绘地理信息局负责测绘作业证的统一监督管理工作；负责规定测绘作业证的式样；省、自治区、直辖市人民政府测绘地理信息主管部门负责本行政区域内测绘作业证的审核、发放和监督管理工作；设区的市（地）、县（市）测绘地理信息主管部门负责本行政区域内测绘作业证的受理、审核、发放和年度注册核准以及日常的监督管理工作。

根据《测绘作业证管理规定》，测绘人员违反测绘作业证管理的有关规定，由所在单位收回其测绘作业证并及时交回发证机关，对情节严重者依法给予行政处分；构成犯罪的，依法追究刑事责任。测绘人员违反测绘作业证管理规定的行为，主要包括以下内容：

(1) 将测绘作业证转借他人的。
(2) 擅自涂改测绘作业证的。
(3) 利用测绘作业证严重违反工作纪律、职业道德或损害国家、集体或者他人利益的。
(4) 利用测绘作业证进行欺诈及其他违法活动。

2.4 外国的组织或个人来华测绘管理

2.4.1 来华测绘的原则

外国的组织或者个人来华测绘管理（简称"来华测绘管理"）指对外国的组织或者个人来华从事非商业性测绘活动或者采取合作的方式来华从事商业性测绘活动以及一次性测绘活动的监督管理。为维护国家主权和安全，2006年11月20日，国土资源部第5次部务会议通过《外国的组织或者个人来华测绘管理暂行办法》。2010年11月29日，国土资源部第6次部务会议审议通过了《国土资源部关于修改〈外国的组织或者个人来华测绘管理暂行办法〉的决定》，对该办法进行了修订。

1) 来华测绘应当遵循的原则

《外国的组织或者个人来华测绘管理暂行办法》明确规定了来华测绘应当遵循的基本原则。

(1) 必须遵守中华人民共和国的法律、法规和国家有关规定。
(2) 不得涉及中华人民共和国的国家秘密。
(3) 不得危害中华人民共和国的国家安全。

2) 合资、合作测绘禁止的领域

《外国的组织或者个人来华测绘管理暂行办法》规定，合资、合作测绘不得从事下列活动：

(1) 大地测量。
(2) 测绘航空摄影。
(3) 行政区域界线测绘。

(4)海洋测绘。

(5)地形图、世界政区地图、全国政区地图、省级及以下政区地图、全国性教学地图、地方性教学地图和真三维地图的编制。

(6)导航电子地图编制。

(7)国务院测绘地理信息主管部门规定的其他测绘活动。

2.4.2　外国的组织或个人来华测绘监督管理

《外国的组织或者个人来华测绘管理暂行办法》规定:国务院测绘地理信息主管部门会同军队测绘部门负责来华测绘的审批。县级以上各级人民政府测绘地理信息行政主管部门依照法律、行政法规和规章的规定,对来华测绘履行监督管理职责。

根据《外国的组织或者个人来华测绘管理暂行办法》,县级以上地方人民政府测绘地理信息行政主管部门应当加强对本行政区域内来华测绘的监督管理,定期对下列内容进行检查:

(1)是否涉及国家安全和秘密。

(2)是否在测绘资质证书载明的业务范围内进行。

(3)是否按照国务院测绘地理信息主管部门批准的内容进行。

(4)是否按照《测绘成果管理条例》的有关规定汇交测绘成果副本或者目录。

(5)是否保证了中方测绘人员全程参与具体测绘活动。

2.4.3　外国的组织或个人来华测绘审批

《外国的组织或者个人来华测绘管理暂行办法》明确规定,国务院测绘地理信息主管部门会同军队测绘部门负责来华测绘的审批。

1)来华测绘需要提交的资料

(1)外国组织或者个人来华测绘申请表。

(2)项目立项批准文件。

(3)按照法律法规规定应当提交的有关专业部门的批准文件。

(4)外国组织或者个人的身份证明和有关资信证明。

(5)测绘活动的范围、路线、测绘精度及测绘成果的形式。

(6)测绘活动使用的测绘仪器、软件和设备。

(7)我国现有测绘成果不能满足项目需要的情况说明。

需要提交上述资料的,主要针对从事非商业性测绘活动的外国组织或者个人而言。对于外国的组织或者个人采取合资、合作的方式来华从事商业性测绘活动,必须按照国土资源部颁布的《外国的组织或者个人来华测绘管理暂行办法》和国家测绘地理信息局《测绘资质管理规定》的有关要求执行。

2)合资、合作企业测绘资质申请

合资、合作企业申请测绘资质,应当分别向国务院测绘地理信息主管部门和其所在地的省、自治区、直辖市人民政府测绘地理信息主管部门提交申请材料。

3)合资、合作企业测绘资质审批程序

(1)国务院测绘地理信息主管部门在收到申请材料后依法作出是否受理的决定。决定受理的,通知省、自治区、直辖市测绘地理信息主管部门进行初审。

(2)省、自治区、直辖市测绘地理信息主管部门应当在接到初审通知后在规定的时间内提出初审意见,并报国务院测绘地理信息主管部门。国务院测绘地理信息主管部门接到初审意见后送军队测绘部门会同审查,在接到会同审查意见后作出审查决定。

(3)审查合格的,由国务院测绘地理信息主管部门颁发相应等级的测绘资质证书。

4)申请合资、合作企业测绘资质的条件

(1)符合《测绘法》以及外商投资的法律法规的有关规定。

(2)符合《测绘资质管理规定》的有关要求。

(3)合资、合作企业须中方控股(只申请互联网地图服务测绘资质的,外方投资者在合资企业中的出资比例,最终不得超过50%)。

(4)已经依法进行企业登记,并取得中华人民共和国法人资格。

5)申请合资、合作企业测绘资质应当提交的资料

(1)《测绘资质管理规定》中要求提供的申请材料。

(2)中方控股的证明文件(只申请互联网地图服务测绘资质的,需提供外方投资比例不超过50%的证明文件)。

(3)企业法人营业执照。

(4)国务院测绘地理信息主管部门规定应当提供的其他材料。

2.4.4 一次性测绘管理

1)一次性测绘的概念

一次性测绘指外国的组织或者个人在不设立合资、合作企业的前提下,经国务院及其有关部门或者省、自治区、直辖市人民政府批准,来华开展科技、文化、体育、旅游等活动时,需要进行的一次性测绘活动。

2)申请一次性测绘需要提交的材料

(1)一次性测绘申请表。

(2)国务院及其有关部门或者省、自治区、直辖市人民政府的批准文件。

(3)按照法律法规规定应当提交的有关部门的批准文件。

(4)外国组织或者个人的身份证明和有关资信证明。

(5)测绘活动的范围、路线、测绘精度及测绘成果形式的说明。

(6)从事测绘活动时使用的测绘仪器、软件和设备的清单及情况说明。

(7)我国现有测绘成果不能满足项目需要的说明。

2.4.5 来华测绘成果管理

1)成果归属与汇交

根据《测绘成果管理条例》规定,外国的组织或者个人依法与中华人民共和国有关部门或者单位合资、合作,经批准在中华人民共和国领域内从事测绘活动的,测绘成果归中方部门或者单位所有,并由中方部门或者单位向国务院测绘地理信息主管部门汇交测绘成果副本。外国的组织或者个人依法在中华人民共和国管辖的其他海域从事测绘活动的,由其按

照国务院测绘地理信息主管部门的规定汇交测绘成果副本或者目录。

2）成果保管与使用

《外国的组织或者个人来华测绘管理暂行办法》规定，来华测绘成果的管理依照有关测绘成果管理法律法规的规定执行。来华测绘成果归中方部门或者单位所有的，未经依法批准，不得以任何形式将测绘成果携带或者传输出境。

习　题

一、单项选择题

1. 根据《测绘资质管理规定》，我国测绘资质的专业范围共分（　　）类。
   A．10　　　　　　B．11　　　　　　C．12　　　　　　D．13

2. 下列关于测绘资质的说法中，错误的是（　　）。
   A. 初次申请测绘资质原则上不得超过乙级
   B. 取得测绘资质满3年后自动升级
   C. 申请的专业只设甲级的，可以直接申请甲级
   D. 申请升级之日前2年内有出租、出借测绘资质证书行为的，不予升级

3. 下列关于测绘资质证书有效期的说法中，正确的是（　　）。
   A. 测绘资质证书有效期最长不超过8年
   B. 申请延续测绘资质证书有效期，应当在有效期满前30日内提出
   C. 测绘资质证书有效期满需延续的，应向国务院测绘地理信息主管部门申请办理延续手续
   D. 符合条件的，经批准，测绘资质证书有效期可以延续

4. 根据《测绘资质分级标准》，甲级测绘资质单位的质量保证体系应当通过（　　）。
   A. 国务院测绘地理信息主管部门考核
   B. 省级测绘地理信息行政主管部门考核
   C. 所在地市级测绘地理信息行政主管部门考核
   D. ISO 9000系列质量保证体系认证

5. 下列关于房产测绘资质的说法中，错误的是（　　）。
   A. 甲级房产测绘资质，应由国务院测绘地理信息主管部门审批发证
   B. 房产测绘资质的审批，应当征求房地产行政主管部门的意见
   C. 申请房产测绘资质，应当向所在地省级测绘地理信息行政主管部门提出
   D. 乙级房产测绘单位可以承担规划总建筑面积200万 m^2 以下的居住小区的房产测绘项目

6. 根据《测绘资质分级标准》，下列专业范围中，设立丁级测绘资质业务范围的是（　　）。
   A. 大地测量　　　　　　　　　　B. 摄影测量与遥感
   C. 海洋测绘　　　　　　　　　　D. 地理信息系统工程

7. 根据《测绘资质分级标准》，下列专业范围中，设置测绘监理专业子项的是（　　）。
   A. 大地测量   B. 摄影测量与遥感
   C. 地图编制   D. 互联网地图服务

8. 根据《测绘资质分级标准》，下列测绘专业中，不属于不动产测绘专业子项的是（　　）。
   A. 地籍测绘   B. 行政区域界线测绘
   C. 房产测绘   D. 工程测量

9. 关于注册测绘师应当履行义务的说法，错误的是（　　）。
   A. 应当履行岗位职责，保证执业活动成果质量，并承担相应责任
   B. 可以同时受聘于两个测绘单位执业
   C. 不准他人以本人名义执业
   D. 应当更新专业知识，提高专业技术水平

10. 下列关于注册测绘师执业活动的说法中，正确的是（　　）。
    A. 在测绘活动中形成的技术设计文件，必须由注册测绘师签字并加盖执业印章后方可生效
    B. 修改经注册测绘师签字盖章的测绘文件，应由该注册测绘师所在单位法定代表人进行
    C. 注册测绘师从事执业活动，由注册测绘师所在地测绘地理信息行政主管部门统一接受委托并收费
    D. 因特殊情况注册测绘师不能修改其本人签字盖章的测绘文件的，应当由所在单位法定代表人或总工程师修改，并签字，加盖印章

11. 注册测绘师执业过程中，因测绘成果质量问题造成的经济损失，应当由（　　）承担赔偿责任。
    A. 注册测绘师   B. 接受委托的单位
    C. 测绘成果质量负责人   D. 测绘成果完成人

12. 张三、李四是同一家测绘资质单位的注册测绘师。根据《注册测绘师制度暂行规定》，下列关于他们执业活动的说法中，错误的是（　　）。
    A. 张三、李四可以开展与该单位测绘资质等级和业务范围相应的测绘执业活动
    B. 修改经张三签字盖章的测绘文件，应当由张三本人进行
    C. 因特殊情况，李四修改经张三签字盖章的测绘文件，应由李四对修改部分承担责任
    D. 其所在单位可以统一保管张三、李四的注册测绘师注册证和执业印章

13. 根据《测绘作业证管理规定》，下列人员中，应当领取测绘作业证的是（　　）。
    A. 注册测绘师   B. 测绘行业技师
    C. 测绘外业作业人员   D. 测绘内业作业人员

14. 关于外国组织或者个人携带我国测绘成果出境的说法，正确的是（　　）。
    A. 可以携带出境
    B. 不可以携带出境

C. 经中方合作单位同意后可以携带出境
D. 未经依法批准,不得以任何形式携带出境

15. 根据《外国的组织或者个人来华测绘管理暂行办法》,中外合作测绘不得从事的测绘活动是( )。
　　A. 地方性教学地图编制　　　　　B. 互联网地图服务
　　C. 房产图测绘　　　　　　　　　D. 地籍图测绘

16. 根据《外国的组织或者个人来华测绘管理暂行办法》,经批准在我国境内从事一次性测绘的,向申请人送达批准文件的部门是( )。
　　A. 外交部　　　　　　　　　　　B. 国务院测绘地理信息主管部门
　　C. 省级测绘地理信息行政主管部门　D. 军队测绘部门

二、多项选择题

1. 根据《测绘资质分级标准》,关于测绘单位质量管理的说法,正确的有( )。
　　A. 甲级测绘单位应当通过 ISO 9000 系列质量保证体系认证或者通过国务院测绘地理信息行政主管部门考核
　　B. 甲级测绘单位应当通过 ISO 9000 系列质量保证体系认证
　　C. 乙级测绘单位应当通过 ISO 9000 系列质量保证体系认证或者通过省级测绘地理信息行政部门考核
　　D. 丙级测绘单位应当通过 ISO 9000 系列质量保证体系认证或者通过设区的市级以上测绘地理信息行政主管部门考核
　　E. 丁级测绘单位应当通过县级以上测绘地理信息行政主管部门考核

2. 根据《测绘资质分级标准》,下列测量工作中,需要配备 0.5 秒级精度以上全站仪和 S05 级精度以上水准仪的有( )。
　　A. 规划检测测量　　　　　　　　B. 精密工程测量
　　C. 隧道测量　　　　　　　　　　D. 变形(沉降)观测
　　E. 形变测量

3. 根据《注册测绘师制度暂行规定》,下列关于注册测绘师执业的说法中,正确的有( )。
　　A. 注册测绘师应当在一个测绘资质单位开展相应的执业活动
　　B. 测绘活动中形成的测绘成果质量文件,由注册测绘师签字盖章后生效
　　C. 注册测绘师可以个人名义接受委托从事执业活动
　　D. 因测绘成果质量问题造成的经济损失,注册测绘师所在单位应承担赔偿责任
　　E. 注册测绘师所在单位承担赔偿责任后,可依法向相关的注册测绘师追偿

4. 下列关于测绘作业证说法中,正确的有( )。
　　A. 过期不注册核准的测绘作业证无效
　　B. 测绘作业证只限本人使用,不得转借他人
　　C. 遗失测绘作业证的,测绘人员应当立即向发证机关书面报告情况
　　D. 测绘人员调往其他测绘单位的,原测绘作业证可变更使用

E. 进入军事禁区从事测绘活动,不能单纯持有测绘作业证件

5. 下列关于外国的组织或者个人来华进行一次性测绘活动的说法中,正确的有(　　)。

　　A. 可以不设立合资、合作企业,但须经国务院测绘主管部门会同军队测绘部门批准

　　B. 必须与中华人民共和国的有关部门和单位共同进行

　　C. 保证中方测绘人员全程参与具体测绘活动

　　D. 经批准可以从事涉密的测绘活动

　　E. 可以不执行测绘成果汇交的相关规定

三、简答题

1. 简述我国测绘资质证书等级和测绘资质划分的专业范围。
2. 简述申请测绘资质应具备的条件。
3. 简述测绘执业资格的特征。
4. 简述外国的组织或者个人来华测绘应当遵循的原则。

四、论述题

试论述注册测绘师所享有的权利和需要履行的义务。

第3章 测绘项目管理和测绘标准化

3.1 测绘项目发包和承包

3.1.1 测绘项目发包和承包的概念

1)测绘项目发包

测绘项目发包指项目建设单位遵循公开、公正、公平的原则,采用公告或邀请书等方式提出测绘项目内容及其条件和要求,邀请有意愿参与竞争的测绘单位按照规定条件提出测绘项目实施计划、方案和价格等,再采用一定的评价办法择优选定承包单位,最后以测绘项目合同形式委托其完成指定测绘工作的活动。测绘项目发包方式包括招标发包和直接发包两种,测绘项目招标是项目发包的一种方式。

2)测绘项目承包

测绘项目承包指具有测绘资质的测绘单位通过与工程项目的项目法人签订测绘项目合同,负责承担测绘项目组织实施的活动。测绘项目承包可以通过测绘项目发包方直接发包或者参与测绘项目招标投标的方式进行。

3.1.2 测绘项目发包方和承包方的基本条件

1)测绘项目发包方(委托方)的条件

(1)测绘项目委托方须符合有关法律法规规定的资格,其委托行为应当符合法律法规的规定。

(2)在中华人民共和国领域和管辖的其他海域内,外国的组织或者个人单独进行测绘或者与中华人民共和国有关部门、单位合作进行测绘的,应当遵守《外国的组织或者个人来华测绘管理暂行办法》规定,由国务院测绘地理信息主管部门和军队测绘部门审查批准。

(3)台、港、澳人员在大陆进行测绘活动的,须报经国务院测绘地理信息主管部门和军队测绘主管部门审查批准。

2)测绘项目承包方的条件

(1)进入测绘市场承揽测绘项目的单位,必须持有国务院测绘地理信息主管部门或省、自治区、直辖市测绘地理信息主管部门颁发的测绘资质证书,并按资质证书规定的业务范围和作业限额从事测绘活动。

(2)从事测绘活动的单位,应当依法取得企业或者事业单位法人资格,并在工商行政管理部门核准登记的经营范围内从事测绘活动。

(3)测绘事业单位在测绘市场活动中收费的,应当持有物价主管部门颁发的收费许可证。

3.1.3 测绘项目发包方和承包方的权利和义务

(1)测绘项目发包方(委托方)的权利包括:①检验承揽方的测绘资质证书;②对委托的项目提出符合国家有关规定的技术、质量、价格、工期等要求;③明确规定承揽方完成成果的验收方式;④对由于承揽方未履行合同造成的经济损失,提出赔偿要求;⑤按合同约定享有测绘成果的所有权或使用权。

(2)测绘项目发包方(委托方)的义务包括:①遵守有关法律、法规,履行合同;②向承揽方提供与项目有关的可靠的基础资料,并为承揽方提供必要的工作条件;③向测绘项目所在省级测绘地理信息主管部门汇交测绘成果目录或副本;④执行国家规定的测绘收费标准。

(3)测绘项目承包方的权利包括:①公平参与市场竞争;②获得所承揽的测绘项目应得的价款;③按合同约定享有测绘成果的所有权或使用权;④拒绝委托方提出的违反国家规定的不正当要求;⑤对由于委托方未履行合同而造成的经济损失提出赔偿要求。

(4)测绘项目承包方的义务包括:①遵守有关的法律、法规,全面履行合同,遵守职业道德;②保证成果质量合格,按合同约定向委托方提交成果资料;③根据各省、自治区、直辖市人民政府对测绘任务登记的管理规定,向测绘地理信息主管部门进行测绘任务登记;④按合同约定,不向第三方提供受委托完成的测绘成果。

3.1.4 测绘项目发包和承包的规定

《测绘法》第二十九条规定:测绘单位不得超越资质等级许可的范围从事测绘活动,不得以其他测绘单位的名义从事测绘活动,不得允许其他单位以本单位的名义从事测绘活动。

测绘项目实行招标投标的,测绘项目的招标单位应当依法在招标公告或者投标邀请书中对测绘单位资质等级作出要求,不得让不具有相应测绘资质等级的单位中标,不得让测绘单位低于测绘成本中标。中标的测绘单位不得向他人转让测绘项目。

1)测绘单位不得超越其资质等级许可的范围从事测绘活动

测绘单位依法取得的测绘资质证书明确地载明了测绘单位的测绘资质等级、许可的业务范围和资质证书编号以及发证机关,测绘单位在承担测绘项目时,必须严格按照测绘资质证书上规定的资质等级和业务范围进行。

2)测绘单位不得以其他测绘单位的名义从事测绘活动

测绘单位不得以其他测绘单位的名义从事测绘活动,并不得允许其他单位以本单位的名义从事测绘活动。以其他测绘单位的名义从事测绘活动是借用他人的测绘资质证书从事测绘活动的行为,是《测绘法》所禁止的行为。

3)测绘单位不得允许其他单位以本单位的名义从事测绘活动

取得测绘资质证书的单位允许其他单位以本单位的名义从事测绘活动,是出借测绘资质证书的违法行为。在实际工作中,有些单位为获取经济利益将测绘资质证书出借给低资质等级或者不具有资质条件的测绘单位使用,也有些单位用假合作、联营、挂靠等方式允许其他单位以本单位的名义从事测绘活动,严重扰乱了测绘市场秩序,必须坚决予以禁止和打击。

4）测绘项目的发包单位不得向不具有相应测绘资质等级的单位发包

这是规范项目发包单位行为的法律规定，目的是维护测绘地理信息市场秩序，保障测绘地理信息市场健康有序发展，营造公平竞争、依法有序的市场环境。

5）测绘项目发包单位不得迫使测绘单位以低于测绘成本承包

迫使测绘单位以低于测绘成本承包，指测绘项目发包方不正确地运用自己所处的项目发包优势地位，以将要发生的损害或者以直接实施损害相威胁，使测绘单位产生恐惧而与之签订测绘项目合同。因迫使签订合同包括两种情况，一是以将要发生的损害相威胁，而使他人产生恐惧；二是测绘项目发包单位实施不法行为，直接给测绘单位造成人为的损害和财产的损失，而迫使测绘单位签订合同。

6）测绘单位不得将承包的测绘项目转包

测绘项目转包，指测绘项目承包方将所承揽的测绘项目全部转给他人完成，或者将测绘项目的主体工作或大部分工作转包给他人完成。测绘项目合同的签订是测绘项目发包单位对承包单位资质、能力的认可，测绘项目承包单位应当以自己的测绘仪器设备、技术和劳力完成承揽的主要测绘工作。

7）测绘单位不得将承包的测绘项目违法分包

中标人应当按照合同约定履行义务，完成中标项目。中标人不得向他人转让中标项目，也不得将中标项目肢解后分别向他人转让。中标人按照合同约定或者经招标人同意，可以将中标项目的部分非主体、非关键性工作分包给他人完成。接受分包的人应当具备相应的资格条件，并不得再次分包。中标人应当就分包项目向招标人负责，接受分包的人就分包项目承担连带责任。

《测绘市场管理暂行办法》规定，测绘项目的承包方必须以自己的设备、技术和劳力完成所承揽项目的主要部分。测绘项目的承包方可以向其他具有测绘资质的单位分包，但分包量不得大于该项目总承包量的40%，将项目的关键部分或者主体部分分包出去，或者分包量超过40%的就属于违法分包。

3.2 测绘项目招标投标

3.2.1 测绘项目招标投标的概念

1）测绘项目招标

测绘项目招标是测绘项目发包的一种方式。招标发包是项目法人单位对自愿参加某一特定测绘项目的承包单位进行邀约、审查、评价和选定的过程。测绘项目招标分为公开招标和邀请招标两种方式。测绘项目招标制度的实施，引进了市场竞争机制，建立了公开、公平、公正的竞争环境，是我国测绘地理信息市场逐步发展成熟的一个重要标志。

2）测绘项目投标

测绘项目投标是与测绘项目招标相对应的概念。测绘项目投标是根据测绘项目招标方或者委托招标代理机构的邀约，响应招标并向招标方书面提出测绘项目实施计划、方案和价格等，参与测绘项目竞争的过程。测绘项目招标和投标都受《中华人民共和国招标投标法》

《中华人民共和国反不正当竞争法》等法律的调整。

3.2.2 招标投标法有关规定

(1)招标投标活动应当遵循公开、公平、公正和诚实信用的原则。依法必须进行招标的项目,其招标投标活动不受地区或者部门的限制。任何单位和个人不得违法限制或者排斥本地区、本系统以外的法人或者其他组织参加投标,不得以任何方式非法干涉招标投标活动。

(2)招标分为公开招标和邀请招标。公开招标指招标人以招标公告的方式邀请不特定的法人或者其他组织投标。邀请招标指招标人以投标邀请书的方式邀请特定的法人或者其他组织投标。国务院发展计划部门确定的国家重点项目和省、自治区、直辖市人民政府确定的地方重点项目不适宜公开招标的,经国务院发展计划部门或者省、自治区、直辖市人民政府批准,可以进行邀请招标。

(3)招标人采用公开招标方式的,应当发布招标公告。依法必须进行招标的项目的招标公告,应当通过国家指定的报刊、信息网络或者其他媒介发布。招标公告应当载明招标人的名称和地址、招标项目的性质、数量、实施地点和时间以及获取招标文件的办法等事项。招标人采用邀请招标方式的,应当向三个以上具备承担招标项目的能力、资信良好的特定法人或者其他组织发出投标邀请书。

(4)招标人应当根据招标项目的特点和需要编制招标文件。招标文件应当包括招标项目的技术要求、对投标人资格审查的标准、投标报价要求和评标标准等所有实质性要求和条件以及拟签订合同的主要条款。国家对招标项目的技术、标准有规定的,招标人应当按照其规定在招标文件中提出相应要求。招标项目需要划分标段、确定工期的,招标人应当合理划分标段、确定工期,并在招标文件中载明。

(5)投标人应当在招标文件要求提交投标文件的截止时间前,将投标文件送达投标地点。招标人收到投标文件后,应当签收保存,不得开启。投标人少于三个的,招标人应当依照本法重新招标。

(6)投标人根据招标文件载明的项目实际情况,拟在中标后将中标项目的部分非主体、非关键性工作进行分包的,应当在投标文件中载明。

3.2.3 反不正当竞争法有关规定

经营者在市场交易中,应当遵循自愿、平等、公平、诚实信用的原则,遵守公认的商业道德。投标者不得串通投标,抬高标价或者压低标价。投标者和招标者不得相互勾结,以排挤竞争对手的公平竞争。

县级以上监督检查部门对不正当竞争行为,可以进行监督检查。监督检查部门在监督检查不正当竞争行为时,被检查的经营者、利害关系人和证明人应当如实提供有关资料或者情况。

投标者串通投标,抬高标价或者压低标价,投标者和招标者相互勾结,以排挤竞争对手的公平竞争的,其中标无效,监督检查部门可以根据情节处以罚款。

经营者违反《中华人民共和国反不正当竞争法》规定,给被侵害的经营者造成损害的,应当承担损害赔偿责任,被侵害的经营者的损失难以计算的,赔偿额为侵权人在侵权期间因侵权所获得的利润;并应当承担被侵害的经营者因调查该经营者侵害其合法权益的不正当竞争行为所支付的合理费用。被侵害的经营者的合法权益受到不正当竞争行为损害的,可以向人民法院提起诉讼。

3.3 测绘项目合同

3.3.1 合同的基础知识

合同指平等主体的双方或多方当事人(自然人或法人)关于建立、变更、终止民事法律关系的协议。

1)合同订立

合同订立是《中华人民共和国合同法》的重要内容,也是测绘项目管理的重要组成部分。当事人订立合同,应当具有相应的民事权利能力和民事行为能力。合同有书面形式、口头形式和其他形式。行政法规规定采用书面形式的,应当采用书面形式;当事人约定采用书面形式的,应当采用书面形式。书面形式指合同书、信件和数据电文(包括电报、电传、传真、电子数据交换和电子邮件)等可以有形地表现所载内容的形式。

合同的内容由当事人约定,一般包括以下条款:当事人的名称或者姓名和住所;标的;数量;质量;价款或者报酬;履行期限、地点和方式;违约责任;解决争议的办法等。当事人采取合同书形式订立合同的,自双方当事人签字或者盖章时合同成立。当事人采用信件、数据电文等形式订立合同的,可以在合同成立之前要求签订确认书,签订确认书时合同成立。

2)合同效力

依法成立的合同,自成立时生效。行政法规规定应当办理批准、登记等手续生效的,依照其规定。当事人对合同的效力可以约定附条件。附生效条件的合同,自条件成立时就时生效。附解除条件的合同,自条件成立时就时失效。

限制民事行为能力人订立的合同,经法定代理人追认后,该合同有效,但纯获利益的合同或者与其年龄、智力、精神健康状况相适应而订立的合同,不必经法定代理人追认。相对人可以催告法定代理人在一个月内予以追认。法定代理人未作表示的,视为拒绝追认。合同被追认之前,善意相对人有撤销的权利。撤销应当以通知的方式作出。行为人没有代理权、超越代理权或者代理权终止后以被代理人名义订立的合同,未经被代理人追认,对被代理人不发生效力,由行为人承担责任。相对人可以催告被代理人在一个月内予以追认。被代理人未作表示的,视为拒绝追认。合同被追认之前,善意相对人有撤销的权利。撤销应当以通知的方式作出。行为人没有代理权、超越代理权或者代理权终止后以被代理人名义订立合同,相对人有理由相信行为人有代理权的,该代理行为有效。

法人或者其他组织的法定代表人、负责人超越权限订立的合同,除相对人知道或者应当知道其超越权限的以外,该代表行为有效。无处分权的人处分他人财产,经权利人追认或者无处分权的人订立合同后取得处分权的,该合同有效。

3）合同无效

《中华人民共和国合同法》中对合同无效的情形进行了规定,主要包括以下五种情况:

(1) 一方以欺诈、胁迫的手段订立合同,损害国家利益。

(2) 恶意串通,损害国家、集体或者第三人利益。

(3) 以合法形式掩盖非法目的。

(4) 损害社会公共利益。

(5) 违反法律、行政法规的强制性规定。

4）合同履行

当事人应当按照约定全面履行自己的义务。当事人应当遵循诚实信用原则,根据合同的性质、目的和交易习惯履行通知、协议、保密等义务。合同生效后,当事人就质量、价款或者报酬、履行地点等内容没有约定或者约定不明确的,可以协议补充;不能达成补充协议的,按照合同有关条款或者交易习惯确定。

《中华人民共和国合同法》规定,执行政府定价或者政府指导价的,在合同约定的交付期限内政府价格调整时,按照交付时的价格计价。逾期交付标的物的,遇价格上涨时,按照原价格执行;价格下降时,按照新价格执行。逾期提取标的物或者逾期付款的,遇价格上涨时,按照新价格执行;价格下降时,按照原价格执行。

5）合同的权利义务终止

有下列情形之一的,合同的权利义务终止:债务已经按照约定履行;合同解除;债务相互抵消;债务人依法将标的物提存;债权人免除债务;债权债务同归于一人;法律规定或者当事人约定终止的其他情形。合同的权利义务终止后,当事人应当遵循诚实信用原则,根据交易习惯履行通知、协助、保密等义务。当事人协商一致,可以解除合同。当事人可以约定一方解除合同的条件。解除合同的条件成立时,解除权人可以解除合同。

根据《中华人民共和国合同法》,有下列情形之一的,当事人可以解除合同:

(1) 因不可抗力致使不能实现合同目的。

(2) 在履行期限届满之前,当事人一方明确表示或者以自己的行为表明不履行主要债务。

(3) 当事人一方迟延履行主要债务,经催告后在合理期限内仍未履行。

(4) 当事人一方迟延履行债务或者有其他违约行为致使不能实现合同目的。

(5) 法律规定的其他情形。

3.3.2 测绘项目合同的主要内容

测绘项目合同是测绘项目管理的核心内容。国家测绘地理信息局、国家工商行政管理总局❶发布的《测绘合同》示范文本对测绘项目合同的主要内容进行了示范性列举。测绘项目合同的内容,除了包括测绘范围、测绘内容和执行的技术标准外,还包括以下内容:

(1) 测绘工程费。

(2) 甲方(委托方)的义务。

---

❶ 2018年3月,国家工商行政管理总局并入国家市场监督管理总局。

(3)乙方(承揽方)的义务。
(4)测绘项目合同工期的约定。
(5)测绘项目验收。
(6)规定成果所有权和使用权。
(7)测绘工程费支付日期和方式。
(8)对违约责任的规定。
(9)其他约定。
(10)附则等。

具体内容可参阅国家测绘地理信息局、国家工商行政管理总局发布的《测绘合同》示范文本。

3.3.3 测绘项目合同规定

测绘项目当事人应当按照《中华人民共和国合同法》的有关规定,签订书面合同,可使用统一的测绘合同文本。测绘合同示范文本由国家工商行政管理总局和国家测绘地理信息局共同制定。

当事人签订测绘合同的正本份数,由双方根据需要确定并具有同等效力,自双方签字盖章后由双方分别保存。

在测绘合同中应明确规定合同标的的技术标准。合同工期按照国家测绘地理信息局制定的《测绘生产统一定额》计算。合同价款按照国家测绘地理信息局颁发的现行《测绘收费标准》或国家物价主管部门批准的测绘收费标准计算。

当事人双方应当全面履行测绘合同。测绘合同发生纠纷时,当事人双方应当依照《中华人民共和国合同法》的规定解决。对乙方所提供的测绘成果有争议的,应当明确由测区所在地的省级测绘产品质量监督检验站裁决,裁决费用由败诉方承担。

3.4 测绘项目经费

3.4.1 测绘项目成本费用

财政部、国家测绘地理信息局发布了《测绘生产成本费用定额》和《测绘生产成本费用定额计算细则》,为测绘项目的成本费用核算提供了依据。

(1)《测绘生产成本费用定额计算细则》中所列测绘工作项目原则上以产品为成本对象,按《测绘事业单位财务制度》规定的支出和成本费用项目,分三种困难类别计算相应的成本费用。

(2)在无人区、荒漠区、常年冰雪覆盖区等难以到达的特别困难地区作业时,在确定这类地区外业工作项目定额时,应在相应的测绘项目困难类别Ⅱ类所列定额的基础上提高1~3倍。

(3)测绘项目的"定额工日"和"班组定额"是根据当前测绘生产技术方法、产品形式和技术装备水平确定的。

(4)成本费用构成比例:直接费用82%,间接费用6%,期间费用12%。

(5)测绘生产年作业工日定额为:外业 180 工日/年,内业 220 工日/年。

(6)生产单位的人员构成比例为:生产人员 74%,分院(中队、室)部人员 10%,院(大队)部人员 16%。

(7)成本费用中包含 1.5% 的测绘项目设计费和 3.0% 的成果验收费。

(8)成本费用中不包含折旧费用或修购基金,修购基金应按《测绘事业单位财务制度》的规定另行计提。

(9)测绘事业单位应根据本单位的生产工艺流程、生产组织结构的特点以及成本计算对象的具体情况,可分别选用品种法、定单法和分步法等不同的成本计算方法。

3.4.2 测绘工程产品价格

目前,我国测绘工程或产品的收费价格,主要执行的是政府指导价。国家测绘地理信息局发布了《测绘工程产品价格》和《测绘工程产品困难类别细则》,可作为测绘工程产品价格的参考标准。

3.5 测绘项目立项审核

3.5.1 测绘项目立项审核制度

测绘项目立项审核制度是《测绘法》确定的一项重要测绘法律制度,目的是避免重复测绘,提高地理信息资源和公共财政资金的使用效率。

《测绘法》第三十五条规定,使用财政资金的测绘项目和涉及测绘的其他使用财政资金的项目,有关部门在批准立项前应当征求本级人民政府测绘地理信息主管部门的意见;有适宜测绘成果的,应当充分利用已有的测绘成果,避免重复测绘。

《测绘成果管理条例》第十五条规定,使用财政资金的测绘项目和使用财政资金的建设工程测绘项目,有关部门在批准立项前应当书面征求本级人民政府测绘地理信息主管部门的意见。测绘地理信息主管部门应当自收到征求意见材料之日起 10 日内,向征求意见的部门反馈意见。有适宜测绘成果的,应当充分利用已有的测绘成果,避免重复测绘。

3.5.2 需要审核的项目

测绘项目立项一般由有关业务主管部门和测绘成果使用单位提出,由同级发展改革主管部门审核批准并列入计划,由同级财政部门拨付项目经费。按照《测绘法》及《测绘成果管理条例》的规定,测绘项目立项审核,主要包括以下两大类测绘项目:

(1)专门使用财政资金的测绘项目。如国务院部署安排的第一次全国地理国情普查项目。

(2)使用财政资金的建设工程测绘项目。指在建设工程项目中所包含的测绘项目,如高速公路建设项目中,就包含了测绘项目。

这两类测绘项目都有一个共同点,就是都使用了财政资金,因此,政府有关部门在批准立项前,必须依法书面征求测绘地理信息主管部门的意见,测绘地理信息主管部门应当在规定的期限内认真进行审核,并根据现有测绘成果情况提出准予立项或不准予立项的意见和建议。

3.5.3 立项审核的内容

对于使用财政资金的测绘项目和使用财政资金的建设工程测绘项目,测绘地理信息主管部门在进行立项前审核时,主要审核以下内容:

(1)测绘项目或建设工程测绘项目的基本情况,包括项目空间分布情况、覆盖范围及主要成果。

(2)测绘项目或建设工程测绘项目的基本技术要求,包括所采用的测量基准、执行的标准和规范情况以及起算依据等。

(3)测绘项目或建设工程测绘项目的特殊要求,即满足项目立项申请单位或者测绘成果使用单位的特殊规定、技术要求等。

(4)根据测绘地理信息主管部门掌握的已有基础测绘成果资料及其资料现势性(包括其他部门汇交的测绘成果资料),对测绘项目或建设工程测绘项目的情况进行综合比对、分析,提出审核意见。已有测绘成果的精度、规格及范围能够满足测绘项目或建设工程测绘项目需要的,测绘地理信息主管部门应当在10日内提出不予批准立项的建议文件。已有测绘成果资料难以满足立项申请单位和测绘成果使用单位需求的,测绘地理信息主管部门应当提出具体解决办法和意见。

3.6 标准化的基本知识

为加强测绘标准化工作的统一管理,提高测绘标准的科学性、协调性和适用性,促进测绘工作的规范化、制度化。根据《中华人民共和国测绘法》《中华人民共和国标准化法》及国家有关规定,国家测绘地理信息局于2008年3月公布了《测绘标准化工作管理办法》。

3.6.1 标准的概念

标准是对一定范围内的重复性事物和概念所做的统一规定。它以科学、技术和实践经验的综合成果为基础,以取得最佳秩序、促进最佳社会效益为目的,经有关方面协商一致,由主管机构批准,以特定形式发布,作为共同遵守的准则和依据。1986年国际标准化组织发布的ISO第2号指南中对标准的定义:得到一致(绝大多数)同意,并经公认的标准化团体标准,作为工作或工作成果的衡量准则、规则或特定要求,供(有关各方)共同重复使用的文件,目的是在给定范围内达到最佳有序化程度。

3.6.2 标准化的概念

1996年我国颁发的国家标准《标准化和有关领域的通用术语 第一部分:基本术语》(GB 3935.1—1996)中规定了标准化的定义:标准化是为在一定范围内获得最佳秩序,对实际的或潜在的问题制定共同的和重复使用的规则的活动。1986年国际标准化组织发布的ISO第2号指南中给出的定义为:针对现实的或潜在的问题,为制定(供有关各方)共同重复使用的规定所进行的活动。

3.6.3 标准级别

按照标准所起的作用和涉及的范围,标准通常可分为国际标准、区域标准、国家标准、行业标准、地方标准、企业标准等不同层次和级别。按照标准化法规定,依据《中华人民共和国标准化法》,我国通常将标准划分为国家标准、行业标准、地方标准、企业标准 4 个层次。各层次之间有一定的依从关系和内在联系,形成一个覆盖全国又层次分明的标准体系。

1)国家标准

对需要在全国范围内统一的技术要求,应当制定国家标准。国家标准由国务院标准化行政主管部门编制计划和组织草拟,并统一审批、编号、发布。国家标准的代号为"GB",其含义是"国标"两个字汉语拼音的第一个字母的组合。目前,我国国家标准由国家质量监督检验检疫总局❶和国家标准化管理委员会联合发布。

2)行业标准

对没有国家标准又需要在全国某个行业范围内统一的技术要求,可以制定行业标准,作为对国家标准的补充,当相应的国家标准实施后,该行业标准自行废止。行业标准由行业标准归口部门审批、编号、发布,实施统一管理。行业标准的归口部门及其所管理的行业标准范围,由国务院标准化行政主管部门审定,并公布该行业的行业标准代号。

3)地方标准

对没有国家标准和行业标准而又需要在省、自治区、直辖市范围内统一的下列要求,可以制定地方标准:①工业产品的安全、卫生要求;②药品、兽药、食品卫生、环境保护、节约能源、种子等法律、法规规定的要求;③其他法律、法规规定的要求。地方标准由省、自治区、直辖市标准化行政主管部门统一编制计划,并组织制定、审批、编号和发布。

4)企业标准

对在企业范围内需要协调、统一的技术要求、管理要求和工作要求所制定的标准。企业标准由企业制定,由企业法人代表或法人代表授权的主管领导批准和发布。企业产品标准应在发布后 30 日内向政府备案。

5)国家标准化指导性技术文件

国家标准化指导性技术文件作为对国家标准的补充,其代号为"GB/Z"。符合下列情况之一的项目,可以制定指导性技术文件:①技术尚在发展中,需要有相应的文件引导其发展或具有标准化价值,尚不能制定为标准的项目;②采用国际标准化组织、国际电工委员会及其他国际组织(包括区域性国际组织)的技术报告的项目;③国家基础测绘项目及有关重大测绘专项实施中,没有国家标准和行业标准而又需要统一的技术要求。指导性技术文件仅供使用者参考。

3.6.4 标准属性

根据《中华人民共和国标准化法》,国家标准、行业标准均可分为强制性和推荐性两种属性的标准。

---

❶ 2018 年 3 月,国家质量监督检验检疫总局的职能分别并入国家市场监督管理总局和海关总署。

1) 强制性标准

保障人体健康、人身、财产安全的标准和法律、行政法规规定强制执行的标准为强制性标准,其他标准为推荐性标准。省、自治区、直辖市标准化行政主管部门制定的工业产品安全、卫生要求的地方标准,在本地区域内是强制性标准。强制性标准是由法律规定必须遵照执行的标准。强制性国家标准的代号为"GB"。

2) 推荐性标准

强制性标准以外的标准是推荐性标准,又叫非强制性标准。推荐性国家标准的代号为"GB/T",行业标准中的推荐性标准也是在行业标准代号后加"T"字,如"CH/T"即测绘地理信息行业推荐性标准,不加"T"字即为强制性测绘地理信息行业标准。

3.6.5 标准种类

标准分类即有按行业归类,也有按标准的功能分类的,根据标准的专业性质,通常将标准划分为技术标准、管理标准和工作标准三大类。

1) 技术标准

对标准化领域中需要统一的技术事项所制定的标准称为技术标准。技术标准又细分为:基础技术标准、产品标准、工艺标准、检验和试验方法标准、设备标准、原材料标准、安全标准、环境保护标准、卫生标准等。其中的每一类还可进一步细分,如技术基础标准还可再分为:术语标准、图形符号标准、数系标准、公差标准、环境条件标准、技术通则性标准等。

2) 管理标准

对标准化领域中需要协调统一的管理事项所制定的标准叫管理标准。管理标准主要是对管理目标、管理项目、管理业务、管理程序、管理方法和管理组织所作的规定。

3) 工作标准

为实现工作过程的协调,提高工作质量和工作效率,对每个职能和岗位的工作制定的标准叫工作标准。在我国建立了企业标准体系的企业里一般都制定工作标准。按岗位制定的工作标准通常包括:岗位目标、工作程序和工作方法、业务分工和业务联系方式、职责权限、质量要求与定额、对岗位人员的基本技术要求、检查考核办法等内容。

3.7 测绘标准的概念与分类

3.7.1 测绘标准化的概念

测绘地理信息标准(简称"测绘标准")是针对性很强的技术标准,具体指某一测绘地理信息工序的条款,而且大家都必须共同遵守的规定。测绘标准是组织测绘生产和测绘成果应用的基本技术依据,其形式包括标准、规范、图式、规定、细则等多种。测绘标准包括国家标准、行业标准、地方标准和标准化指导性技术文件。

根据《测绘标准化工作管理办法》,在测绘地理信息领域内,需要在全国范围内统一的技术要求,应当制定国家标准;对没有国家标准而又需要在测绘行业范围内统一的技术要求,可以制定测绘行业标准;对没有国家标准和行业标准而又需要在省、自治区、直辖市范围内统一的技术要求,可以制定相应的地方测绘标准。

测绘标准化指在测绘生产及管理过程中,对重复性事物和概念通过制定、发布和实施测绘标准或者测绘标准化指导性技术文件,达到统一,以获得最佳秩序和社会效益的活动。

3.7.2 测绘标准分类

测绘标准具有科学性、实用性、权威性、法定性、协调性等特征。目前,我国的测绘标准共分为定义与描述类、获取与处理类、检验与测试类、成果与服务类、管理类 5 大类,在这 5 大类中,又可以根据不同种类标准的特点,细分为若干小类标准。

1)定义与描述类标准

定义与描述类标准是通过对基础地理信息进行定义与描述,使得标准化涉及的各方在一定的时间和空间范围内达到对地理信息相对一致的理解,从而促进基础地理信息的应用。定义与描述类标准共 7 个小类标准,这类标准属于基础性标准,通常被其他测绘地理信息标准引用,具有重要的指导意义。

定义与描述类的基于地理标识的参考系统、三维基础地理信息要素分类与代码、影像要素分类与代码、三维基础地理信息要素数据词典、航天影像和航空影像数据要素词典、公众版地形图图式、电子地图图式等标准是将来我国标准制定的主要任务。

2)获取与处理类标准

获取与处理类标准是以地理信息数据获取与处理中各专业技术、各类工程中的需要协调统一的各种技术、方法、过程等为对象制定的标准。主要目的是通过对基础地理信息获取、加工、处理和应用等的方法、过程、行为的技术要求和技术参数进行确定,从而使基础地理信息数据获取与处理过程中的各个环节产生的误差得到控制,保证地理信息数据质量。

获取与处理类标准共包括 11 个小类标准,现行的获取与处理类标准主要集中于大地测量、航空摄影测量、光学航空摄影、国家基本比例尺地形图编绘、基础地理信息数据生产与数据库建设等方面,如《全球定位系统实时动态测量(RTK)技术规范》(CH/T 2009—2010)、《1:500 1:1000 1:2000 地形图航空摄影规范》(GB/T 6962—2005)、《国家基本比例尺地形图更新规范》(GB/T 14268—2008)等,都属于获取与处理类标准。

3)检验与测试类标准

检验与测试类标准是为检验各种测绘地理信息成果质量,以检测对象、质量要求、检测方法及其技术要求为对象制定的标准。检验与测试类标准共包括 5 个小类标准。如《测绘成果质量检查与验收》(GB/T 24356—2009)、《数字水准仪检定规程》(CH/T 8019—2009)等都属于检验与测试类标准。

4)成果与服务类标准

成果与服务类标准是为保证测绘成果满足用户需要,对一种或一组基础地理信息产品应达到的技术要求作出规定的标准。成果与服务类标准共分 5 个小类标准。现行的成果与服务类标准主要集中在地形图和基础地理信息数据基本产品方面。如《地理信息 定位服务》(GB/T 28589—2012)、《基础地理信息标准数据基本规定》(GB 21139—2007)、《基础地理信息数字成果 1:500 1:1000 1:2000 数字线划图》(CH/T 9008.1—2010)等都属于成果与服务类标准。

5)管理类标准

管理类标准是为保障测绘地理信息工作的有效开展,以测绘和基础地理信息项目管理、成果管理、归档管理、认证管理为对象制定的标准。管理类标准共包括4个小类标准。《测绘技术设计规定》(CH/T 1004—2005)、《测绘技术总结编写规定》(CH/T 1001—2005)、《测绘作业人员安全规范》(CH 1016—2008)等都属于管理类标准。

3.8 测绘标准的制定

制定标准指根据生产发展和科学技术发展的需要,制定过去没有而现在需要进行制定的标准。制定标准工作量大,工作要求高,是国家标准化工作的重要方面,反映了一个国家标准化工作的整体水平。

3.8.1 测绘国家标准

对于需要在全国范围内统一的测绘地理信息技术要求,应当制定测绘国家标准:

(1)测绘术语、分类、模式、代号、代码、符号、图式、图例等技术要求。

(2)国家大地基准、高程基准、重力基准和深度基准的定义和技术参数,国家大地坐标系统、平面坐标系统、高程系统、地心坐标系统和重力测量系统的实现、更新和维护的仪器、方法、过程等方面的技术要求。

(3)国家基本比例尺地图、公众版地图及其测绘的方法、过程、质量、检验和管理等方面的技术要求。

(4)基础航空摄影的仪器、方法、过程、质量、检验和管理等方面的技术指标和技术要求,用于测绘的遥感卫星影像的质量、检验和管理等方面的技术要求。

(5)基础地理信息数据生产及基础地理信息系统建设、更新与维护的方法、过程、质量、检验和管理等方面的技术要求。

(6)测绘地理信息工作中需要统一的其他技术要求。

3.8.2 强制性测绘标准

测绘国家标准及测绘行业标准分为强制性标准和推荐性标准。下列情况应当制定强制性测绘标准或者强制性条款:

(1)涉及国家安全、人身及财产安全的技术要求。

(2)建立和维护测绘基准与测绘系统必须遵守的技术要求。

(3)国家基本比例尺地图测绘与更新必须遵守的技术要求。

(4)基础地理信息标准数据的生产和认定。

(5)测绘行业范围内必须统一的技术术语、符号、代码、生产与检验方法等。

(6)需要控制的重要测绘成果质量的技术要求。

(7)国家法律、行政法规规定强制执行的内容及其技术要求。

测绘行业标准不得与测绘国家标准相违背,测绘地方标准不得与测绘国家标准和测绘行业标准相违背。

3.8.3 测绘标准化指导性技术文件

测绘标准化指导性技术文件包括：

(1)涉及的相关测绘技术尚在发展中,需要有相应的标准文件引导其发展或者具有标准化价值,尚不能制定为标准的。

(2)采用国际标准化组织以及其他国际组织(包括区域性国际组织)技术报告的。

(3)国家基础测绘项目及有关重大测绘专项实施中,没有国家标准和行业标准而又需要统一的技术要求。

3.8.4 测绘标准的发布

1)测绘标准的发布

按照《测绘标准化工作管理办法》,属于测绘国家标准的和国家标准化指导性技术文件的,报国务院标准化行政主管部门批准、编号、发布。测绘行业标准和行业标准化指导性技术文件的编号由行业标准代号、标准发布的顺序号及标准发布的年号构成。

(1)强制性测绘行业标准编号：CH ××××（顺序号）—××××（发布年号）

(2)推荐性测绘行业标准编号：CH/T ××××—××××

(3)测绘行业标准化指导性技术文件编号：CH/Z ××××—××××

强制性测绘标准及标准强制性条款必须执行。推荐性标准被强制性测绘标准引用的,也必须强制执行。不符合强制性标准或强制性条款的测绘成果或者地理信息产品,禁止生产、进口、销售、发布和使用。测绘企事业单位应当积极采用和推广测绘标准,并应当在成果或者其说明书、包装物上标注所执行标准的编号和名称。

2)测绘标准的复审

测绘标准的复审工作由国家测绘地理信息局组织测绘标准化工作委员会实施。标准复审周期一般不超过 5 年。下列情况应当及时进行复审：

(1)不适应科学技术的发展和经济建设需要的。

(2)相关技术发生了重大变化的。

(3)标准实施过程中出现重大技术问题或有重要反对意见的。

测绘国家和行业标准化指导性技术文件发布后 3 年内必须复审,以决定是否继续有效、转化为标准或者撤销。

测绘国家标准和国家标准化指导性文件的复审结论经国家测绘地理信息局审查同意,报国务院标准化行政主管部门审批发布。测绘行业标准和行业标准化指导性技术文件的复审结论由国家测绘地理信息局审批。对确定为继续有效或者废止、撤销的,由国家测绘地理信息局发布公告,对确定为修订、转化的,按相关规定程序进行修订。

3.9 测绘标准化管理职责

3.9.1 国家测绘地理信息局标准化工作职责

国家测绘地理信息局测绘标准化工作委员会具体承担测绘标准化的有关工作,国家测绘地理信息局标准化工作职责如下：

(1)贯彻国家标准化法律、行政法规、方针和政策,制定测绘标准化管理的规章制度。

(2)组织制定和实施国家测绘标准化规划与计划,建立测绘标准体系。

(3)组织实施测绘国家标准项目和标准复审。

(4)组织制定、修订、审批、发布和复审测绘行业标准和标准化指导性技术文件。

(5)负责测绘标准的宣传、贯彻、实施和监督工作;归口负责测绘标准化工作的国际合作与交流。

(6)指导省、自治区、直辖市测绘地理信息主管部门的标准化工作。

3.9.2 省级测绘地理信息主管部门标准化工作职责

(1)贯彻国家标准化工作的法律、法规、方针和政策,制定贯彻实施的具体办法。

(2)组织制定和实施地方测绘标准化规划、计划。

(3)组织实施测绘地方标准项目。

(4)组织宣传、贯彻与实施测绘标准并监督检查。

(5)指导市、县测绘地理信息主管部门的标准化工作。

3.9.3 市、县测绘地理信息主管部门标准化工作职责

按照我国目前的测绘法律法规和相关标准化法规、行政法规的规定,市、县级测绘地理信息主管部门的测绘标准化工作职责,主要包括以下几个方面：

(1)贯彻国家标准化工作的法律、法规、方针和政策。

(2)组织宣传、贯彻与实施测绘标准的监督检查。

(3)组织实施地方测绘标准项目。

(4)上级测绘地理信息主管部门和本级人民政府标准化主管部门规定的其他职责。

3.10 测绘计量管理

3.10.1 测绘计量的概念与特征

1)测绘计量的概念

计量是实现单位统一、量值准确可靠的活动。凡是以实现计量单位统一和测量准确可靠为目的的科学技术、法制、管理等活动都属于计量的范围。

测绘计量指以测绘技术和法制手段保证测量量值准确可靠、单位统一的测量活动。准确的测绘计量对于保障国家计量单位制的统一和量值的准确可靠,保证测绘成果质量,促进测绘事业发展具有重要意义。

测绘计量标准指用于测量器具检定、测试各类测绘计量器具的标准装置、器具和设施。测绘计量器具指用于直接或间接传递量值的测绘地理信息工作用仪器、仪表和器具。

2)测绘计量的特征

(1)统一性。根据测绘计量的概念,测绘计量的一个重要目的,就是为了保证计量单位

统一,因而测绘计量具有统一性特点。

(2)准确性。测绘计量是保证量值准确的测量,其计量数据的准确性是最基本的特性。

(3)法定性。测绘计量基准和测绘计量标准由国家有关计量的法律规定,测绘计量检定和计量器具管理由国家法律规定,测绘计量检定人员的资格由国家计量行政主管部门和有关行政主管部门考核认定,因此,测绘计量具有法定性。

3.10.2 测绘计量管理规定

为加强测绘计量监督管理,提高测绘成果质量,国家测绘地理信息局颁布了《测绘计量管理暂行办法》,对测绘计量管理进行了具体规定。

1) 对计量检定的规定

计量检定活动指由法律规定的或者质量技术监督部门授权的强制检定和其他检定活动。为加强对计量检定活动的管理,国家出台了一系列法律、法规和规章。

(1)《中华人民共和国计量法实施细则》第十一条规定:使用实行强制检定的计量标准的单位和个人,应当向主持考核该项计量标准的有关人民政府计量行政部门申请周期检定。使用实行强制检定的工作计量器具的单位和个人,应当向当地县(市)级人民政府计量行政部门指定的计量检定机构申请周期检定。

(2)《中华人民共和国计量法实施细则》第十二条规定:企业、事业单位应当配备与生产、科研、经营管理相适应的计量检测设施,制定具体的检定管理办法和规章制度,规定本单位管理的计量器具明细目录及相应的检定周期,保证使用的非强制检定的计量器具定期检定。

(3)《测绘计量管理暂行办法》第六条规定:社会公用计量标准、部门最高等级的测绘计量标准,均为国家强制检定的计量标准器具,应按国务院计量行政主管部门规定的检定周期向同级政府计量行政主管部门申请周期检定,周期检定结果报同级测绘主管部门备案。未按照规定申请检定或检定不合格的,不准使用。

(4)《测绘计量管理暂行办法》第十条规定:开展测绘计量器具检定,应执行国家、部门或地方计量检定规程。对没有正式计量检定规程的,应执行有关测绘技术标准或自行编写检校办法报主管部门批准后使用。

(5)《测绘计量管理暂行办法》第七条规定:申请面向社会开展测绘计量器具检定、建立社会公用计量标准、承担测绘计量器具产品质量监督试验以及申请作为法定计量检定机构的,应根据申请承担任务的区域,向相应的政府计量行政主管部门申请授权;申请承担测绘计量器具新产品样机试验的,向当地省级政府计量行政主管部门申请授权;申请承担测绘计量器具新产品定型鉴定的,向国务院计量行政主管部门申请授权。

(6)《测绘计量管理暂行办法》第十三条规定:承担测绘任务的单位和个体测绘业者,其所使用的测绘计量器具必须经政府计量行政主管部门考核合格的测绘计量检定机构或测绘计量标准检定合格,方可申领测绘资格证书。无检定合格证书的,不予受理资格审查申请。

上述测绘单位和个体测绘业者使用的测绘计量器具,必须经周期检定合格,才能用于测绘生产。未经检定、检定不合格或超过检定周期的测绘计量器具,不得使用。

教学示范用测绘计量器具可以免检,但须向省级测绘主管部门登记,并不得用于测绘生产。

在测绘计量器具检定周期内,可由使用者依据仪器使用状况自行检校。

2)对产品质量检验机构的规定

(1)《中华人民共和国计量法》第二十二条规定:为社会提供公证数据的产品质量检验机构,必须经省级以上计量行政部门对其计量检定、测试的能力和可靠性考核合格。

(2)《中华人民共和国计量法实施细则》第二十八条规定:县级以上计量行政部门依法设置的计量检定机构,为国家法定计量检定机构。其职责是:负责研究建立计量基准、社会公用计量标准,进行量值传递,执行强制检定和法律规定的其他检定、测试任务,起草技术规范,为实施计量监督提供技术保证,并承办有关计量监督工作。

(3)《测绘计量管理暂行办法》第十四条规定:测绘产品质量监督检验机构,必须向省级以上政府计量行政主管部门申请计量认证。取得计量认证合格证书后,在测绘产品质量监督检验、委托检验、仲裁检验、产品质量评价和成果鉴定中提供作为公证的数据,具有法律效力。

3)对测绘计量检定人员的规定

(1)《中华人民共和国计量法实施细则》第二十九条规定:国家法定计量检定机构的计量检定人员,必须经县级以上人民政府计量行政部门考核合格,并取得计量检定证件,其他单位的计量检定人员,由其主管部门考核发证。无计量检定证件的,不得从事计量检定工作。

(2)《测绘计量管理暂行办法》第九条规定:从事政府计量行政主管部门授权项目检定、测试的计量检定人员,必须经授权部门考核合格;其他计量检定人员,可由其上级主管部门考核合格。取得计量检定员证书后,才能开展检定、测试工作。根据实际需要,省级以上测绘主管部门可经同级政府计量行政主管部门同意,组织计量检定人员考核并发证。

3.10.3 测绘计量检定人员

测绘计量检定人员指受聘于测绘计量检定机构,从事非强制性测绘计量检定工作的专业技术人员。根据《中华人民共和国计量法实施细则》,测绘计量检定人员资格审批是一项无数量限制的行政许可事项。现阶段测绘计量检定人员资格认证工作由省级测绘地理信息主管部门组织实施。

1)申请取得测绘计量检定人员资格的条件

(1)具有中专以上文化程度。

(2)具有技术员以上技术职称。

(3)了解计量工作的相关法律、法规、规章。

(4)熟练掌握所从事测绘计量检定项目的专业知识和操作技能。

(5)受聘于测绘计量检定机构。

2)申请取得测绘计量检定人员资格应当提交的材料

(1)测绘计量检定人员资格认证申请表一式2份。

(2)学历证书复印件1份。

(3)技术职称证书复印件1份。

(4)聘用合同复印件1份。

(5)一寸近期正面免冠照片2张。

3)测绘计量检定人员资格考试

申请取得测绘计量检定人员资格,必须通过测绘地理信息主管部门组织的考试合格。申请人初次申请考核认证计量检定员资格的,必须通过以下科目的考试:测绘、计量基础知识;申请检定项目、测绘器具的专业知识和实际操作技能;相关法律法规知识;相应的测绘计量技术规范(规程)或者技术标准。

申请增加测绘计量检定项目的,应当通过以下科目的考试:申请增加的检定项目、测绘器具的专业知识和实际操作技能;相应的测绘计量技术规范或者技术标准。

测绘计量检定人员资格考试于每年第三季度举行一次。对考试成绩达到合格分数线的申请人,组织考核的测绘地理信息主管部门应当对其申请材料进行审核。经审核合格准予颁证的,组织考核的测绘地理信息主管部门应当向申请人颁发计量检定员证。

3.10.4 测量计量器具管理

测量计量器具是指能用以直接或间接测出被测对象量值的测绘装置、设施、仪器仪表、量具和用于统一测绘量值的标准物质,包括测绘计量基准、测绘计量标准和测绘工作计量器具。如全站仪、GPS接收机、水准仪等。

测绘计量器具需要进行检定和校准的,要按照国家规定的检定规程和检定周期进行检定或者校准,未经检定或者检定不合格的,不准提供使用。测绘计量器具保管要配备专业的测绘仪器保管库房,并配备满足测量计量器具存放的防火、防潮等设施,保证测量计量器具正常使用。

根据《中华人民共和国计量法实施细则》,计量标准器具的使用必须具备以下条件:

(1)经计量检定合格。

(2)具有正常工作所需要的环境条件。

(3)具有称职的保存、维护、使用人员。

(4)具有完善的管理制度。

使用测绘计量器具,应当严格按照国家规定的操作规程进行,保证测绘计量器具量值的准确传递。

习 题

一、单项选择题

1.下列合同订立情形中,不属于《中华人民共和国合同法》规定的合同无效的情形的是( )。

　　A.一方以欺诈、胁迫的手段订立合同,损害国家利益

　　B.恶意串通,损害国家、集体或者第三人利益

　　C.订立合同时显失公平

D. 损害公共利益

2. 投标人的下列投标行为中,不违反《中华人民共和国招标投标法》的是( )。
   A. 相互串通投标报价
   B. 以其他人名义投标
   C. 投标人以低于成本的报价竞标
   D. 法人联合体以一个投标人的身份共同投标

3. 关于当事人订立合同形式的说法,错误的是( )。
   A. 订立合同可以采取书面形式
   B. 订立合同必须采取书面形式
   C. 订立合同可以采用口头形式
   D. 法律规定采用书面形式的应当采用书面形式

4. 根据《测绘市场管理暂行办法》,下列关于测绘市场合同管理的说法中,错误的是( )。
   A. 测绘项目当事人应当签订书面合同
   B. 签订书面合同应当使用统一的测绘合同文本
   C. 在合同中应当明确合同标的和技术标准
   D. 发生纠纷应当报测绘地理信息行政主管部门解决

5. 测绘工程项目投标时工程费用确定的主要依据标准是( )。
   A. 测绘项目资金渠道   B. 测绘工程产品价格
   C. 测绘单位的性质、组织形式   D. 测绘单位资质等级

6. 根据《测绘法》,下列关于测绘项目的说法中,错误的是( )。
   A. 测绘单位必须以自己的设备、技术和劳力完成所承包项目的主要部分
   B. 测绘项目的发包方应当检验承包方的测绘资质证书
   C. 测绘单位不得将承包的测绘项目转包
   D. 测绘项目的承包方不得分包测绘项目

7. 根据《测绘生产成本费用定额》,下列费用中,不列入成本费用的是( )。
   A. 直接费用   B. 间接费用   C. 期间费用   D. 折旧费用

8. 根据《测绘市场管理暂行办法》,测绘项目的承包方依法分包时,分包量不得大于该项目总承包量的( )。
   A. 20%   B. 30%   C. 40%   D. 50%

9. 根据《测绘合同》示范文本,下列关于测绘合同的说法中,错误的是( )。
   A. 合同由双方代表签字,加盖双方公章或合同专用章即生效
   B. 合同执行过程中的未尽事宜,双方可协商签订补充协议
   C. 因合同发生争议,未能达成调解和书面仲裁协议的,双方可向人民法院起诉
   D. 测绘项目全部成果交接完毕后,合同终止

10. 《测绘计量管理暂行办法》规定,测绘产品质量监督检验机构必须向( )申请计量认证。
    A. 省级以上测绘地理信息行政主管部门

B. 国务院测绘地理信息主管部门

C. 省级以上计量行政主管部门

D. 国务院计量行政主管部门

11. 下列标准中,属于获取与处理类标准的是(   )。

   A. 电子地图图式

   B. 测绘产品检查验收规定

   C. 基础地理信息数字产品 1∶1 万、1∶5 万数字高程模型

   D. 全球定位系统(GPS)测量规范

12. 下列标准编号中属于强制性国家标准的是(   )。

   A. CH ××××—××××　　　　B. GB ××××—××××

   C. CH/T ××××—××××　　　D. GB/T ××××—××××

13. 根据《测绘标准化工作管理办法》,标准复审结论由国务院测绘地理信息主管部门负责审批的标准化文件是(   )。

   A. 测绘国家标准　　　　　　　B. 测绘行业标准

   C. 测绘国家标准化指导性技术文件　　D. 测绘地方标准

14. 根据标准化法,测绘标准在测绘行业实施后,国务院行政主管部门应当根据科学技术的发展和经济建设的需要适时进行(   )。

   A. 复审　　　　B. 验证　　　　C. 评估　　　　D. 修订

15. 下列关于标准的说法中,错误的是(   )。

   A. 国家标准由国务院有关部门制定,国务院标准化行政主管部门发布

   B. 国家鼓励积极采用国际标准

   C. 国家鼓励企业自愿采用推荐性标准

   D. 国家保障人体健康和人身、财产安全的标准是强制性标准

16. 根据《中华人民共和国标准化法》,测绘标准《导航电子地图安全处理技术基本要求》属于(   )。

   A. 强制性国家标准　　　　　　B. 推荐性国家标准

   C. 强制性行业标准　　　　　　D. 推荐性行业标准

17. 根据《中华人民共和国标准化法》,下列关于国家标准公布后相应行业标准效力的说法中,正确的是(   )。

   A. 行业标准继续有效　　　　　B. 行业标准应当及时修订

   C. 行业标准应当及时复审　　　D. 行业标准即行废止

18. 根据《测绘计量管理暂行办法》,下列关于测绘计量器具的说法中,错误的是(   )。

   A. 必须经测绘计量检定机构或测绘计量标准检定合格

   B. 超过检定周期的测绘计量器具不得使用

   C. 必须经周期检定合格才能用于测绘生产

   D. 教学示范用测绘计量器具经依法登记后可用于测绘生产

二、多项选择题

1. 《中华人民共和国合同法》规定,中外合资企业的当事人订立、履行合同应当(   )。

A. 遵守法律、行政法规

B. 尊重社会公德

C. 不得扰乱社会公共秩序

D. 不得损害社会公共利益

E. 适用外方所在国法律解决纠纷

2.《测绘法》规定,测绘单位从事测绘活动应当取得测绘资质证书,并且不得(　　)。

A. 在本省、自治区、直辖市行政区域范围外从事测绘活动

B. 以其他测绘单位的名义从事测绘活动

C. 允许其他单位以单位的名义从事测绘活动

D. 超越其资质等级许可的范围从事测绘活动

E. 从事涉密的测绘活动

3. 根据《中华人民共和国合同法》,属于当事人可以解除合同的情形有(　　)。

A. 当事人一方发生名称变更、法定代表人或者负责人变动

B. 因不可抗力致使不能实现合同目的

C. 合同规定的履行期限不明确

D. 当事人协商一致同意解除合同

E. 当事人一方有违约行为致使不能实现合同目的

4. 下列关于测绘项目发包和承包的说法中,正确的有(　　)。

A. 承包测绘项目的单位,可以借用其他单位设备、技术和劳力完成所承揽项目的主要部分

B. 承包测绘项目的单位,不得将测绘项目转包

C. 承包测绘项目的单位,可以将测绘项目分包,但分包量不大于总承包量的40%

D. 承包测绘项目的单位将测绘项目分包的,由分包方向发包方负责

E. 发包单位不得将测绘项目发包给不具有相应资质等级的单位

5. 根据《测绘法》,测绘单位转包测绘项目应当承担的法律责任有(　　)。

A. 责令改正

B. 没收违法所得

C. 处测绘约定报酬1倍以上2倍以下的罚款

D. 可以责令停业整顿或者降低资质等级

E. 情节严重的,吊销营业执照

6. 根据《测绘市场管理暂行办法》,测绘合同承揽方的义务有(　　)。

A. 遵守有关的法律、法规,全面履行合同,遵守职业道德

B. 按合同约定向委托单位提交成果资料

C. 根据各省、自治区、直辖市的有关规定,向测绘主管部门备案登记测绘项目

D. 按合同约定,享有测绘成果的所有权和使用权

E. 按合同约定,不向第三方提供受委托完成的测绘成果

7. 根据《测绘标准化工作管理办法》,下列情形中,可以制定测绘标准化指导性技术文件的有(　　)。

A. 国家基本比例尺地图,公众版地图及其测绘的方法、过程、质量、检验和管理等方面的技术要求

B. 采用国际标准化组织以及其他国际组织的技术报告

C. 国家基础测绘项目及有关重大专项实施中,没有国家标准和行业标准而又需要统一的技术要求

D. 技术尚在发展中,需有相应标准文件引导其发展或具标准化价值,尚不能制定为标准的

E. 测绘术语、分类、模式、代号、代码、符号、图式、图例等技术要求

8.《测绘计量管理暂行办法》规定,测绘单位使用未经检定,或者检定不合格或者超过检定周期的测绘计量器具进行测绘生产的,测绘地理信息行政主管部门可以采取的处理措施有(   )。

  A. 测绘成果不予验收　　　　　　　B. 没收测绘成果
  C. 测绘成果不准使用　　　　　　　D. 没收测绘仪器
  E. 成果质量监督检验时作不合格处理

9. 关于测绘计量仪器检定的说法,正确的有(   )。

  A. 测绘单位使用的测绘仪器须经周期检定合格,方可用于测绘生产
  B. 教学示范用测绘仪器可以免检,无需向测绘主管部门登记,即可使用
  C. 教学示范用测绘仪器经检定合格后可用于测绘生产
  D. 测绘仪器只要经周期检定,无论是否合格,均可再用于测绘生产
  E. 测绘仪器经国家权威科研机构检测合格后即可用于测绘生产

10. 下列情形中,应当制定强制性测绘标准或者强制性条款的情形有(   )。

  A. 长期采用国际标准化组织以及其他国际组织技术报告的
  B. 国家基本比例尺地图测绘与更新必须遵守的技术要求
  C. 测绘行业范围内必须统一的技术术语、符号、代码、生产与检验方法等
  D. 建立和维护测绘基准与系统必须遵守的技术要求
  E. 需要控制的重要测绘成果质量技术要求

11. 根据《中华人民共和国计量法实施细则》,计量标准器具的使用必须具备的条件有(   )。

  A. 经计量检定合格　　　　　　　　B. 具有测绘计量检定人员
  C. 具有完善的管理制度　　　　　　D. 具有称职的保存、维护、使用人员
  E. 具有正常工作所需要的环境条件

三、简答题

1. 简述《测绘法》对测绘项目发包和承包的规定。
2. 简述应当制定强制性测绘标准或者强制性条款的情况。

四、论述题

论述测绘项目发包方和承包方的权利和义务。

第4章 测绘基准和测绘系统

4.1 测绘基准的概念和特征

4.1.1 测绘基准的概念

测绘基准指一个国家整个测绘的起算依据和各种测绘系统的基础,测绘基准包括所选用的各种大地测量参数、统一的起算面、起算基准点、起算方位以及有关的地点、设施和名称等。我国目前采用的测绘基准主要包括大地基准、高程基准、重力基准和深度基准。

(1)大地基准

大地基准是建立大地坐标系统和测量空间点位的大地坐标的基本依据。我国采用过原点在苏联的1954年北京坐标系。后又采用的大地基准是1980西安坐标系统,1980西安坐标系的大地测量常数采用国际大地测量学与地球物理学联合会第16届大会(1975年)推荐值,大地原点设在陕西省泾阳县永乐镇。2008年7月1日,经国务院批准,我国正式开始启用2000国家大地坐标系。2000国家大地坐标系是全球地心坐标系在我国的具体体现,其原点为包括海洋和大气的整个地球的质量中心。按照国家测绘地理信息局的有关文件要求,2000国家大地坐标系与现行国家大地坐标系转换、衔接的过渡期为8~10年,在过渡期内,可沿用现行国家大地坐标系,自2008年7月1日后新生产的各类测绘成果应采用2000国家大地坐标系。

(2)高程基准

高程基准是建立高程系统和测量空间点高程的基本依据。我国目前采用的高程基准为1985国家高程基准。

(3)重力基准

重力基准是建立重力测量系统和测量空间点的重力值的基本依据。我国先后使用了57重力测量系统、85重力测量系统和2000重力测量系统。我国目前采用的重力基准为2000国家重力基准。

(4)深度基准

深度基准是海洋深度测量和海图上图载水深的基本依据。我国目前采用的深度基准因海区不同而有所不同。中国海区从1956年采用理论最低潮面(即理论深度基准面)作为深度基准。内河、湖泊采用最低水位、平均低水位或设计水位作为深度基准。

4.1.2 测绘基准的特征

(1)科学性

任何测绘基准都是依靠严密的科学理论、科学手段和方法经过严密的演算和施测建立起来的,其形成的数学基础和物理结构都必须符合科学理论和方法的要求,从而使测绘基准具有科学性特点。

(2)统一性

为保证测绘成果的科学性、系统性和可靠性,满足科学研究、经济建设和国防建设的需要,一个国家和地区的测绘基准必须是严格统一的。如果测绘基准不统一,不仅测绘成果不具有可比性和衔接性,地理信息资源难以共享,还会对国家安全和城市建设以及社会管理带来严重的后果。

(3)法定性

测绘基准由国家最高行政机关国务院批准设立,测绘基准数据由国务院测绘地理信息主管部门负责审核,测绘基准的规定及设立、采用等均由国家法律规定,从而使测绘基准具有法定性特征。

(4)稳定性

测绘基准是测绘活动和测绘成果的基础和依据,测绘基准一经建立,便具有长期稳定性,在一定时期内不能轻易改变。

4.2 测绘基准管理

目前,我国对测绘基准的管理,在法律、行政法规层面上,主要体现在以下几个方面。

4.2.1 国家规定测绘基准

《测绘法》第五条规定:从事测绘活动,应当使用国家规定的测绘基准和测绘系统,执行国家规定的测绘技术规范和标准。

测绘基准是国家整个测绘地理信息工作的基础和起算依据,为保证国家测绘成果的整体性、系统性和科学性,实现测绘成果起算依据的统一,《测绘法》明确国家规定测绘基准,包括大地基准、高程基准、深度基准和重力基准。

4.2.2 国家设立测绘基准

《测绘法》第九条规定:国家设立和采用全国统一的大地基准、高程基准、深度基准和重力基准,其数据由国务院测绘地理信息主管部门审核,并与国务院其他有关部门、军队测绘部门会商后,报国务院批准。

根据《测绘法》,国家设立和采用全国统一的大地基准、高程基准、深度基准和重力基准,并经国务院批准。从《测绘法》的相关规定可以看出,国家对测绘基准的设立是非常严格的。一方面,体现在测绘基准的数据由国务院测绘地理信息主管部门审核后,还必须与国务院其他有关部门、军队测绘部门进行会商;另一方面,测绘基准的数据经相关部门审核后,必须经过国务院批准后才能实施。

新规定实施的国家2000大地坐标系,经国务院批准后,国家测绘地理信息局予以发布。

4.2.3 国家要求使用统一的测绘基准

《测绘法》第五条规定:从事测绘活动,应当使用国家规定的测绘基准和测绘系统,执行国家规定的测绘技术规范和标准。

从事测绘活动使用国家规定的测绘基准是从事测绘活动的基本技术原则和前提,是一项十分重要的法律制度,任何单位和个人都必须严格遵守。

国务院颁布实施的《基础测绘条例》明确规定,实施基础测绘项目,不使用全国统一的测绘基准和测绘系统或者不执行国家规定的测绘技术规范和标准的,责令限期改正,给予警告,可以并处罚款;对负有直接责任的主管人员和其他直接责任人员,依法给予处分。

4.3 测绘系统的概念与特点

4.3.1 测绘系统的概念

测绘系统指由测绘基准延伸,在一定范围内布设的各种测量控制网,它们是各类测绘成果的依据,包括大地坐标系统、平面坐标系统、高程系统、地心坐标系统和重力测量系统。

(1)大地坐标系统

大地坐标系统是用来表述地球空间点位置的一种地球坐标系统,它采用一个接近地球整体形状的椭球作为点的位置及其相互关系的数学基础,大地坐标系统的三个坐标是大地经度(L)、大地纬度(B)、大地高(H)。我国先后采用的1954北京坐标系、1980西安坐标系和2000国家大地坐标系,是我国在不同时期采用的大地坐标系统的具体体现。

(2)平面坐标系统

平面坐标系统指确定地面点的平面位置所采用的一种坐标系统。大地坐标系统是建立在椭球面上的,而绘制的地图则是在平面上的,因此,必须通过地图投影把椭球面上的点的大地坐标科学地转换成展绘在平面上的平面坐标。平面坐标用平面上两轴相交成直角的纵、横坐标表示。我国在陆地上的国家统一的平面坐标系统采用"高斯—克吕格平面直角坐标系",是利用高斯—克吕格投影将不可平展的地球椭球面转换成平面而建立的一种平面直角坐标系。

(3)高程系统

高程系统是用于传算全国高程控制网中各点高程所采用的统一系统。我国规定采用的高程系统是正常高系统,高程起算依据是国家黄海1985高程基准。

国家高程控制网是确定地貌地物海拔高程的坐标系统,按控制等级和施测精度分为一、二、三、四等网。目前提供使用的是1985国家高程基准。

(4)地心坐标系统

地心坐标系统是以坐标原点与地球质心重合的大地坐标系统,或空间直角坐标系统。我国目前采用的2000国家大地坐标系即是全球地心坐标系在我国的具体体现,其原点为包括海洋和大气的整个地球的质量中心。

(5)重力测量系统

重力测量系统指重力测量施测与计算所依据的重力测量基准和计算重力异常所采用的正常重力公式的总称。我国曾先后采用的57重力测量系统、85重力测量系统和2000重力测量系统,即为我国在不同时期的重力测量系统。

4.3.2 测绘系统的特点

（1）科学性

测绘系统是依靠测绘科学理论和科学技术手段建立起来的，有严密的数学基础和理论基础。因此，测绘系统首先具有科学性特性。

（2）统一性

建立全国统一的测绘系统是国际上多数国家的通用做法，是保证测绘工作有效地为国家经济建设、国防建设和社会发展服务的客观需要，也是国家法律明确规定的一项法律制度。因此，测绘系统与测绘基准一样，具有统一性。

（3）法定性

国家规定的测绘系统由法律规定必须采用，法律明确国家建立全国统一的测绘系统、测绘系统的规范和要求由国务院测绘地理信息主管部门会同国务院其他有关部门、军队测绘主管部门制定，从而使测绘系统具有法定性。

（4）规模性

测绘系统一般覆盖的区域都比较大，建设周期比较长，投入也比较高，系统建设整体呈现出规模性特征。

（5）稳定性

测绘系统是测绘基准的具体体现，测绘系统的科学性、统一性、法定性和规模性，注定了测绘系统具有稳定性特征，测绘系统一经建立，一般不能经常进行改动，必须保持其相对稳定性。

4.4 卫星导航定位基准站建设与运营管理

随着 GPS 技术的发展，连续运行（卫星定位服务）参考站（Continuously Operating Reference Stations，缩写为 CORS）已成为必备的测绘基础设施。CORS 系统是一个动态的、连续的定位框架基准，可以快速、高精度获取空间数据和地理特征。

CORS 系统由基准站网、数据处理中心、数据传输系统、定位导航数据播发系统、用户应用系统五个部分组成，卫星导航定位基准站网由范围内均匀分布的基准站组成。负责采集GPS 卫星观测数据并输送至数据处理中心，同时提供系统完好性监测服务。按照应用的精度不同，用户服务子系统可以分为毫米级用户系统、厘米级用户系统、分米级用户系统、米级用户系统等。《测绘法》对卫星导航定位基准站的建设、运行维护等均作出相关规定。

《测绘法》第十二条规定：国务院测绘地理信息主管部门和省、自治区、直辖市人民政府测绘地理信息主管部门应当会同本级人民政府其他有关部门，按照统筹建设、资源共享的原则，建立统一的卫星导航定位基准服务系统，提供导航定位基准信息公共服务。

《测绘法》第十三条规定：建设卫星导航定位基准站的，建设单位应当按照国家有关规定报国务院测绘地理信息主管部门或者省、自治区、直辖市人民政府测绘地理信息主管部门备案。国务院测绘地理信息主管部门应当汇总全国卫星导航定位基准站建设备案情况，并定期向军队测绘部门通报。

本法所称卫星导航定位基准站，是指对卫星导航信号进行长期连续观测，并通过通信设施将观测数据实时或者定时传送至数据中心的地面固定观测站。

《测绘法》第十四条规定:卫星导航定位基准站的建设和运行维护应当符合国家标准和要求,不得危害国家安全。

卫星导航定位基准站的建设和运行维护单位应当建立数据安全保障制度,并遵守保密法律、行政法规的规定。

县级以上人民政府测绘地理信息主管部门应当会同本级人民政府其他有关部门,加强对卫星导航定位基准站建设和运行维护的规范和指导。

4.5 相对独立的平面坐标系统

4.5.1 相对独立的平面坐标系统的概念

相对独立的平面坐标系统指为满足在局部地区进行大比例尺测图和工程测量的需要,以任意点和方向起算建立的平面坐标系统或者在全国统一的坐标系统基础上,进行中央子午线投影变换以及平移、旋转等而建立的平面坐标系统。

相对独立的平面坐标系统是一种非国家统一的,但与国家统一坐标系统有一定联系的平面坐标系统。这种独立的平面坐标系统通过与国家坐标系统之间的联测,便可以确定两种坐标系统之间的数学转换关系,从而可在一定条件下转换为国家统一的坐标系统。这种情况便称为相对独立的平面坐标系统与国家坐标系统相联系。

4.5.2 建立相对独立的平面坐标系统审批

《测绘法》第十一条规定,因建设、城市规划和科学研究的需要,国家重大工程项目和国务院确定的大城市确需建立相对独立的平面坐标系统的,由国务院测绘地理信息主管部门批准;其他确需建立相对独立的平面坐标系统的,由省、自治区、直辖市人民政府测绘地理信息主管部门批准。建立相对独立的平面坐标系统,应当与国家坐标系统相联系。

建立相对独立的平面坐标系统审批,是一项有数量限制的行政许可。为保持城市建设的可持续和科学发展,保持测绘成果的连续性、稳定性和系统性,维护国家安全和地区稳定,一个城市只能建设一个相对独立的平面坐标系统。

国家测绘地理信息局2007年制定了《建立相对独立的平面坐标系统管理办法》(国测法字〔2006〕5号),对建立相对独立的平面坐标系统的审批权限进行了详细规定,明确了城市确需建立相对独立的平面坐标系统的,由申请单位向该城市的测绘地理信息主管部门提交申请材料,经测绘地理信息主管部门审核并报该市人民政府同意后,逐级报省级测绘地理信息主管部门;直辖市确需建立相对独立的平面坐标系统的,由申请单位向该市的测绘地理信息主管部门提交申请材料,经测绘地理信息主管部门审核并报该设区市人民政府同意后,直接报国家测绘地理信息局;其他需要建立相对独立的平面坐标系统的,由建设单位向拟建相对独立的平面坐标系统所涉及的省级测绘地理信息主管部门提交申请材料。

1)国家测绘地理信息局的审批职责

(1)50万人口以上的城市。

(2)列入国家计划的国家重大工程项目。

(3)其他确需国家测绘地理信息局审批的。

属于国家测绘地理信息局审批范围的,由省级测绘地理信息主管部门提出意见后,转报国家测绘地理信息局。省级测绘地理信息主管部门向国家测绘地理信息局转报的书面意见中,应当包含申请建立相对独立的平面坐标系统的区域内及周边地区现有坐标系统的情况、对建立相对独立的平面坐标系统申请是否批准的建议等。

2)省级测绘地理信息主管部门的审批职责

(1)50万人口以下的城市。

(2)列入省级计划的大型工程项目。

(3)其他确需省级测绘地理信息主管部门审批的。

属于省级测绘地理信息主管部门审批范围的,由市级测绘地理信息主管部门提出意见后,转报省级测绘地理信息主管部门。市级测绘地理信息主管部门向省级测绘地理信息主管部门转报的意见所包含的内容,与省级测绘地理信息主管部门向国家测绘地理信息局转报的意见原则上一致。

3)申请建立相对独立的平面坐标系统应提交的材料

(1)建立相对独立的平面坐标系统申请书。

(2)属工程项目的申请人的有效身份证明。

(3)立项批准文件。

(4)能够反映建设单位测绘成果及资料档案管理设施和制度的证明文件。

(5)提供该市人民政府同意建立的文件。

申请建立相对独立的平面坐标系统的具体审批程序,按照《建立相对独立的平面坐标系统管理办法》执行。经批准建立的相对独立的平面坐标系统,涉及相对独立的平面坐标系统的参数被改变的,应当按照相关规定重新办理审批手续。

4)不予批准的情形

有下列情况之一的,建立相对独立的平面坐标系统的申请不予批准:

(1)申请材料内容虚假的。

(2)国家坐标系统能够满足需要的。

(3)已依法建有相关的相对独立的平面坐标系统的。

(4)测绘地理信息主管部门依法认定的应当不予批准的其他情形。

5)建立相对独立的平面坐标系统的法律责任

《测绘法》和《基础测绘条例》对擅自建立相对独立的平面坐标系统的行为,均设定了严格的法律责任,包括给予警告,责令改正,可以并处50万元以下的罚款;构成犯罪的,依法追究刑事责任;尚不够刑事处罚的,对负有直接责任的主管人员和其他直接责任人员,依法给予行政处分。

4.6 测量标志管理

测量标志是国家重要的基础设施,是国家经济建设、国防建设、科学研究和社会发展的重要基础。长期以来,国家在我国陆地和海洋边界内布设了大量的用于标定测量控制点空间地理位置的永久性测量标志,包括各等级的三角点、基线点、导线点、军用控制点、重力点、天文点、水准点和卫星定位点的木质觇标和标石标志、GPS 卫星地面跟踪站以及海底大地点设施等,这些标志在我国各个时期的国民经济建设和国防建设中都发挥了巨大的作用,是国家一笔十分宝贵的财富。

4.6.1 测量标志的概念和特征

1)测量标志的概念

测量标志指在陆地和海洋标定测量控制点位置的标石、觇标以及其他标记的总称。标石一般指埋设于地下一定深度,用于测量和标定不同类型控制点的地理坐标、高程、重力、方位、长度等要素的固定标志;觇标指建在地面上或者建筑物顶部的测量专用标架,作为观测照准目标和提升仪器高度的基础设施。根据测量标志的用途和使用的时间期限,测量标志可分为永久性测量标志和临时性测量标志。

永久性测量标志指设有固定标志物以供测量标志使用单位长期使用的需要永久保存的测量标志,包括国家各等级的三角点、基线点、导线点、军用控制点、重力点、天文点、水准点、GPS 卫星地面跟踪站和卫星定位点的木质觇标、钢质觇标和标石标志,以及用于地形测图、工程测量和形变测量等的固定标志和海底大地点设施等。

临时性测量标志指测绘单位在测量过程中临时设立和使用的,不需要长期保存的标志和标记。如测站点的木桩、活动觇标、测旗、测杆、航空摄影的地面标志、描绘在地面或者建筑物上的标记等,都属于临时性测量标志。

2)测量标志的特征

(1)空间位置精确性。每一个永久性测量标志都精确地承载了该标志点所在地的平面位置、高程和重力等数据信息,这些数据大都精确到毫米级,任何碰撞和移动都有可能使其精确度受到损失,从而影响到后续测量使用。

(2)位置控制范围性。根据测量标志保护条例,建设永久性测量标志需要占用土地的,地面标志占用土地的范围为 $36\sim100m^2$,地下标志占用土地的范围为 $16\sim36m^2$。在测量标志周围安全控制范围内,国家法律、行政法规明确规定禁止从事特定活动,如禁止放炮、采石、架设高压线等以及其他危害测量标志的活动。

(3)保管长期性。永久性测量标志指那些被永久保存和长期使用的测量标志,这些测量标志一经建立便拥有精确的测量成果数据,并且要定期进行检测和复测,具有长期保存和使用的特性,不能进行损坏或者擅自移动。

(4)法定性。测量标志的建设和使用需要按照国家规定的操作规程进行,测量标志的维护、保管和占地等,国家法律、行政法规都有明确的规定,擅自移动或者损毁永久性测量标志,将依法受到处罚,测量标志具有法定性特征。

4.6.2 测量标志管理职责

全国人大、国务院、中央军委对保护测量标志历来都十分重视。1955 年 12 月 29 日周恩来总理签署了《关于长期保护测量标志的命令》;1981 年 9 月 12 日国务院和中央军委联合发布《关于长期保护测量标志的通告》；1984年1月7日国务院公布了《测量标志保护条例》。1992年12月28日全国人大第二十九次会议审议通过了我国第一部《测绘法》，专门设立了测量标志保护的章节，对测量标志保护的基本原则进行了规定。1996年9月4日国务院重新修订发布了《中华人民共和国测量标志保护条例》。2017年4月27日，全国人大重新修订出台的《测绘法》建立了统一监督管理的测绘地理信息行政管理体制，进一步强化了测量标志管理职责。

1）各级人民政府的职责

（1）制定有关测量标志保护的行政法规和地方政府规章。

（2）加强对测量标志保护工作的领导，采取有效措施加强测量标志保护工作，增强公民依法保护测量标志的意识。

（3）对在测量标志保护工作中做出显著成绩的单位和个人，给予奖励。

（4）将测量标志保护经费列入当地政府财政预算和年度计划。

2）国务院测绘地理信息主管部门的职责

（1）研究制定有关测量标志保护的行政法规、规章草案和相关政策，制定测量标志有偿使用的具体办法。

（2）组织制定全国测量标志保护规划和普查、维修年度计划。

（3）组织测量标志保护法律、法规的宣传，提高全民的测量标志保护意识。

（4）负责国家一、二等永久性测量标志的拆迁审批。

（5）检查、维护国家一、二等永久性测量标志。

（6）依法查处损毁测量标志的违法行为。

3）省级测绘地理信息主管部门的职责

（1）组织贯彻实施有关测量标志保护的法律、法规和规章。

（2）参与制定或者制定测量标志保护的地方法规、规章和规范性文件。

（3）负责国家和本省统一设置的四等以上三角点、水准点和D级以上全球卫星定位控制点的测量标志的迁建审批工作。

（4）制定全省测量标志普查和维修年度计划及定期普查维护制度。

（5）组织建立永久性测量标志档案。

（6）组织实施永久性测量标志的检查、维修和管理工作。

（7）查处永久性测量标志违法案件。

4）市、县级测绘地理信息主管部门的职责

（1）宣传贯彻有关测量标志保护的法律、法规和规章。

（2）负责本市、县（市）设置的永久性测量标志的迁建审批工作。

（3）建立和修订永久性测量标志档案。

（4）负责永久性测量标志的检查、维修和管理工作。

（5）负责永久性测量标志的统计、报告工作。

（6）处理永久性测量标志损毁事件以及因测量标志损坏造成的事故。

（7）查处违反测量标志保护有关法律、法规和规章的行为。

5)乡(镇)人民政府的职责

宣传贯彻测量标志保护的法律、法规和规章;确定永久性测量标志的管理单位或者人员,并对其保管责任的落实情况进行检查;根据测绘地理信息主管部门委托,办理永久性测量标志委托保管手续;负责永久性测量标志的日常检查,制止损毁永久性测量标志的行为,并定期向当地县级测绘地理信息主管部门报告测量标志保护情况。

4.6.3 测量标志建设

测量标志建设指测绘单位或者项目施工单位为满足测绘活动的需要,按照国家有关规范和标准,在地面、地下或者建筑物顶部通过浇注、埋设等方式,建造用于标记测量点位的活动。测绘法律、行政法规对建设永久性测量标志的规定,主要体现在以下几个方面:

(1)使用国家规定的测绘基准和测绘标准。

(2)选择有利于测量标志长期保护和管理的点位。

(3)设置永久性测量标志的,应当对永久性测量标志设立明显标记;设置基础性测量标志的,还应当设立由国务院测绘地理信息主管部门统一监制的专门标牌。

(4)建设永久性测量标志需要占用土地的,地面标志占用土地的范围为 $36\sim100m^2$,地下标志占用土地的范围为 $16\sim36m^2$。

(5)设置永久性测量标志,需要依法使用土地或者在建筑物上建设永久性测量标志的,有关单位和个人不得干扰和阻挠。

(6)设置永久性测量标志的部门,应当将永久性测量标志委托测量标志设置地的有关单位或者人员负责保管,签订测量标志委托保管书,明确委托方和被委托方的权利和义务,并由委托方将委托保管书抄送乡级人民政府和县级以上地方政府管理测绘工作的部门备案。

4.6.4 测量标志保管与维护

1)测量标志保管

测量标志保管指测量标志建设单位或者测绘地理信息主管部门委托专门人员进行看护,并采取一定的保护措施,避免测量标志损坏或者使其失去使用效能的活动。

我国目前的测量标志保管制度,主要是通过测量标志建设单位或者测绘地理信息主管部门与测量标志保管人员签订委托保管协议来明确委托方和受托方的权利与义务关系,也有部分省、区、市将测量标志委托当地的乡镇国土资源所管理,但最终都是通过一定的方式将保管责任落实到具体保管人员。测量标志保管人员的主要职责为:

(1)经常检查测量标志的使用情况,查验永久性测量标志使用后的完好状况。

(2)发现永久性测量标志有移动或损毁的情况,及时向当地乡级人民政府报告。

(3)制止、检举和控告移动、损毁、盗窃永久性测量标志的行为。

(4)查询使用永久性测量标志的测绘人员的有关情况。

2)测量标志维护

测量标志维护指测绘地理信息主管部门或者测量标志保管、建设单位通过采取设立指示牌、构筑防护井、物理加固等方式,保证测量标志完好的活动。测绘法及测量标志保护条例对测量标志维护工作都有具体的规定,并明确了相应的职责。

《测绘法》第四十五条规定：县级以上人民政府应当采取有效措施加强测量标志的保护工作。县级以上人民政府测绘地理信息主管部门应当按照规定检查、维护永久性测量标志。乡级人民政府应当做好本行政区域内的测量标志保护工作。

4.6.5 测量标志使用

《测量标志保护条例》对测绘人员使用永久性测量标志作了相关规定，测绘人员使用永久性测量标志，应当持有测绘作业证件，接受县级以上人民政府管理测绘工作的部门的监督和负责保管测量标志的单位和人员的查询。使用测量标志，要按照操作规程进行测绘，不得在测量标志上架设通信设施、设置观望台、搭帐篷、拴牲畜或者设置其他有可能损毁测量标志的附着物，并保证测量标志完好。

国家对测量标志实行有偿使用，但是使用测量标志从事军事测绘任务的除外。测量标志有偿使用的收入应当用于测量标志的维护、维修，不得挪作他用。具体办法由国务院测绘地理信息主管部门会同国务院物价行政主管部门制定。

4.6.6 永久性测量标志拆迁审批

《测绘法》第四十三条规定：进行工程建设，应当避开永久性测量标志；确实无法避开，需要拆迁永久性测量标志或者使永久性测量标志失去使用效能的，应当经省、自治区、直辖市人民政府测绘地理信息主管部门批准；涉及军用控制点的，应当征得军队测绘部门的同意。所需迁建费用由工程建设单位承担。

根据《国家永久性测量标志拆迁审批程序规定》，进行工程建设，不得申请拆迁下列永久性测量标志或者使其失去使用效能：

(1) 国家大地原点。
(2) 国家水准原点。
(3) 国家绝对重力点。
(4) 全球定位系统连续运行基准站。
(5) 基线检测场点。
(6) 在全国测绘基准体系和测绘系统中具有关键作用的控制点。

申请永久性测量标志拆迁的，申请拆迁的工程建设单位应当提交下列材料：

(1) 永久性测量标志拆迁申请书。
(2) 工程建设项目批准文件。
(3) 同意支付拆迁费用书面材料。
(4) 其他需提交的申请材料。

根据《国家永久性测量标志拆迁审批程序规定》，属国家测绘地理信息局负责审批的永久性测量标志拆迁申请，由永久性测量标志所在地的省级测绘地理信息主管部门负责转报。省级测绘地理信息主管部门在接到拆迁申请后，对申请材料进行核实，组织有关人员进行实地调查，征求测量标志建设等有关单位或测量专家意见，必要时组织专家论证，研究提出迁建方案，依法落实迁建费用，以书面形式报告国家测绘地理信息局。

永久性测量标志拆迁费用由申请拆迁永久性测量标志的工程建设单位承担。国务院测绘地理信息主管部门或者省级测绘地理信息主管部门批准拆除或者拆迁永久性测量标志后,工程建设单位必须按照国家有关规定依法支付必需的费用,用于重建永久性测量标志。

习　　题

一、单项选择题

1. 如果建立相对独立的平面坐标系统,可由省级测绘地理信息主管部门审批的是( )。
   A. 建立济南市独立平面坐标系　　　　B. 南京地铁建设中建立独立平面坐标系
   C. 建立三峡水库独立平面坐标系　　　D. 某国家高铁项目建立独立平面坐标系

2. 某中等城市拟于2011年启动建立城市GPS控制网基础测绘项目,其城市坐标系统应当基于( )建立。
   A. 1954北京坐标系　　　　　　　　　B. 2000国家大地坐标系
   C. 1980西安坐标系　　　　　　　　　D. 城市独立坐标系

3. 下列关于建立相对独立的平面坐标系统的说法中,错误的是( )。
   A. 一个城市只能建立一个相对独立平面坐标系统
   B. 建立相对独立的平面坐标系统,应当与国家坐标系统相联系
   C. 建立相对独立的平面坐标系统,指以任意点和正北方向起算建立的平面坐标系统
   D. 建立城市相对独立的平面坐标系统,应当经该市人民政府的同意

4. 根据《建立相对独立的平面坐标系统管理办法》,河北省石家庄市建立相对独立的平面坐标系统,应当由( )批准。
   A. 国务院测绘地理信息主管部门　　　B. 河北省测绘地理信息主管部门
   C. 石家庄市测绘地理信息主管部门　　D. 军队测绘部门

5. 根据《测量标志保护条例》,下列工作中,不属于测量标志保管人员义务的是( )。
   A. 收取测量标志有偿使用费
   B. 制止、检举和控告移动、损毁、盗窃测量标志和行为
   C. 发现测量标志有被移动或者损毁的情况时,及时向当地乡级人民政府报告
   D. 经常检查保管的测量标志

6. 拆迁永久性测量标志或者使永久性测量标志失去效能的,依法应当经( )批准。
   A. 测量标志建设单位
   B. 测量标志所在地市级测绘地理信息主管部门
   C. 测量标志保管单位
   D. 省级以上测绘地理信息主管部门

7. 《测绘法》规定,进行工程建设时,拆迁永久性测量标志所需的迁建费用由( )承担。
   A. 工程建设单位　　　　　　　　　　B. 设置永久性测量标志的部门
   C. 批准进行工程建设的部门　　　　　D. 保管永久性测量标志的部门

8. 下列关于测绘人员使用永久性测量标志的说法中,正确的是( )。
   A. 向永久性测量标志所在地县级测绘地理信息主管部门提出申请,经批准后方可使用
   B. 使用永久性测量标志,应当持有测绘作业证件,并保证测量标志完好
   C. 使用永久性测量标志,涉及军用控制点的,应当征得军队测绘部门的同意
   D. 使用永久性测量标志,应当向测量标志保管员支付有偿使用费用

9. 根据《测量标志保护条例》,负责永久性测量标志重建工作的部门或单位是( )。
   A. 损毁测量标志的单位　　　　B. 标志所在地测绘地理信息主管部门
   C. 收取测量标志迁建费用的部门　　D. 标志所在地县级人民政府

10. 根据《测量标志保护条例》,下列关于测量标志迁建费用的说法中,错误的是( )。
    A. 基础性测量标志迁建费用,由工程建设单位依法向省级测绘地理信息主管部门支付
    B. 部门专用的测量标志迁建费用,由工程建筑单位依法向设置测量标志的部门支付
    C. 工程建设单位拒绝按照国家有关规定支付迁建费用的,测绘地理信息主管部门应当依法给予行政处罚
    D. 设置部门专用的测量标志的部门查找不到的,工程建设部门应当向当地县级人民政府支付迁建费用

11. 拆迁基础性测量标志或者使基础性测量标志失去使用效能的,应当由( )批准。
    A. 国务院测绘地理信息主管部门
    B. 省级测绘地理信息主管部门
    C. 标志所在地的市级测绘主管部门
    D. 国务院测绘主管部门或者省级测绘主管部门

12. 根据《测量标志保护条例》,全国测量标志维修规划由( )制定。
    A. 国务院测绘地理信息主管部门
    B. 军队测绘地理信息主管部门
    C. 国务院测绘地理信息主管部门会同国务院其他有关部门
    D. 国务院测绘地理信息主管部门会同军队测绘部门

二、多项选择题

1. 某市建立相对独立的平面坐标系统,申请人应依法向测绘主管部门提交的申请材料有( )。
   A. 建立相对独立的平面坐标系统申请书
   B. 立项批准文件
   C. 申请建立相对独立的平面坐标系统的区域内以及周边地区现有坐标系统的情况
   D. 该市人民政府同意建立该系统的文件
   E. 工程项目申请人的有效身份证明

2. 关于建立相对独立的平面坐标系统的申请人义务的说法中,正确的有( )。

A. 系统建设完成后实现与国家坐标系统建立联系
B. 系统建设完成后将系统转换参数向社会公布
C. 系统建设后保证其更新维护
D. 按国家有关规定及时向用户提供使用
E. 系统建设完成后依法汇交成果资料

3. 根据《建立相对独立的平面坐标系统管理办法》，审批建立相对独立的平面坐标系统申请时，下列情形中，应当不予批准的有(　　)。
A. 申请材料不齐全的
B. 申请材料内容虚假的
C. 国家坐标系统能够满足要求的
D. 申请材料不符合规定形式要求的
E. 已依法建有相关的相对独立的平面坐标系统的

4. 建设永久性测量标志，应当遵守的基本规定有(　　)。
A. 使用国家规定的测绘基准和测绘标准
B. 选择有利于测量标志长期保护和管理的点位
C. 地面标志占用土地的范围不超过 500 m^2
D. 应当对永久性测量标志设立明显标记
E. 委托当地有关单位指派专人负责保管

5. 测量标志受国家保护。下列行为中属于法律法规禁止的有(　　)。
A. 在测量标志占地范围内烧荒、耕作、取土、挖沙
B. 在距永久性测量标志 50m 范围内采石、爆破、射击、架设高压电线
C. 在测量标志占地范围内，建设建筑物但不影响测量标志使用效能
D. 在建筑物上建设永久性测量标志
E. 在测量标识上架设通信设施

6. 根据《测量标志保护条例》，下列行为中，属于测量标志保管人权利和义务的有(　　)。
A. 对所保管的测量标志进行检查
B. 发现移动或损毁情况，及时报告当地乡人民政府
C. 制止、检举和控告移动、损毁、盗窃测量标志的行为
D. 查询使用永久测量标志人员的测绘工作证件
E. 收取测量标志有偿使用费

7. 根据《测量标志保护条例》，下列关于测量标志迁建的说法中，正确的有(　　)。
A. 进行工程建设，应当避开永久性测量标志，确需拆迁需依法履行批准手续
B. 拆迁基础性测量标志，由国务院测绘地理信息主管部门或者省级测绘地理信息主管部门批准
C. 拆迁部门专用的永久性测量标志，直接报设置测量标志的部门批准
D. 拆迁永久性测量标志，应当通知负责保管测量标志的有关单位和人员
E. 经批准迁建基础性测量标志的，工程单位应当依法支付迁建费用

8. 根据《测绘法》,下列违反测量标志管理规定的行为中,应当承担相应法律责任的有( )。

  A. 未持有测绘作业证使用永久性测量标志的

  B. 侵占永久性测量标志用地的

  C. 在测量标志占地范围内建设影响标志效能的建筑物的

  D. 擅自拆除永久性测量标志的

  E. 违反规程使用永久性测量标志的

三、简答题

1. 简述《测绘法》对建立相对独立的平面坐标系统的相关规定。
2. 简述《测量标志保护条例》对测绘人员使用永久性测量标志的相关规定。

四、论述题

1. 论述我们国家设立和采用的测绘基准和测绘系统。
2. 论述《测绘法》对卫星导航定位基准站建设和运行维护的相关规定。

第5章 基础测绘管理

5.1 基础测绘的概念、特征与原则

5.1.1 基础测绘的概念

基础测绘指建立全国统一的测绘基准和测绘系统,进行基础航空摄影,获取基础地理信息的遥感资料,测制和更新国家基本比例尺地形图、影像图和数字化产品,建立、更新基础地理信息系统。基础测绘是社会公益性事业,是我国测绘地理信息事业发展的重要组成部分。基础测绘主要包括以下五个方面内容:

(1)建立全国统一的测绘基准和测绘系统

全国统一的测绘基准和测绘系统是各类测绘活动的基础,具有明显的公益性特征。目前,我国全国统一的测绘基准和测绘系统在规模、精度和统一性方面都居于世界先进行列。但是,测绘基准和测绘系统需要不断的精化和完善,需要定期进行建设和维护,同时,测绘基准和测绘系统随着测绘地理信息技术进步而要不断地进行更新和发展。

(2)进行基础航空摄影

基础航空摄影指利用航空飞行器获取基础地理信息数据的摄影。为测绘地理信息服务的基础航空摄影指为满足测制和更新国家基本比例尺地图、建立和更新基础地理信息数据库的需要,在飞机上安装航空摄影仪,从空中对我国国土实施航空摄影,获取基础地理信息源数据。基础航空摄影资料详细记载了一定区域范围的地物、地貌特征以及地物之间的相互关系,具有信息量大、覆盖面广的特点。

(3)获取基础地理信息的遥感资料

获取基础地理信息遥感资料的方式主要有两种:一种是接收我国自主研制的遥感卫星数据并进行处理,从而获取基础地理信息数据;另外一种是订购其他国家的卫星遥感数据。卫星遥感资料是基础地理信息数据的重要数据源,主要用于快速更新、修测或编制国家基本比例尺地图以及更新、修测国家和区域基础地理信息数据库。

(4)测制和更新国家基本比例尺地图、影像图和数字化产品

国家基本比例尺地图指根据国家颁布的统一测量规范、图式和比例尺系列测绘或编绘而成的地形图,是国家各项经济建设、国防建设和社会发展的基础图件资料,具有使用频率高、内容表示详细、分类齐全、精度高等特点,是我国最具权威性的基础地图,其测制精度和成果数量与质量是衡量一个国家测绘科学技术发展水平的重要标志之一。

在国家测绘地理信息局发布《中华人民共和国国家标准批准发布公告》中,将 1:100 万、1:50万、1:25万、1:10万、1:5万、1:2.5万、1:1万、1:5000、1:2000、1:1000、1:500 比

例尺地图列为我国基本比例尺地图。

影像图指对通过航天遥感、航空摄影等方法获取的数据或照片进行一系列几何变换和误差改正,附加一定的说明信息得到的具有地理坐标系、精度指标和直观真实的照片效果的地图。国家基本比例尺地图和影像图主要包括两类:一类是传统的纸介质模拟地图,另一类是以磁带、磁盘、光盘为介质的数字化地图产品。

(5)建立、更新基础地理信息系统

基础地理信息系统通过对基础地理信息数据的集成、存储、检索、操作和分析,生成并输出各种基础地理信息的计算机系统。基础地理信息系统为土地利用、资源管理、环境监测、交通运输、经济建设、城市规划以及政府各部门行政管理服务,它具有通用性强、重复使用率高的特点,是国家基础测绘工作的重要组成部分。

5.1.2 基础测绘的特征

(1)基础性

基础地理信息是通过基础测绘获得的基础测绘成果,在技术上构成了各项后续测绘地理信息工作和地理信息应用的基础:①统一的国家测绘基准和测绘系统是现代主权国家开展各项测绘地理信息工作的基础和前提;②国家基本比例尺系列地图是其他各种专题地图的制图基础;③国家和地方基础地理信息系统是其他专业地理信息系统的空间定位基础。基础测绘的最明显特征就是具有基础性。

(2)公益性

基础测绘是向全社会各类用户提供统一、权威的空间定位基准和基础地理信息服务的工作。基础测绘工作作为经济社会发展和国防建设的一项基础性工作,是国家在行使政治统治职能和社会管理职能时准确掌握国情国力、提高管理决策水平的重要手段,基础测绘成果是一种公共产品,具有公益性特点。因此,测绘法及基础测绘条例都明确规定,基础测绘是公益性事业。

(3)通用性

通用性是基础测绘的基础性和公益性在服务内容上的具体体现,基础测绘不是为了某种特定需要服务的,而是遵循服务普遍性原则,服务于社会各个阶层、各个领域和各类不同用户,是其他一切后续测绘地理信息工作的基础。

(4)权威性

基础测绘成果的权威信息是政府宏观管理与规划决策的重要依据,同时也是基础测绘基础性、公益性和通用性在基础测绘成果上的具体体现。国家基本比例尺系列地图是维护国家版图完整性的权威证明,也是权威地理信息数据的来源。

(5)持续性

基础测绘成果必须具有现势性。基础测绘成果的现势性既是基础测绘的基础性的内在要求,又是社会对基础测绘成果的客观要求。而要保持现势性就需要基础测绘成果持续不断地更新。基础测绘成果需要不断更新的属性就是基础测绘的持续性。持续性是基础测绘区别于非基础测绘的一个重要特征。其他非基础测绘往往是一次性投入,项目完成后便不再需要进行测绘,而基础测绘必须持续地进行更新,以满足经济社会发展对基础地理信息资源的需求。

(6) 统一性

基础测绘通过建立全国统一的测绘基准和测绘系统,生产国家统一规定的基本比例尺地图,保持国家统一规定的精度要求,体现出基础测绘的统一性特点。基础测绘的统一性,是实现基础地理信息共享利用的基本前提。

(7) 保密性

基础测绘成果几乎涵盖了地表全部自然地理要素和人工设施,是现代军事精确打击不可缺少的基础资料并且涉及国家秘密,地图事关国家版图完整和政治主张,基础测绘成果普遍具有保密性特征。

5.1.3 基础测绘的原则

《基础测绘条例》第四条规定,基础测绘工作应当遵循统筹规划、分级管理、定期更新、保障安全的原则。

1) 统筹规划

统筹规划指基础测绘规划的编制和组织实施、基础测绘成果的更新和利用要统筹规划。具体体现在以下五个方面:

(1) 要统筹安排基础测绘工作中长期规划和年度计划,既要有中长期的发展目标,也要做好短期计划的执行保障,协调好各级计划的衔接。

(2) 要统筹安排国家和地方各级基础测绘工作,充分发挥中央和地方两个积极性。

(3) 要统筹安排区域基础测绘工作,以地区社会经济发展需求为导向,同时兼顾地区平衡,对边远地区、少数民族地区加大支持。

(4) 根据基础测绘发展需要,统筹安排基础测绘设施建设和重大基础测绘项目。

(5) 要统筹安排基础地理信息资源的开发利用,推进共建共享,避免重复投入和建设。

统筹规划是基础测绘工作的重要原则之一,《全国基础测绘中长期规划纲要》明确将"统筹规划,协调发展"作为加强基础测绘的基本原则之一。

2) 分级管理

分级管理指明确各级政府对基础测绘工作的监督管理和职责;建立健全基础测绘的投入机制,将基础测绘投入纳入各级财政预算;明确各级政府在测绘地理信息基础设施建设方面的职责和任务;明确各级测绘地理信息主管部门组织实施基础测绘项目的内容。分级管理可以明确中央与地方各级政府的职责,也有利于建立起高效的基础测绘工作运行机制。

3) 定期更新

定期更新是根据地表景观的变化情况、社会经济发展的速度、国家经济建设、国防建设和社会发展对不同基础测绘项目成果的现势性需求和政府财政支撑的能力,结合基础测绘生产能力和成果更新的实际情况,合理确定成果更新周期,建立健全基础地理信息的更新机制。定期更新制度的确立有利于从根本上改变基础测绘滞后于国民经济和社会发展的状况。

4) 保障安全

基础测绘活动获取的大量成果都涉及国家秘密,关系国家安全,因此需要采取有效措施保障基础测绘成果的安全,防止成果损坏、丢失、灭失和泄密。利用基础测绘成果应当遵守测绘成果管理条例等有关规定,通过合理划分涉密成果密级、加强成果保密技术研究,在保障涉密基础测绘成果安全的前提下,促进基础地理信息资源的高效开发利用。

5.2 基础测绘规划

5.2.1 基础测绘规划的概念

基础测绘规划包括全国基础测绘规划和地方基础测绘规划,是对全国及地方基础测绘在时间和空间上的战略部署和具体安排,关系县级及以上各级人民政府对基础测绘在本级国民经济和社会发展年度计划及财政预算中的安排。

基础测绘规划的主要内容包括基础测绘的阶段性发展目标、主要任务、空间布局、主要项目、规划实施的保障措施等,并且还应当有布局示意图和规划项目表。全国基础测绘中长期规划还包括了简明、准确的发展方针和发展目标等。

(1)全国基础测绘规划

全国基础测绘规划指由国务院测绘地理信息主管部门会同国务院其他有关部门、军队测绘部门负责组织编制的,对全国基础测绘在时间和空间上的战略部署和具体安排,涉及国务院对基础测绘在国家国民经济和社会发展年度计划及财政预算的统筹和安排,是全国性的、国家基础测绘发展的阶段性目标。

(2)地方基础测绘规划

地方基础测绘规划指由县级以上地方人民政府测绘地理信息主管部门会同本级政府其他有关部门负责组织编制的,由县级以上测绘地理信息主管部门牵头组织,规划建设、国土资源、交通、水利、电力等有关部门参与,根据全国基础测绘规划和上一级的基础测绘规划以及本行政区域内的实际情况,拟订地方性的、区域性的基础测绘发展的阶段性目标。

5.2.2 基础测绘规划编制

1)基础测绘规划编制的程序

(1)制定基础测绘中长期规划编制工作方案,会同有关部门开展基础测绘相关重大问题研究工作。

(2)起草规划文本。

(3)组织参与规划编制工作的各有关部门对规划内容进行会商,并将会商后的规划与相关规划进行衔接。

(4)对规划指标、规划项目等规划内容进行论证。地方基础测绘规划还应当征求当地军事主管部门的意见。

(5)规划编制完成后,测绘地理信息主管部门按程序报同级人民政府批准。

县级以上地方测绘地理信息主管部门会同有关部门编制的基础测绘中长期规划,在获同级人民政府批准后30个工作日内,报上一级测绘地理信息主管部门备案后实施;

全国基础测绘中长期规划在获批准后2个月内,县级以上地方测绘地理信息主管部门组织编制的中长期规划在2个月内,除有保密要求的,测绘地理信息主管部门应在测绘地理信息行业报刊或政府相关网站上公布规划文本的部分或者全部内容。

2)基础测绘规划期限

基础测绘规划的规划期应当根据基础测绘工作的实际特点和经济建设、社会发展以及国防建设的实际需要,一般至少为5年,保持与国家国民经济和社会发展总体规划相衔接。

3)法律、行政法规对基础测绘规划编制的规定

(1)基础测绘规划报批前要组织专家论证。为协调好全局利益与局部利益、长远利益和眼前利益以及部门利益的关系,提高基础测绘规划的科学性、衔接性和指导性,基础测绘规划在报批前必须经过专家论证并充分征求各方面的意见和建议。

(2)基础测绘规划要广泛征求意见。在基础测绘规划编制过程中,编制机关还要征求其他相关规划编制部门的意见,如土地利用规划、高速公路建设规划、水利水资源规划等,确保基础测绘规划与相关规划的衔接。

(3)地方基础测绘规划要征求军事机关的意见。地方基础测绘规划涉及的区域范围比较具体,一般都会涉及军事禁区、军事管理区或者作战工程。因此,组织编制机关在报送审批前,还应当征求军事机关的意见。根据《中华人民共和国军事设施保护法》规定,协商解决有关军事禁区、军事管理区的范围,保证基础测绘规划的顺利实施。

4)基础测绘规划批准

国务院测绘地理信息主管部门会同国务院其他有关部门、军队测绘部门,组织编制全国基础测绘规划,报国务院批准后组织实施。县级以上地方人民政府测绘地理信息主管部门会同本级人民政府其他有关部门,根据国家和上一级人民政府的基础测绘规划和本行政区域的实际情况,组织编制本行政区域的基础测绘规划,报本级人民政府批准后组织实施。

5)基础测绘规划公布

基础测绘规划属于政府需要公开的政府信息,必须依照《政府信息公开条例》的相关规定依法公开。县级以上测绘地理信息主管部门要将经批准的基础测绘规划通过政府公报、政府网站、新闻发布会以及报刊、广播、电视等各种媒体向社会公开。

5.2.3 基础测绘年度计划

1)基础测绘年度计划的概念

基础测绘年度计划是政府履行经济调节和公共服务职能的重要依据,基础测绘工程项目和基础测绘政府投资必须纳入基础测绘计划管理。

根据《测绘法》和《基础测绘条例》,国家对基础测绘计划实行分级管理。国务院发展改革主管部门和测绘地理信息主管部门负责全国基础测绘计划的管理,县级以上地方人民政府发展改革主管部门和测绘地理信息主管部门负责本行政区域的基础测绘计划管理。国家发展和改革委员会和国家测绘地理信息局联合制定的《基础测绘计划管理办法》,对基础测绘计划管理进行了明确规定。

2)全国基础测绘年度计划的主要内容

全国基础测绘年度计划的主要内容包括:全国统一的大地基准、高程基准、深度基准和

重力基准的建立和更新;全国统一的一、二等平面、高程控制网,重力网和 A、B 级卫星定位网的建立和更新;全国 1∶100 万、1∶50 万、1∶25 万、1∶10 万、1∶5 万和 1∶2.5 万系列比例尺地形图、影像图的测制和更新;组织实施国家基础航空摄影、获取基础地理信息的遥感资料;国家基础地理信息系统的建立和更新维护;国家基础测绘公共服务体系的建立和完善;需中央财政 安排的国家急需的其他基础测绘项目。

3)基础测绘年度计划编制的程序

(1)国务院测绘地理信息主管部门根据国民经济和社会发展年度计划编制要求和全国基础测绘中长期规划,组织编制并提出全国基础测绘年度计划建议,报国务院发展改革主管部门。

(2)县级以上地方测绘地理信息主管部门根据国民经济和社会发展年度计划编制要求和本行政区域基础测绘中长期规划,组织提出本行政区域基础测绘年度计划建议,报经同级发展改革主管部门平衡后,在 10 个工作日内由测绘地理信息主管部门和发展改革部门分别报上一级测绘地理信息主管部门和发展改革主管部门。

(3)国务院发展改革主管部门对上述计划建议进行汇总和综合平衡,编制全国基础测绘年度计划草案,作为全国国民经济和社会发展年度计划的组成部分,正式下达给国务院测绘地理信息主管部门和省级发展改革主管部门。

(4)市、县级基础测绘年度计划的编制程序由省级发展改革主管部门会同测绘地理信息主管部门研究确定。

4)基础测绘年度计划的组织实施

国务院测绘地理信息主管部门负责国家级基础测绘计划的组织实施;县级以上地方政府测绘地理信息主管部门负责本级基础测绘计划的组织实施。国务院测绘地理信息主管部门对全国基础测绘年度计划的实施情况进行检查、指导。县级以上人民政府发展改革主管部门会同同级测绘地理信息主管部门对基础测绘中长期规划和年度计划的执行情况进行监督检查。县级以上地方人民政府测绘地理信息主管部门要逐级向上一级测绘地理信息主管部门上报基础测绘年度计划执行情况,并抄送同级发展改革主管部门;国务院测绘地理信息主管部门根据各地上报情况进行综合评估,并将结果报国务院发展改革主管部门。

5.3 基础测绘分级管理

《测绘法》第十五条规定:基础测绘是公益性事业。国家对基础测绘实行分级管理。

基础测绘分级管理主要由基础测绘分级管理体制、分级投入体制和分级组织实施等内容组成。基础测绘分级管理体制指对各级人民政府及政府各有关部门关于基础测绘工作的具体职能配置和职责分工,与测绘行政管理体制相一致。

5.3.1 基础测绘工作管理职责

1)各级人民政府的职责

(1)加强对基础测绘工作的领导。

(2)将基础测绘纳入本级国民经济和社会发展规划及年度计划,所需经费列入本级财政预算。

(3) 遵循科学规划、合理布局、有效利用、兼顾当前与长远需要的原则,加强基础测绘设施建设,避免重复投资。

2) 国务院测绘地理信息主管部门的职责

(1) 负责全国基础测绘工作的统一监督管理。

(2) 会同国务院其他有关部门、军队测绘部门,组织编制全国基础测绘规划,报国务院批准后组织实施。

(3) 会同国务院发展改革部门编制全国基础测绘年度计划并组织实施。

(4) 根据应对自然灾害等突发事件的需要,制定相应的基础测绘应急保障预案。

(5) 组织实施全国性基础测绘项目。

(6) 会同军队测绘部门和国务院其他有关部门制定基础测绘成果更新周期确定的具体办法。

(7) 采取措施,加强对基础地理信息测制、加工、处理、提供的监督管理,确保基础测绘成果质量。

(8) 负责基础测绘成果资料提供使用的审批。

3) 省级测绘地理信息主管部门的职责

(1) 负责本行政区域内基础测绘工作的统一监督管理。

(2) 会同本级人民政府其他有关部门,根据国家基础测绘规划和本行政区域的实际情况,组织编制本行政区域的基础测绘规划,报本级人民政府批准,并报上一级测绘地理信息行政主管部门备案后组织实施。

(3) 会同同级政府发展改革部门,编制本行政区域内的基础测绘年度计划,并分别报上一级主管部门备案后组织实施。

(4) 组织实施省级基础测绘项目。

(5) 根据应对自然灾害等突发事件的需要,制定相应的省级基础测绘应急保障预案。

(6) 采取措施,加强对基础地理信息测制、加工、处理、提供的监督管理,确保基础测绘成果质量。

(7) 负责省级基础测绘成果资料提供使用的审批。

4) 市、县级测绘地理信息主管部门的职责

(1) 负责本行政区域内基础测绘工作的统一监督管理。

(2) 会同本级人民政府其他有关部门,根据国家和省级基础测绘规划以及本行政区域的实际情况,组织编制本行政区域的基础测绘规划,报本级人民政府批准,并报上一级测绘地理信息主管部门备案后组织实施。

(3) 会同同级政府发展改革部门,编制本行政区域内的基础测绘年度计划,并分别报上一级主管部门备案后组织实施。

(4) 按照分级管理权限组织实施基础测绘项目。

(5) 采取措施,加强对基础地理信息测制、加工、处理、提供的监督管理,确保基础测绘成果质量。

(6) 负责本级基础测绘成果资料提供使用的审批。

5）军队和其他有关部门的职责

军队测绘部门负责管理军事部门的测绘工作，并按照国务院、中央军事委员会规定的职责分工负责管理海洋基础测绘工作。

其他有关部门关于基础测绘工作的职责，主要是在统一监督管理的大原则下，配合测绘地理信息主管部门依法编制基础测绘规划和年度计划；在县级以上人民政府测绘地理信息主管部门收集有关行政区域界线、地名、水系、交通、居民点、植被等地理信息的变化情况时，其他有关部门和单位应当对测绘地理信息主管部门的信息收集工作予以支持和配合。

5.3.2 基础测绘组织实施

《基础测绘条例》对基础测绘组织实施进行了明确规定，各级测绘地理信息主管部门职责如下：

1）国务院测绘地理信息主管部门职责

(1) 建立全国统一的测绘基准和测绘系统。

(2) 建立和更新国家基础地理信息系统。

(3) 组织实施国家基础航空摄影。

(4) 获取国家基础地理信息遥感资料。

(5) 测制和更新全国 1∶100 万至 1∶2.5 万国家基本比例尺地图、影像图及其数字化产品。

(6) 国家急需的其他基础测绘项目。

2）省级测绘地理信息主管部门职责

(1) 建立本行政区域内与国家测绘系统相统一的大地控制网和高程控制网。

(2) 建立和更新地方基础地理信息系统。

(3) 组织实施地方基础航空摄影。

(4) 获取地方基础地理信息遥感资料。

(5) 测制和更新本区域 1∶1 万、1∶5000 国家基本比例尺地图、影像图及其数字化产品。

3）市、县级测绘地理信息主管部门职责

(1) 在国家统一的平面控制网、高程控制网和空间定位网的基础上，布设满足当地城市建设和发展需要的平面控制网和高程控制网。

(2) 1∶2000 至 1∶500 比例尺地图、影像图和数字化产品的测制和更新。

(3) 建立和更新市、县级基础地理信息系统。

(4) 地方性法规、地方政府规章确定由其组织实施的其他基础测绘项目。

4）基础测绘项目承担单位

(1) 基础测绘项目承担单位应当具有与所承担的基础测绘项目相应的测绘资质和条件，并不得超越其资质等级许可的范围从事基础测绘活动。

(2) 基础测绘项目承担单位应当具备健全的保密制度和完善的保密设施，严格执行有关保守国家秘密法律、法规的规定。

(3) 基础测绘项目承担单位应当建立健全基础测绘成果质量管理制度，严格执行国家规定的测绘技术规范和标准，对其完成的基础测绘成果质量负责。

5.4 基础测绘成果定期更新

5.4.1 基础测绘成果定期更新制度

基础地理信息指按照国家规定的技术规范、标准制作的、可通过计算机系统使用的数字化的基础测绘成果,是通过实施基础测绘对地表自然景观和地物形态进行测定和表述的空间信息。随着地表自然地理景观的变化和城市化水平的不断提高以及经济社会的全面进步和发展,基础地理信息不断地发生变化,需要不断地加以更新,以保持基础地理信息较好的现势性和有效性。

基础测绘成果定期更新制度指按照一定的时间间隔更新基础测绘成果的法律规定。《测绘法》第十九条规定,基础测绘成果应当定期更新,经济建设、国防建设、社会发展和生态保护急需的基础测绘成果应当及时更新。《基础测绘条例》规定,国家实行基础测绘成果定期更新制度,基础测绘成果更新周期确定的具体办法,由国务院测绘地理信息主管部门会同军队测绘部门和国务院其他有关部门制定。比如1∶100万至1∶5000国家基本比例尺地图、影像图和数字化产品至少5年更新一次。

5.4.2 确定基础测绘成果更新周期的因素

确定基础测绘成果更新周期的因素包括:
(1)国民经济和社会发展对基础地理信息的需求。
(2)测绘科学技术水平和测绘生产能力。
(3)基础地理信息变化情况。

5.4.3 基础测绘成果更新的职责

1)国务院测绘地理信息主管部门的职责
(1)建立国家基础测绘定期更新制度,会同军队测绘部门和国务院其他有关部门研究基础测绘成果更新周期确定的具体办法。
(2)负责国家测绘地理信息局分管范围内的基础测绘成果的定期更新。
(3)收集国家层面上的有关国界线、行政区域界线、地名、水系等地理信息的变化情况。
(4)指导、监督地方各级测绘地理信息主管部门基础测绘成果的定期更新工作。

2)县级以上地方测绘地理信息主管部门的职责
(1)基础测绘成果定期更新。
(2)收集有关行政区域界线、地名等地理信息的变化情况。

3)其他有关部门和单位的职责
基础测绘是公益性事业,基础测绘成果定期更新需要各个部门的协同配合,协助各级测绘地理信息主管部门的信息收集工作应当成为各有关部门和单位的法定义务。县级以上人民政府其他有关部门和单位可通过建立计划交换、成果通报、目录汇总等信息交流方式,采用签订共建共享协议、项目合作协议等形式,支持和配合县级以上人民政府测绘地理信息主管部门的信息收集工作,提高基础测绘成果的现势性。

5.5 基础测绘应急保障

基础测绘提供的基础地理信息数据是应对突发事件处置与救援、恢复与重建等应急活动的重要依据,基础测绘在应对自然灾害、事故灾难、社会安全等突发事件时起着非常重要的保障服务作用。《基础测绘条例》第十一条规定,县级以上人民政府测绘地理信息主管部门应当根据应对自然灾害等突发事件的需要,制定相应的基础测绘应急保障预案。基础测绘应急保障第一次被列入国家行政法规。

5.5.1 基础测绘应急保障的内容

1)基础测绘设施建设优先领域

《基础测绘条例》第十八条第二款规定,国家安排基础测绘设施建设资金,应当优先考虑航空摄影测量、卫星遥感、数据传输以及基础测绘应急保障的需要。

2)基础测绘应急保障的内容

《基础测绘条例》第二十条对县级以上人民政府测绘地理信息主管部门的基础测绘应急保障的内容进行了规定。主要包括以下内容:

(1)加强基础航空摄影和用于测绘的高分辨率卫星影像获取与分发的统筹协调。

(2)配备相应的装备和器材。

(3)组织开展培训和演练。

(4)启动基础测绘应急保障预案。

(5)开展基础地理信息数据的应急测制和更新工作。

3)基础测绘应急保障预案的内容

根据《基础测绘条例》,基础测绘应急保障预案的内容包括:应急保障组织体系,应急装备和器材配备,应急响应,基础地理信息数据的应急测制和更新等应急保障措施。

(1)应急基础测绘保障组织体系,即基础测绘应急保障工作的领导机构、工作机构和职责等。建立有效的组织体系是落实应急管理工作的基础。各级测绘地理信息主管部门都应当建立健全基础测绘应急保障工作的组织体系。

(2)应急装备和器材配备,主要包括航空摄影、地面快速数据采集和处理等各种装备和器材配备。应急装备和器材配备是快速获取突发事件事发地区基础地理信息数据的关键。

(3)应急响应。根据国家测绘地理信息局制定的国家测绘地理信息应急保障预案,除国家突发事件有重大特殊要求外,根据突发事件救援与处置工作对测绘地理信息保障的紧急需求,将测绘应急响应分为两个等级,Ⅰ级响应和Ⅱ级响应。

(4)基础地理信息数据的应急测制和更新。基础测绘应急保障预案包括基础地理信息数据的应急测制、更新的程序,确保突发事件发生后,能够及时、高效、快速地获取基础地理信息,为决策、救援、恢复和重建等工作提供有力的保障。

5.5.2 国家应急测绘保障预案的主要内容

为健全国家测绘应急保障工作机制,有效整合利用国家测绘地理信息资源,提高测绘地理信息应急保障能力,国家应急测绘保障预案主要有以下内容。

1)保障任务

国家测绘应急保障的核心任务是为国家应对突发自然灾害、事故灾难、公共卫生事件、社会安全事件等突发公共事件高效有序地提供地图、基础地理信息数据、公共地理信息服务平台等测绘成果,根据需要开展遥感监测、导航定位、地图制作等技术服务。

2)保障对象

国家测绘地理信息应急保障对象:

(1)党中央、国务院。

(2)国家突发事件应急指挥机构及国务院有关部门。

(3)重大突发事件所在地人民政府及其有关部门。

(4)参加应急救援和处置工作的中国人民解放军、中国人民武装警察部队。

(5)参加应急救援和处置工作的其他相关单位或组织。

3)应急响应分级

除国家突发事件有重大特殊要求外,根据突发事件救援与处置工作对测绘地理信息保障的紧急需求,测绘地理信息应急响应分为两个等级。Ⅰ级响应。需要进行大范围联合作业;涉及大量的数据采集、处理和加工;成果提供工作量大的测绘地理信息应急响应。Ⅱ级响应。以提供现有测绘成果为主,具有少量的实地监测、数据加工及专题地图制作需求的测绘地理信息应急响应。

4)组织体系

(1)领导机构。成立国家测绘应急保障领导小组(以下简称"领导小组"),负责领导、统筹、组织全国测绘地理信息应急保障工作。国家测绘地理信息局局长任组长,副局长任副组长,成员由局机关各司(室)和局所属有关事业单位主要领导组成。

(2)办事机构。国家测绘应急保障领导小组下设办公室,领导小组办公室设在国家测绘地理信息局测绘成果管理与应用司,作为领导小组的办事机构,承担测绘地理信息应急日常管理工作。测绘成果管理与应用司司长任领导小组办公室主任。

(3)工作机构。国家测绘地理信息局直属事业单位为国家测绘地理信息应急保障主要工作机构,承担重大测绘地理信息应急保障任务。

(4)地方机构。各省级测绘地理信息主管部门负责本行政区域测绘地理信息应急保障工作,成立本级测绘地理信息应急保障领导和办事机构。在本级人民政府的领导和领导小组的指导下,统筹、组织本行政区域突发事件测绘地理信息应急保障工作。按照领导小组的要求,调集整理现有成果、采集处理现势数据加工制作专题地图,并及时向国家测绘地理信息局提供。

(5)社会力量。具有测绘资质的相关企事业单位作为国家测绘地理信息应急保障体系的重要组成部分,根据要求承担相应测绘地理信息应急保障任务,各测绘单位应当积极响应。

5)应急启动

特别重大、重大突发事件发生,或者收到国家一级、二级突发事件警报信息、宣布进入预警期后,领导小组办公室迅速提出应急响应级别建议,报领导小组研究确定。由领导小组组长宣布启动Ⅰ级响应,分管测绘成果的副组长宣布启动Ⅱ级响应。响应指令由领导小组办公室通知各有关部门和相关单位。各有关部门和单位收到指令以后,应迅速启动本部门、本单位的应急预案,并根据职责分工,立即部署、开展相应的测绘地理信息应急保障工作。

6) Ⅱ级响应

(1) 基本要求。承担应急任务的有关部门、单位人员、设备、后勤保障应及时到位;启动24小时值班制度。领导小组办公室应迅速与国家相关突发事件应急指挥机构沟通,与事发地省级测绘地理信息主管部门取得联系,并保持信息联络畅通。

(2) 成果速报。在Ⅱ级响应启动后4小时内,组织相关单位向党中央、国务院及有关应急指挥机构提供现有适宜的事发地测绘地理信息成果。

(3) 成果提供。开通测绘成果提供绿色通道,按相关规定随时受理、提供应急测绘成果。

(4) 专题加工。根据救援与处置工作的需要,组织有关单位进行局部少量的航空摄影等实地监测;收集国家权威部门专题数据;快速加工、生产事发地专题测绘成果。

(5) 信息发布。如确有需要的,可通过政府门户网站向社会适时发布事发地应急测绘成果目录及能够公开使用的测绘成果。

7) Ⅰ级响应

(1) 启动Ⅱ级响应的所有应急响应措施。

(2) 领导小组各成员单位主要负责人出差、请假的,必须立即返回工作岗位;确实不能及时返回的,可先由主持工作的领导全面负责。

(3) 根据国家应急指挥机构的特殊需求,及时组织开发专项应急地理信息服务系统。

(4) 无适宜的测绘成果,急需进行大范围联合作业时,由领导小组办公室提出建议,报领导小组批准后,及时采用卫星遥感、航空摄影、地面测绘等手段快速获取相应的测绘成果。

(5) 领导小组成员单位根据各自工作职责,分别负责综合协调、成果提供、数据获取、数据处理、宣传发动、后勤保障等工作,并将应急工作进展情况及时反馈领导小组办公室。

8) 响应中止

突发事件的威胁和危害得到控制或者消除,政府宣布停止执行应急处置措施,或者宣布解除警报、终止预警期后,由领导小组组长决定中止Ⅰ级响应,分管测绘成果的副组长决定中止Ⅱ级响应。响应终止通知由领导小组办公室下达。各级测绘地理信息主管部门应继续配合突发事件处置和恢复重建部门,做好事后测绘地理信息保障工作。

9) 保障措施

(1) 制定测绘地理信息应急保障预案。各省级测绘地理信息主管部门和各有关单位应制定本部门、本单位测绘地理信息应急保障预案,报国家测绘地理信息局备案,并结合实际情况有计划、有重点地组织预案演练,原则上每年不少于一次。

(2) 组建测绘地理信息应急保障队伍。各省级测绘地理信息主管部门要按要求建立测绘地理信息应急保障专家库,根据实际需要协调有关专家为测绘地理信息应急保障决策及处置提供咨询、建议与技术指导;各单位遴选政治和业务素质较高的技术骨干组成测绘地理信息应急快速反应队伍。

(3) 测绘地理信息应急保障资金。根据测绘地理信息应急保障工作需要,结合国家预算管理的有关规定,应当将测绘地理信息应急保障工作所需资金纳入预算,对应急保障资金的使用和效果进行监督。

(4)做好测绘地理信息应急保障成果资料储备工作。各级测绘地理信息主管部门应当全面了解掌握测绘地理信息资源分布状况,完善测绘地理信息数据共享机制;收集、整理突发事件的重点防范地区的各类专题信息和测绘成果,根据潜在需求,有针对性地组织制作各种专题测绘地理信息产品,确保在国家需要应急测绘地理信息保障时,能够快速响应,高效服务。

(5)建设应急地理信息服务平台。在全国地理信息公共服务平台的基础上,根据国家减灾委、国家防总等有关部门的特殊要求,开发完善应急地理信息服务平台,提高测绘地理信息应急保障的效率、质量和安全性。

(6)完善测绘地理信息应急保障基础设施。规划建设全国性测绘地理信息应急技术装备保障系统,并建立突发事件测绘地理信息应急服务装备快速调配机制。重点推进测绘卫星体系项目建设,加快测绘应急生产装备和设施更新,联通政府内网,改造与扩容测绘地理信息专网,提高测绘地理信息应急保障服务能力。

(7)加快测绘地理信息应急高技术攻关。深入研究应急测绘地理信息快速获取、处理、服务技术,实现"3S"与网络、通信、辅助决策技术集成。

(8)确保通信畅通。充分利用现代通信手段,建立国家测绘地理信息应急保障通信网络,确保信息畅通。领导小组办公室组织编制国家测绘地理信息应急保障工作通信录,并适时更新。

10)监督与管理

(1)检查与监督。国家测绘地理信息应急响应指令下达后,各级测绘地理信息主管部门应对所属单位测绘地理信息应急保障执行时间和进度进行监督,及时发现潜在问题,并迅速采取有效措施,确保按时保质完成测绘地理信息应急保障任务。

(2)责任与奖惩。各部门、各单位主要负责人是测绘地理信息应急保障的第一责任人。国家测绘地理信息应急保障工作实行责任追究,对在测绘地理信息应急保障工作中存在失职、渎职行为的人员,将依照《中华人民共和国突发事件应对法》等有关法律法规追究责任。各级测绘地理信息主管部门对在国家测绘地理信息应急保障工作中做出突出贡献的先进集体和先进个人应当给予表彰和奖励。

(3)宣传和培训。在测绘地理信息应急响应期间,各级测绘地理信息主管部门应当通过网络、报刊、电视等现代传媒手段,及时对国家测绘地理信息应急保障工作进行报道。定期对测绘地理信息应急保障人员进行新知识新技术培训,提高其应急专业技能。

(4)预案管理与更新。省级以上测绘地理信息主管部门应当定期组织对各地区、各单位测绘地理信息应急保障预案及实施情况进行检查评估,不断完善地方测绘地理信息应急保障制度和设施。

5.6 基础测绘设施

基础测绘设施是开展基础测绘工作的重要基础和保障。基础测绘设施是国家一种重要的基础设施和宝贵的财富,对经济建设、国防建设和社会发展具有重要作用,也是从事其他测绘工作的重要物质基础。

1）基础测绘设施的概念

基础测绘设施指为实现基础地理信息共享,用于基础地理信息的获取、处理、存储、传输、分发和提供的设备、软件及其他有关设施。包括高分辨率立体测图卫星及相关卫星应用系统、地理信息变化监测体系、信息化测绘生产基地和测绘地理信息野外的技术装备、地理信息采集、获取、处理、更新、测绘地理信息成果档案存储与分发服务、测绘地理信息的安全保障基础设施等,涉及基础地理信息获取与处理、存储与管理、服务与应用等多个方面。

2）基础测绘设施建设的原则

《基础测绘条例》第十八条规定,县级以上人民政府及其有关部门应当遵循科学规划、合理布局、有效利用、兼顾当前与长远需要的原则,加强基础测绘设施建设,从而明确了基础测绘设施建设的基本原则。

(1) 科学规划。基础测绘设施建设要根据国民经济和社会发展以及测绘地理信息事业发展的实际需求,在详细调查、充分论证的基础上,组织编制基础测绘设施建设规划,对基础测绘设施的建设布局、规模、时序以及资金的落实作出具体安排,避免重复投资。

(2) 合理布局。指在基础测绘设施建设的空间布局上既要突出重点区域,又要兼顾地区之间的统筹和平衡。

(3) 有效利用。指要按照建设资源节约型社会的需求,充分利用现有的基础测绘设施,最大限度地发挥基础测绘设施的作用。

(4) 兼顾当前与长远需要。指要根据基础测绘发展需求,优先安排各领域需求量大、要求迫切的基础测绘设施项目,使基础测绘设施满足实际应用需要。同时要兼顾基础测绘工作的基础性和长期性,按照规划积极推进重点基础测绘设施项目的建设。

3）基础测绘设施保护规定

(1) 国家安排基础测绘设施建设资金。《基础测绘条例》规定,国家安排基础测绘设施建设资金,并确定了基础测绘设施建设资金应当重点和优先保障的领域,包括航空摄影测量、卫星遥感、数据传输以及基础测绘应急保障。

(2) 加强基础航空摄影和用于测绘的高分辨率卫星影像获取与分发的统筹协调。《基础测绘条例》要求县级以上人民政府测绘地理信息主管部门应当加强基础航空摄影和用于测绘的高分辨率卫星影像获取与分发的统筹协调,做好基础测绘应急保障工作,配备相应的装备和器材,组织开展培训和演练,不断提高基础测绘应急保障服务能力。

自然灾害等突发事件发生后,县级以上人民政府测绘地理信息主管部门应当立即启动基础测绘应急保障预案,采取有效措施,开展基础地理信息数据的应急测制和更新工作。

(3) 国家依法保护基础测绘设施。根据《基础测绘条例》,国家依法保护基础测绘设施,任何单位和个人不得侵占、损毁、拆除或者擅自移动基础测绘设施。侵占、损毁、拆除或者擅自移动基础测绘设施的,要承担相应的法律责任。包括给予责令限期改正、警告,可以并处罚款等行政处罚;造成损失的,依法承担赔偿责任;构成犯罪的,依法追究刑事责任;尚不构成犯罪的,对负有直接责任的主管人员和其他直接责任人员,依法给予处分。

5.7 基础测绘成果提供利用

5.7.1 基础测绘成果提供利用规定

《测绘法》第三十六条规定:基础测绘成果和国家投资完成的其他测绘成果,用于政府决策、国防建设和公共服务的,应当无偿提供。

除前款规定情形外,测绘成果依法实行有偿使用制度。但是,各级人民政府及有关部门和军队因防灾减灾、应对突发事件、维护国家安全等公共利益的需要,可以无偿使用。测绘成果使用的具体办法由国务院规定。

《测绘成果管理条例》第十七条规定,法人或者其他组织需要利用属于国家秘密的基础测绘成果的,应当提出明确的利用目的和范围,报测绘成果所在地的测绘地理信息主管部门审批。测绘地理信息主管部门审查同意的,应当以书面形式告知测绘成果的秘密等级、保密要求以及相关著作权保护要求。

《基础测绘成果提供使用管理暂行办法》第二条规定,提供、使用不涉及国家秘密的基础测绘成果,由测绘成果资料保管单位按照便民、高效的原则,制定相应的提供、使用办法,报同级测绘地理信息主管部门批准后实施。外国组织和个人以及在我国注册的外商独资企业和中外合资、合作企业申请使用我国基础测绘成果的具体办法,另行制定。

《基础测绘成果提供使用管理暂行办法》第三条规定,国家测绘地理信息局主管全国基础测绘成果提供使用管理工作。县级以上地方人民政府测绘地理信息主管部门负责本行政区域内基础测绘成果的提供使用管理工作。

5.7.2 基础测绘成果审批职责

1)国家测绘地理信息局审批职责

(1)全国统一的一、二等平面控制网、高程控制网和国家重力控制网的数据、图件。

(2)1:50万、1:25万、1:10万、1:5万、1:2.5万国家基本比例尺地图、影像图和数字化产品。

(3)国家基础航空摄影所获取的数据、影像等资料,以及获取基础地理信息的遥感资料。

(4)国家基础地理信息数据。

(5)其他应当由国家测绘地理信息局审批的基础测绘成果。

2)省级测绘地理信息主管部门审批职责

(1)本行政区域内全国统一的三、四等平面控制网、高程控制网的数据和图件。

(2)本行政区域内的1:1万、1:5000等国家基本比例尺地图、影像图和数字化产品。

(3)本行政区域内的基础航空摄影所获取的数据、影像等资料,以及获取基础地理信息的遥感资料。

(4)本行政区域内的基础地理信息数据。

(5)属国家测绘地理信息局审批范围,但已委托省、自治区、直辖市测绘地理信息主管部门负责管理的基础测绘成果。

（6）其他应当由省、自治区、直辖市测绘地理信息主管部门审批的基础测绘成果。

3）市、县级测绘地理信息主管部门审批职责

根据《基础测绘成果提供使用管理暂行办法》，市（地、州）、县级测绘地理信息主管部门受理审批基础测绘成果的具体范围和审批办法，由省、自治区、直辖市测绘地理信息主管部门规定。目前，市（地、州）、县级测绘地理信息主管部门负责管理的基础测绘成果主要包括以下方面：

（1）本行政区域内与国家三、四等以上平面控制网、高程控制网相连接的控制网以及加密控制网的数据、图件。

（2）本行政区域内的1∶500、1∶1000、1∶2000国家基本比例尺地图、影像图和数字化产品。

（3）本行政区域内的基础地理信息数据。

（4）属省级测绘地理信息主管部门管理范围，但已委托市（地、州）、县级测绘地理信息主管部门负责管理的基础测绘成果。

（5）其他应当由市（地、州）、县级测绘地理信息主管部门审批的基础测绘成果。

5.7.3　基础测绘成果使用申请

1）申请使用基础测绘成果的条件

（1）有明确、合法的使用目的。

（2）申请的基础测绘成果范围、种类、精度与使用目的相一致。

（3）符合国家的保密法律法规及政策。

2）申请使用基础测绘成果应当提交的材料

（1）基础测绘成果使用申请表。

（2）加盖单位公章的证明函。

（3）属于财政投资的项目，须提交项目批准文件。属于非财政投资的项目，须提交项目合同书、委托函等合法有效证明文件。

（4）申请无偿使用涉密成果，须提交相应机关的公函。

（5）经办人有效身份证明及复印件。

申请人首次申请使用涉密成果的，还应同时提交下列申请材料：

（1）单位注册登记证书和相应的组织机构代码证及复印件。

（2）相应的保密管理制度和保密设备条件的证明材料。

（3）单位内部负责保管涉密成果的机构、人员（有效身份证明及复印件、联系方式）等基本情况的证明文件。

3）申请使用基础测绘成果的证明函

（1）申请使用的基础测绘成果属于国家测绘地理信息局或者其他省、自治区、直辖市测绘地理信息主管部门受理审批范围的，应当提供申请人所在地的省、自治区、直辖市测绘地理信息主管部门出具的证明函。

（2）申请使用的基础测绘成果属于本省、自治区、直辖市测绘地理信息主管部门受理审批范围的，应提供申请人所在地的县级以上测绘地理信息主管部门出具的证明函。

(3)属于中央国家机关或者单位的申请人,应当提供其所属中央国家机关或者单位司(局)级以上机构出具的证明函。其中,申请无偿使用基础测绘成果的,应当由中央国家机关、单位或者办公厅另行出具公函。

(4)属于军队和武警部队的申请人,应当提供其所属师级以上机构出具的公函。

(5)省、自治区、直辖市测绘地理信息主管部门申请管理并对外提供该省级行政区域全部范围的国家级基础测绘成果的,需持省级人民政府或政府办公厅公函,向国家测绘地理信息局申请办理委托管理手续。

5.7.4 基础测绘成果应急提供

1)基础测绘成果应急提供的原则

(1)时效性:及时提供应对突发事件所需的各种基础测绘成果。

(2)安全性:按照国家保密法律法规的相关要求提供基础测绘成果,确保国家秘密安全。

(3)可靠性:所提供成果的范围、种类、数量等与所需一致,各种相关资料应当一致。

(4)无偿性:应对突发事件所需的基础测绘成果无偿提供使用。

2)申请基础测绘成果应急服务的条件

(1)发生突发事件。

(2)申请人为应对突发事件的相关部门或者单位。

3)基础测绘成果应急提供的有关规定

(1)各级测绘地理信息主管部门应当按照职责分工负责相应的基础测绘成果的应急提供和使用审批。突发事件发生地的测绘地理信息主管部门应当快速响应,积极做好提供基础测绘成果应急服务的相关工作。

(2)申请基础测绘成果应急服务,采用简化申请程序的方式办理。申请人可先向相应的测绘地理信息主管部门电话提出要求,再以加盖本部门印章的传真形式如实提交应急申请材料,主要包括突发事件的概况以及所需测绘成果的范围、种类、数量等。

(3)各级测绘地理信息主管部门应当场或者在4小时内完成基础测绘成果应急服务申请的审核与批复,明确并及时通知相关测绘成果保管单位。基础测绘成果不能满足应对突发事件需求时,测绘地理信息主管部门应予以说明,并提出有关应急解决方案。

(4)基础测绘成果应急提供时,各级测绘地理信息主管部门可无偿调用所缺的基础测绘成果。被调用方接到调用方加盖本机关印章的书面通知(传真)后,应在8小时内(特殊情况不超过24小时)准备好相关基础测绘成果,并及时通知调用方领取。无正当理由,被调用方不得以任何借口拒绝或者延迟提供。

(5)测绘成果保管单位负责提供应对突发事件时所需的基础测绘成果。测绘成果保管单位应当根据相关批复或者调用通知(情况特别紧急时,可以依据相关测绘地理信息主管部门的电话通知),在最短时间内完成基础测绘成果应急提供,一般提供期限为8小时,特殊情况不超过24小时。

(6)被许可使用人应当到指定的测绘成果保管单位领取应对突发事件所需的基础测绘成果,并同时按《基础测绘成果提供使用管理暂行办法》的规定办理领用手续。情况特别紧急时,测绘地理信息主管部门可以及时向有关部门送达所需的基础测绘成果。在确保安全的前提下,也可经涉密网络传输有关数据,以提高应急时效。

(7)被许可使用人应当在7个工作日内,按照《基础测绘成果提供使用管理暂行办法》的规定,向测绘地理信息主管部门提交有关申请材料,补齐基础测绘成果使用审批手续。

(8)被许可使用人应当严格按照国家有关保密和知识产权等法律法规的要求保管和使用基础测绘成果,并向相应测绘地理信息主管部门反馈测绘成果应急服务的效用信息。

(9)在应对突发事件时,有关测绘地理信息主管部门违反规定,拒绝或者延迟无偿调用基础测绘成果的,由上一级测绘地理信息主管部门责令立即改正;对主要负责人、负有责任的主管人员和其他责任人员依法给予处分;构成犯罪的,依法追究刑事责任。

4)使用基础测绘成果的法律规定

根据《测绘成果管理条例》,被许可使用人应当严格按照下列规定使用基础测绘成果:

(1)被许可使用人必须根据基础测绘成果的密级按国家有关保密法律法规的要求使用,并采取有效的保密措施,严防泄密。

(2)被许可使用人所领取的基础测绘成果仅限于在本单位的范围内,按其申请并经批准的使用目的使用。本单位以被许可使用人在企业登记主管机关、机构编制主管机关或者社会团体登记管理机关的登记为限,不得扩展到所属系统和上级、下级或者同级其他单位。

(3)被许可使用人若委托第三方开发,项目完成后,负有督促其销毁相应测绘成果的义务。第三方为外国组织和个人以及在我国注册的外商独资企业和中外合资、合作企业的,被许可使用人应当履行对外提供我国测绘成果的审批程序,依法经国家测绘地理信息局或者省、自治区、直辖市测绘地理信息主管部门批准后,方可委托。

(4)被许可使用人应当在使用基础测绘成果后所形成的成果的显著位置注明基础测绘成果版权的所有者。

(5)被许可使用人主体资格发生变化时,应向原受理审批的测绘地理信息主管部门重新提出使用申请。

习　题

一、单项选择题

1.根据《基础测绘条例》,按照国家规定需要有关部门批准或者核准的测绘项目,有关部门在批准或者核准前应当书面征求(　　)的意见。

　　A.同级发展改革部门　　　　　　　　B.同级财政部门
　　C.同级测绘地理信息主管部门　　　　D.省级以上测绘地理信息主管部门

2.《基础测绘条例》规定,负责编制全国基础测绘年度计划的部门是(　　)。

　　A.财政部会同国务院测绘主管部门
　　B.国务院发展改革部门会同国务院测绘主管部门
　　C.国务院测绘地理信息主管部门会同军队测绘部门
　　D.国务院测绘地理信息主管部门会同国务院其他有关部门

3.根据《基础测绘条例》,对基础测绘项目成果质量负责的是测绘项目(　　)。

A. 主管部门 B. 发包单位
C. 承担单位 D. 验收单位

4. 根据《测绘法》,国家对基础测绘成果实行( )更新制度。
A. 及时 B. 定期 C. 适时 D. 按需

5. 根据《基础测绘条例》,基础测绘工作应当遵循的原则是( )。
A. 统筹规划、分级管理、及时更新
B. 分级管理、实时更新、安全保密
C. 综合规划、分级管理、及时更新、安全保密
D. 统筹规划、分级管理、定期更新、保障安全

6. 根据《基础测绘条例》,下列内容中,不属于基础测绘应急保障预案内容的是( )。
A. 应急保障经费投入 B. 应急装备和器材配置
C. 应急响应 D. 基础地理信息数据的应急测制和更新

7. 基础测绘中长期规划是政府对基础测绘在时间和空间上的战略部署及其具体安排,其规划期一般至少为( )年。
A. 5 B. 10 C. 15 D. 20

8. 根据《基础测绘条例》,下列因素中,不属于确定基础测绘成果更新周期时应当考虑的因素的是( )。
A. 根据国民经济和社会发展对基础地理信息的需求
B. 测绘科学技术水平和测绘生产能力
C. 当地财政收入状况
D. 基础地理信息变化情况

9. 法人或者其他组织需要利用属于国家秘密的基础测绘成果的,应当提出明确的利用目的和范围,报( )审批。
A. 国务院测绘地理信息主管部门
B. 测绘成果所在地的测绘地理信息主管部门
C. 测绘成果保管单位
D. 测绘成果所在地省级测绘地理信息主管部门

二、多项选择题

1. 根据《基础测绘条例》,属于国家安排基础测绘设施建设资金应优先考虑的项目有( )。
A. 永久性测量标志保护 B. 卫星遥感
C. 基础测绘应急保障 D. 航空摄影测量
E. 数据传输

2. 根据《基础测绘条例》,确定基础测绘成果的更新周期应当考虑的因素有( )。
A. 不同地区国民经济和社会发展的需要 B. 测绘科学技术水平和测绘生产能力
C. 基础地理信息的变化情况 D. 国家基础测绘计划
E. 省级基础测绘年度计划

3. 基础测绘项目承担单位应当具备的条件包括( )。
   A. 具有与所承担的基础测绘项目相应等级的测试资质
   B. 国家企、事业单位
   C. 具备健全的保密制度和完善的保密设施
   D. 能严格执行有关保守国家秘密法律、法规的规定
   E. 专业技术人员超过单位人员的60%

4. 根据《基础测绘条例》，下列基础测绘项目中，由国务院测绘地理信息主管部门组织实施的有( )。
   A. 建立全国统一的测绘基准和测绘系统
   B. 组织实施国家基础航空摄影
   C. 获取地方基础地理信息遥感资料
   D. 建立和更新地方基础地理信息系统
   E. 更新全国1∶2.5万基本比例尺地图

5. 根据《基础测绘成果应急提供办法》，下列原则中，属于基础测绘成果应急提供应当遵循的原则有( )。
   A. 准确性   B. 时效性
   C. 安全性   D. 可靠性
   E. 无偿性

三、简答题

1. 简述基础测绘的主要内容。
2. 简述确定基础测绘成果更新周期的主要因素。

四、论述题

论述《测绘法》对基础测绘成果提供利用的相关规定。

第6章 测绘成果管理

6.1 测绘成果的概念与特征

6.1.1 测绘成果的概念

测绘成果指通过测绘形成的数据、信息、图件以及相关的技术资料,是各类测绘活动形成的记录和描述自然地理要素或者地表人工设施的形状、大小、空间位置及其属性的地理信息、数据、资料、图件和档案。

测绘成果分为基础测绘成果和非基础测绘成果。基础测绘成果包括全国性基础测绘成果和地区性基础测绘成果。测绘成果服务于国民经济建设、国防建设和社会发展的各个领域,测绘成果的表现形式,涉及数据、信息、图件以及相关的技术资料等,主要包括:

(1)天文测量、大地测量、卫星大地测量、重力测量的数据和图件。
(2)航空航天摄影和遥感的底片、磁带。
(3)各种地图(包括地形图、普通地图、地籍图、海图和其他有关的专用地图等)及其数字化成果。
(4)各类基础地理信息以及在基础地理信息基础上挖掘、分析形成的信息。
(5)工程测量数据和图件。
(6)地理信息系统中的测绘数据及其运行软件。
(7)其他有关的地理信息数据。
(8)与测绘成果直接有关的技术资料和档案等。

6.1.2 测绘成果的特征

(1)科学性

测绘成果的采集、加工和处理,必须依据一定的数学法则,借助于特定的测绘仪器装备以及特定的软件系统来进行,因而测绘成果具有科学性的特点。

(2)保密性

测绘成果涉及自然地理要素和地表人工设施的形状、大小、空间位置及其属性,大部分测绘成果都涉及国家秘密,关系国家安全和利益,具有保密性特征。

(3)系统性

不同的测绘成果以及测绘成果的不同表示形式,都是依据一定的数学基础和投影法则,在一定的测绘基准和测绘系统控制下,按照"从整体到局部、先控制后碎部"原则获得的成果,有着内在的关联,具有系统性。

(4)专业性

不同种类的测绘成果,由于专业不同,其表示形式和精度要求也不尽相同。如大地测量成果与房产测绘成果等有着明显的区别,带有很强的专业性。

(5)具有著作权

测绘成果具有专业性、系统性、物质表现性、科学性和创作性,测绘成果具备了著作权的基本要素。大地测量、工程测量、房产测绘、地理信息系统工程等都具有著作权特征。

6.2 测绘成果保密管理

国家秘密是关系国家安全和利益,依照法定程序规定,在一定时间内只限一定范围的人员知悉的事项。我国国家秘密的密级分为"绝密""机密""秘密"三级。"绝密"是最重要的国家秘密,泄露会使国家的安全和利益受到特别严重的损害;"机密"是重要的国家秘密,泄露会使国家安全和利益遭受严重的损害;"秘密"是一般的国家秘密,泄露会使国家安全和利益遭受损害。

6.2.1 测绘成果保密范围

测绘成果保密指测绘成果由于涉及国家秘密,综合运用法律和行政手段将测绘成果严格限定在一定范围内和被一定范围内的人员知悉的活动。由于测绘成果大多都属于国家秘密,测绘成果也相应地划分为秘密测绘成果和公开测绘成果两类,国家测绘地理信息局对测绘成果的密级进行了严格的划分。

(1)绝密级测绘成果

国家大地坐标系、地心坐标系以及独立坐标系之间的相互转换参数;分辨率高于$5'×5'$、精度优于1毫伽的全国性高精度重力异常成果;1:1万、1:5万全国高精度数字高程模型;地形图保密处理技术参数及算法。

(2)机密级测绘成果

国家等级控制点坐标成果以及其他精度相当的坐标成果;国家等级天文测量、三角测量、导线测量、卫星大地测量的观测成果;国家等级重力点成果及其他精度相当的重力点成果;分辨率高于$30'×30'$、精度优于5毫伽的重力异常成果;精度优于1m的高程异常成果;精度优于$3''$的垂线偏差成果;涉及军事禁区的大于或等于1:1万的国家基本比例尺地形图及数字化成果;1:2.5万、1:5万、1:10万国家基本比例尺地形图及其数字化成果;空间精度及涉及的要素和范围相当于上述机密基础测绘成果的非基础测绘成果。

(3)秘密级测绘成果

构成环线或者线路长度超过1000m的国家等级水准网成果资料;重力加密点成果;分辨率高于$30'×30'$至$1°×1°$,精度在5毫伽至10毫伽的重力异常成果;精度优于1m至2m的高程异常成果;精度优于$3''$至$6''$的垂线偏差成果;非军事禁区1:5000国家基本比例尺地形图,或多张连续的、覆盖范围超过$6km^2$的大于1:5000的国家基本比例尺地形图及其数字化成果;1:10万、1:25万、1:50万国家基本比例尺地形图及其数字化成果;军事禁区及国家安全要害部门所在地的航摄影像;空间精度及涉及的要素和范围相当于上述秘密基础测绘成果的非基础测绘成果;涉及军事、国家安全要害部门的点位名称及坐标;涉及国民经济重要设施精度优于100m的点位坐标。

6.2.2 测绘成果保密规定

1)测绘法律、法规对成果保密管理的规定

(1)测绘成果保管单位应当采取措施保障测绘成果的完整和安全,并按照国家有关规定向社会公开和提供利用。测绘成果属于国家秘密的,适用国家保密法律、行政法规的规定;需要对外提供的,按照国务院和中央军事委员会规定的审批程序执行。

(2)测绘成果保管单位应当建立健全测绘成果资料的保管制度,配备必要的设施,确保测绘成果资料的安全,并对基础测绘成果资料实行异地备份存放制度。

(3)测绘成果保管单位应按照规定保管测绘成果资料,不得损毁、散失、转让。测绘项目的出资人或者承担测绘项目的单位,应当采取必要的措施,确保其获取的测绘成果的安全。对外提供属于国家秘密的测绘成果,应当按照国务院和中央军事委员会规定的审批程序,报国务院测绘地理信息主管部门或者省、自治区、直辖市人民政府测绘地理信息主管部门审批;测绘地理信息主管部门在审批前,应当征求军队有关部门的意见。

(4)法人或者其他组织需要利用属于国家秘密的基础测绘成果的,应当提出明确的利用目的和范围,报测绘成果所在地的测绘地理信息主管部门审批。测绘地理信息主管部门在依法履行审批手续时,要以书面形式告知测绘成果的秘密等级、保密要求以及相关著作权保护要求。

2)《中华人民共和国保守国家秘密法》规定

(1)国家秘密载体的制作、收发、传递、使用、复制、保存、维修和销毁,应当符合国家保密规定。绝密级国家秘密载体应当在符合国家保密标准的设施、设备中保存,并指定专人管理;未经原定密机关、单位或者其上级机关批准,不得复制和摘抄;收发、传递和外出携带,应当指定专人负责,并采取必要的安全措施。

(2)存储、处理国家秘密的计算机信息系统(简称"涉密信息系统")按照涉密程度实行分级保护。涉密信息系统应当按照国家保密标准配备保密设施、设备。保密设施、设备应当与涉密信息系统同步规划、同步建设、同步运行。涉密信息系统应当按照规定,经检查合格后,方可投入使用。

(3)机关、单位对外交往与合作中需要提供国家秘密事项,或者任用、聘用的境外人员因工作需要知悉国家秘密的,应当报国务院有关主管部门或省、自治区、直辖市人民政府有关主管部门批准,并与对方签订保密协议。

3)国家测绘地理信息局《关于进一步加强涉密测绘成果管理工作的通知》规定

(1)遵守航空摄影成果先送审后提供使用的规定。未按照国务院、中央军委有关规定,经有关军区进行保密审查的航空摄影成果一律不得提供使用。

(2)按照先归档入库再提供使用的规定管理涉密测绘成果。国家级基础测绘成果向国家基础地理信息中心归档入库;地方基础测绘成果向地方相应测绘成果保管单位归档入库。未归档入库的涉密测绘成果一律不得提供使用。

(3)各测绘资质单位或者测绘项目出资人依法开展测绘活动获取的涉密测绘成果,应当采取必要的措施确保成果安全。需要向其他法人或者组织提供使用的,必须按管理权限报测绘成果所在地的县级以上测绘地理信息主管部门批准同意。

(4)涉密测绘成果使用单位,必须依据经审批同意的使用目的和范围使用涉密测绘成果。使用目的或项目完成后,使用单位必须按照有关规定及时销毁涉密测绘成果。如需要用于其他目的,应另行办理审批手续。任何单位和个人不得擅自复制、转让或转借涉密测绘成果。

4)《国家测绘局关于加强涉密测绘成果管理工作的通知》规定

(1)从事涉密测绘成果生产、加工、保管和使用等方面工作的单位,应当建立健全保密管理制度,按照积极防范、突出重点、严格标准、明确责任的原则,对落实保密制度的情况进行定期或不定期的检查,及时解决保密工作中的问题。

(2)涉密单位应当建立保密管理领导责任制,设立保密工作机构,配备保密管理人员。应当根据接触、使用、保管涉密测绘成果的人员情况,区分核心、重要和一般涉密人员,实行分类管理,进行岗前涉密资格审查,签署保密责任书,加强日常管理和监督。

涉密单位应当依照国家保密法律、法规和有关规定,对生产、加工、提供、传递、使用、复制、保存和销毁涉密测绘成果,建立严格登记管理制度,加强涉密计算机和存储介质的管理,禁止将涉密载体作为废品出售或处理。

(3)涉密单位要及时确定涉密测绘成果保密要害部门、部位,明确岗位责任,设置安全可靠的保密防护措施。

(4)涉密单位应当对涉密计算机信息系统采取安全保密防护措施,不得使用无安全保密保障的设备处理、传输、存储涉密测绘成果。

(5)经审批获得的涉密测绘成果,被许可使用人只能用于被许可的使用目的和范围。使用目的或项目完成后,用户要按照规定及时销毁涉密测绘成果,由专人核对、清点、登记、造册、报批、监销,并报提供成果的单位备案;也可请提供成果的单位核对、回收,统一销毁。如需要用于其他目的的,应另行办理审批手续。任何单位和个人不得擅自复制、转让或转借。

(6)用户若委托第三方承担成果开发、利用任务的,第三方必须具有相应的成果保密条件,涉及测绘活动的,还应具备相应的测绘资质;用户必须与第三方签订成果保密责任书,第三方承担相关保密责任;委托任务完成后,用户必须及时回收或监督第三方按保密规定销毁涉密测绘成果及其衍生产品。

(7)涉密测绘成果严格实行"管""用"分开。测绘成果保管单位不得擅自使用涉密测绘成果。确因工作需要使用的,必须按照涉密测绘成果提供使用管理办法,办理审批手续。

(8)要按照国家相关定密、标密规定,及时、准确地为测绘活动中产生的涉密测绘成果或衍生产品标明密级和保密期限。涉密测绘成果及其衍生产品,未经国家测绘地理信息局或者省、自治区、直辖市测绘地理信息主管部门进行保密技术处理的,不得公开使用,严禁在公共信息网络上登载发布使用。

(9)经国家批准的中外经济、文化、科技合作项目,凡涉及对外提供我国涉密测绘成果的,要依法报国家测绘局或者省、自治区、直辖市测绘地理信息主管部门审批后再对外提供。

(10)外国的组织或者个人经批准在中华人民共和国领域内从事测绘活动的,所产生的测绘成果归中方部门或单位所有;未经国家测绘地理信息局批准,不得向外方提供,不得以任何形式将测绘成果携带或者传输出境。严禁任何单位和个人未经批准擅自对外提供涉密测绘成果。

5)《关于加强涉密地理信息数据应用安全监管的通知》规定

(1)经依法审批获得涉密地理信息数据的企事业单位(用户),必须遵守国家保密法律、法规和有关规定,建立健全保密管理制度,不得擅自向其他单位和个人复制、提供、转让或转借涉密地理信息数据。严禁任何单位和个人未经批准擅自对外提供涉密地理信息数据。

(2)涉密地理信息数据只能用于被许可的范围。使用目的实现后不再需要使用涉密地理信息数据的用户,要按照国家相关规定及时销毁涉密地理信息数据,并报涉密地理信息数据提供单位备案;也可请提供数据的单位核对、回收、统一销毁。如需超许可范围使用的,应另行办理审批手续。

(3)用户在涉及加工、处理、集成等使用涉密地理信息数据的建设项目(简称"涉密项目")招标投标中,必须委托给国内具有相应测绘资质的单位(简称"第三方")承担。严禁委托给外国企业或者外商独资、中外合资、合作企业以及具有外资背景的企业承担涉密项目建设。

(4)若需第三方参与涉密项目的,在涉密项目建设前,用户必须与第三方签订地理信息数据保密责任书,明确责任和义务。涉密项目完成后,用户必须及时回收或监督第三方按规定销毁涉密地理信息数据及其衍生产品(新产生的涉密地理信息数据)。

在使用涉密地理信息数据的项目中,用户必须严格管理,设定涉密环境,科学合理确定使用人,落实责任,确保使用过程中涉密地理信息数据及其衍生品的安全。严禁将涉密项目在公开环境下使用,特别是在互联网上使用。

(5)各级测绘地理信息主管部门要依法依规对持有涉密地理信息数据的用户运行的地理信息系统进行定期或不定期的检查。发现问题要及时纠正,督促整改;情节严重的要依法严肃处理。

6.2.3 测绘地理信息主管部门监督管理职责

(1)确定测绘成果的秘密范围和秘密等级

《测绘成果管理条例》第十六条第一款规定:国家保密工作部门、国务院测绘地理信息主管部门应当商军队测绘部门,依照有关保密法律、行政法规的规定,确定测绘成果的秘密范围和秘密等级。

(2)进行保密技术处理

《测绘成果管理条例》第十六条第二款规定:利用涉及国家秘密的测绘成果开发生产的产品,未经国务院测绘地理信息主管部门或者省、自治区、直辖市人民政府测绘地理信息主管部门进行保密技术处理的,其秘密等级不得低于所用测绘成果的秘密等级。

(3)审批属于国家秘密的基础测绘成果

《测绘成果管理条例》第十七条第一款规定:法人或者其他组织需要利用属于国家秘密的基础测绘成果的,应当提出明确的利用目的和范围,报测绘成果所在地的测绘地理信息主管部门审批。

（4）告知申请人测绘成果的秘密等级、保密以及相关著作权保护要求

《测绘成果管理条例》第十七条第二款规定：法人或者其他组织需要利用属于国家秘密的基础测绘成果的，应当提出明确的利用目的和范围，报测绘成果所在地的测绘地理信息主管部门审批。测绘地理信息主管部门审查同意的，应当以书面形式告知测绘成果的秘密等级、保密要求以及相关著作权保护要求。

（5）对外提供属于国家秘密的测绘成果审批

《测绘成果管理条例》第十八条规定：对外提供属于国家秘密的测绘成果，应当按照国务院和中央军事委员会规定的审批程序，报国务院测绘地理信息主管部门或者省、自治区、直辖市人民政府测绘地理信息主管部门审批；测绘地理信息主管部门在审批前，应当征求军队有关部门的意见。

（6）配合保密部门进行保密检查

《中华人民共和国保守国家秘密法》第四十四条规定，保密行政管理部门对机关、单位遵守保密制度的情况进行检查，有关机关、单位应当配合。

（7）对提供、使用保密成果的单位进行监督检查

《中华人民共和国行政许可法》第六十一条规定，行政机关应当建立健全监督制度，通过核查反映被许可人从事行政许可事项活动情况的有关材料，履行监督责任。行政机关依法对被许可人从事行政许可事项的活动进行监督检查时，应当将监督检查的情况和处理结果予以记录，由监督检查人员签字后归档。公众有权查阅行政机关监督检查记录。

6.2.4 对测绘成果涉密人员的规定

（1）在涉密岗位工作的人员（简称"涉密人员"），按照涉密程度分为核心涉密人员、重要涉密人员和一般涉密人员，实行分类管理。有关机关、单位任用、聘用测绘成果涉密人员应当按照有关规定进行审查。

（2）涉密人员应当具有良好的政治素质和品行，具有胜任涉密岗位所要求的工作能力。涉密人员的合法权益受法律保护。

（3）涉密人员上岗前应当经过保密教育培训，掌握保密知识技能，签订保密承诺书，严格遵守保密规章制度，不得以任何方式泄露国家秘密。

（4）涉密人员出境应当经有关部门批准，有关机关认为涉密人员出境将对国家安全造成危害或者对国家利益造成重大损失的，不得批准出境。

（5）涉密人员离岗离职实行脱密期管理。核心涉密人员脱密期为 2~3 年，重要涉密人员脱密期为 1~2 年，一般涉密人员脱密期为 6 个月至 1 年。涉密人员在脱密期内，应当按照规定履行保密义务，不得违反规定就业，不得以任何方式泄露国家秘密。

6.3 测绘成果汇交

测绘成果是国家进行各项工程建设和经济社会发展的重要基础。为充分发挥测绘成果的作用，提高测绘成果的使用效益，降低政府行政管理成本，实现测绘成果的共建共享，国家实行测绘成果汇交制度。

6.3.1 测绘成果汇交的概念与原则

1）测绘成果汇交的概念

测绘成果汇交指将测绘成果向法定的公共服务和公共管理机构提交副本或者目录,由公共服务和公共管理机构编制测绘成果目录,并向社会发布信息,利用汇交的测绘成果副本更新公共产品和依法向社会提供利用的过程。

2）测绘成果汇交的原则

（1）依法汇交。测绘成果汇交作为一项法定义务,必须依法汇交。要按照测绘成果投资主体的不同依法汇交测绘成果目录或副本。

（2）无偿汇交。测绘成果汇交的目的是为了促进测绘成果资料的共建共享,提高测绘成果的使用效率,节约公共财政的资金投入。因此《测绘法》明确测绘成果目录或者副本实行无偿汇交。

（3）定期汇交。《测绘成果管理条例》第九条规定,测绘项目出资人或者承担国家投资的测绘项目的单位应当自测绘项目验收完成之日起 3 个月内,向测绘地理信息主管部门汇交测绘成果副本或者目录。

（4）不得向第三方提供。为了保证测绘成果的完整和安全,维护测绘成果所有权人的权益,未经测绘成果所有权人许可,任何单位或者个人不得向第三方提供,测绘项目出资人或者测绘单位汇交的测绘成果依法受法律保护,并依法享有测绘成果的所有权。

6.3.2 测绘成果汇交的内容

1）测绘成果汇交的主体

（1）测绘项目出资人。根据测绘法律、行政法规的规定,对没有使用国家投资的测绘项目,或者是由公民、法人或者其他组织自行出资的测绘项目,由测绘项目出资人按照规定向测绘项目所在地省、自治区、直辖市人民政府测绘地理信息主管部门汇交测绘成果目录,测绘成果汇交的主体为测绘项目出资人。

（2）承担测绘项目的测绘单位。基础测绘项目或者国家投资的其他测绘项目,测绘成果汇交的主体为承担测绘项目的单位,由测绘单位汇交测绘成果副本或者目录。中央财政投资完成的测绘项目,由承担测绘项目的单位向国务院测绘地理信息主管部门汇交测绘成果资料;地方财政投资完成的测绘项目,由承担测绘项目的单位向测绘项目所在地的省、自治区、直辖市人民政府测绘地理信息主管部门汇交测绘成果资料。

（3）中方部门或者单位。测绘成果管理条例对外国的组织或者个人与中华人民共和国有关部门或者单位合资、合作,经批准在中华人民共和国领域内从事测绘活动的,明确规定测绘成果归中方部门或者单位所有,并由中方部门或者单位向国务院测绘地理信息主管部门汇交测绘成果副本。

2）测绘成果目录汇交的内容

根据《测绘法》《测绘成果管理条例》和国家测绘地理信息局《关于汇交测绘成果目录和副本的实施办法》规定,测绘成果目录汇交的主要内容如下:

（1）按国家基准和技术标准施测的一、二、三、四等天文、三角、导线、长度、水准测量成果的目录。

(2)重力测量成果的目录。

(3)具有稳固地面标志的全球定位测量、多普勒定位测量、卫星激光测距等空间大地测量成果的目录。

(4)用于测制各种比例尺地形图和专业测绘的航空摄影底片的目录。

(5)我国自己拍摄的和收集国外的可用于测绘或修测地形图及其他专业测绘的卫星摄影底片和磁带的目录。

(6)面积在 $10km^2$ 以上的 1:500~1:2000 比例尺地形图和整幅的 1:5000~1:100 万比例尺地形图(包括影像地图)的目录。

(7)其他普通地图、地籍图、海图和专题地图的目录。

(8)上级有关部门主管的跨省区、跨流域、面积在 $50km^2$ 以上,以及其他重大国家项目的工程测量的数据和图件目录。

(9)县级以上地方人民政府主管的面积在省管限额以上(由各省、自治区、直辖市人民政府颁发的测绘地理信息行政管理规章确定)的工程测量的数据和图件目录。

3)测绘成果汇交副本的内容

(1)按国家基准和技术标准施测的一、二、三、四等天文、三角、导线、长度、水准测量成果的成果表、展点图(路线图)、技术总结和验收报告的副本。

(2)重力测量成果的成果表(含重力值归算、点位坐标和高程、重力异常值)、展点图、异常图、技术总结和验收报告的副本。

(3)具有稳固地面标志的全球定位测量、多普勒定位测量、卫星激光测距等空间大地测量的测量成果、布网图、技术总结和验收报告的副本。

(4)正式印制的地图,包括各种正式印刷的普通地图、政区地图、教学地图、交通旅游地图,以及全国性和省级的其他专题地图。

6.4 测绘成果保管

6.4.1 测绘成果保管的概念与特点

测绘成果保管指测绘成果保管单位(含使用测绘成果的单位)依照国家有关测绘、档案法律、行政法规的规定,采取科学的防护措施和手段,对测绘成果进行归档、保存和管理的活动。

由于测绘成果具有专业性、系统性、保密性等特点,同时,测绘成果又以纸质资料和数据资料形态共同存在,使测绘成果保管不同于一般的文档资料保管,具有其特殊性。

(1)测绘成果保管要采取安全保障措施

测绘成果是对不同时期的自然地理要素和地表人工设施的真实反映,不仅数量大,测绘成果的获取需要花费大量人力、物力和财力,测绘成果一经丢失、毁坏,必须得到实地进行重新测绘,并且测绘成果散失后容易造成失、泄密,从而危害国家安全和利益。因此,测绘成果保管单位必须建立健全测绘成果资料保管制度,采取安全保障措施,以保障测绘成果的完整和安全。测绘成果资料的存放设施与条件,要符合国家保密、消防及档案管理的有关规定和要求。

(2)基础测绘成果保管要采取异地存放制度

为保障国家基础测绘成果资料的安全,避免出现基础测绘成果资料由于意外情况造成毁坏、散失,测绘成果保管单位应当按照国家有关规定,对基础测绘成果资料实行异地备份存放制度。基础测绘成果异地备份存放的设施和条件,不能低于测绘成果保管单位的设施和条件。根据相关国家规范规定,基础测绘成果异地存放的异地距离,一般不得少于500km。

(3)测绘成果保管不得损毁、散失和转让

由于测绘成果的重要性和具有著作权特点,测绘成果保管单位应当按照规定保管测绘成果资料,不得损毁、散失,未经测绘成果所有权人许可,不得擅自转让测绘成果。由于大部分测绘成果属于国家秘密,国家秘密测绘成果损毁、散失,会给国家安全和利益造成危害。因此,测绘成果管理条例规定测绘成果保管单位应当采取措施保证测绘成果的完整和安全,不得损毁、散失和转让。

(4)建立测绘成果保管制度由国家法律规定

不论是测绘法律、行政法规,还是国家档案、保密法律法规,都明确规定要建立健全测绘成果保管制度,配备必要的设施,确保测绘成果资料的安全,测绘成果资料的存放设施与条件,要符合国家保密、消防及档案管理的有关规定。建立测绘成果保管制度由国家法律规定,这是测绘成果保管的重要特征。

6.4.2 测绘成果保管的法律规定

(1)《测绘法》第三十四条规定:县级以上人民政府测绘地理信息主管部门应当积极推进公众版测绘成果的加工和编制工作,通过提供公众版测绘成果、保密技术处理等方式,促进测绘成果的社会化应用。

测绘成果保管单位应当采取措施保障测绘成果的完整和安全,并按照国家有关规定向社会公开和提供利用。

测绘成果属于国家秘密的,适用保密法律、行政法规的规定;需要对外提供的,按照国务院和中央军事委员会规定的审批程序执行。

测绘成果的秘密范围和秘密等级,应当依照保密法律、行政法规的规定,按照保障国家秘密安全、促进地理信息共享和应用的原则确定并及时调整、公布。

(2)《中华人民共和国保守国家秘密法》第十七条规定:机关、单位对承载国家秘密的纸、光、电磁等介质载体(简称"国家秘密载体")以及属于国家秘密的设备、产品,应当做出国家秘密标志。不属于国家秘密的,不必做出国家秘密标志。

(3)《测绘成果管理条例》规定,测绘成果保管单位应当建立健全测绘成果资料的保管制度,配备必要的设施,确保测绘成果资料的安全,并对基础测绘成果资料实行异地备份存放制度。测绘成果资料的存放设施与条件,应当符合国家保密、消防及档案管理的有关规定和要求。测绘成果保管单位应当按照规定保管测绘成果资料,不得损毁、散失、转让。测绘项目的出资人或者承担测绘项目的单位,应采取必要的措施,确保其获取的测绘成果的安全。

(4)测绘成果保管单位有下列行为之一的,由测绘地理信息主管部门给予警告,责令改正;有违法所得的,没收违法所得;造成损失的,依法承担赔偿责任;对直接负责的主管人员和其他直接责任人员,依法给予处分:①未按照测绘成果资料的保管制度管理测绘成果资料,造成测绘成果资料损毁、散失的;②擅自转让汇交的测绘成果资料的;③未依法向测绘成果的使用人提供测绘成果资料的。

6.5 测绘地理信息档案管理

6.5.1 测绘地理信息档案概念与内容

1)测绘地理信息业务档案的概念

测绘地理信息业务档案(简称"测绘地理信息档案")指在从事测绘地理信息业务活动中形成的具有保存价值的文字、数据、图件、电子文件、声像等不同形式和载体的历史记录,是国家科技档案的重要组成部分。

为加强测绘地理信息业务档案管理工作,确保测绘地理信息业务档案真实、完整、安全和有效利用,国家测绘地理信息局、国家档案局发布了《测绘地理信息业务档案管理规定》,作为我国测绘地理信息业务档案管理工作的主要依据。

2)测绘地理信息档案主要内容

(1)航空、航天遥感影像获取档案。

(2)基础测绘项目档案。

(3)地理国情监测(普查)档案。

(4)应急测绘保障服务档案。

(5)测绘成果与地理信息应用档案。

(6)测绘科学技术研究项目档案。

(7)工程测量档案。

(8)海洋测绘与江河湖水下测量档案。

(9)界线测绘与不动产测绘档案。

(10)公开地图制作档案。

3)测绘地理信息档案管理的原则

根据《测绘地理信息业务档案管理规定》,测绘地理信息业务档案工作应当遵循统筹规划、分级管理、确保安全、促进利用的原则。

各级测绘地理信息主管部门应当加强测绘地理信息业务档案基础设施建设,推进测绘地理信息业务档案信息化和数字档案馆建设。涉及国家秘密的测绘地理信息业务档案的管理,应当遵守国家有关保密的法律法规规定。

4)测绘地理信息档案管理体制

国家测绘地理信息局负责全国测绘地理信息业务档案管理工作。县级以上地方人民政府测绘地理信息主管部门负责本行政区域内的测绘地理信息业务档案管理工作。国家和地方档案行政管理部门应当加强对测绘地理信息业务档案的监督和指导。

6.5.2 机构与职责

1）国家测绘地理信息局

(1) 贯彻执行国家档案工作的法律、法规和方针政策，统筹规划全国测绘地理信息业务档案工作。

(2) 制定国家测绘地理信息业务档案管理制度、标准和技术规范。

(3) 指导、监督、检查全国测绘地理信息业务档案工作。

(4) 组织国家重大测绘地理信息项目业务档案验收工作。

2）县级以上测绘地理信息主管部门

(1) 贯彻执行档案工作的法律、法规和方针政策，制定本行政区域的测绘地理信息业务档案工作管理制度。

(2) 指导、监督、检查本行政区域的测绘地理信息业务档案工作。

(3) 组织本行政区域内重大测绘地理信息项目业务档案验收工作。

3）档案保管机构

根据《测绘地理信息业务档案管理规定》，省级以上测绘地理信息主管部门及有条件的市、县测绘地理信息主管部门应当设立专门的测绘地理信息业务档案保管机构（以下简称"档案保管机构"），档案保管机构的主要职责包括：

(1) 接收、整理、集中保管测绘地理信息业务档案。

(2) 开发和提供利用馆藏测绘地理信息业务档案资源。

(3) 开展测绘地理信息业务档案信息化建设。

(4) 指导测绘地理信息业务档案的形成、积累、整理、立卷等档案业务工作。

(5) 督促建档单位按时移交测绘地理信息业务档案。

(6) 承担测绘地理信息业务档案验收工作。

(7) 负责测绘地理信息业务档案鉴定工作。

(8) 收集国内外有利用价值的测绘地理信息资料、文献等。

(9) 开展馆际交流活动。

4）测绘单位

根据《测绘地理信息业务档案管理规定》，测绘地理信息单位应当设立档案资料室，负责管理本单位的测绘地理信息业务档案。

6.5.3 建档与归档

《测绘地理信息业务档案管理规定》对测绘地理信息业务档案的建档与归档，作出了具体规定，主要包括以下内容：

(1) 测绘地理信息项目承担单位（简称"建档单位"）负责测绘地理信息业务文件资料归档材料的形成、积累、整理、立卷等建档工作。

(2) 测绘地理信息业务档案建档工作应当纳入测绘地理信息项目计划、经费预算、管理程序、质量控制、岗位责任。测绘地理信息项目实施过程中，应当同步提出建档工作要求，同步检查建档制度执行情况。

（3）测绘地理信息项目组织部门下达测绘地理信息项目计划时，应当以书面形式告知相应的档案保管机构，并在项目合同书、设计书等文件中，明确提出测绘地理信息业务档案的归档范围、份数、时间、质量等要求。

（4）建档单位应当按照《测绘地理信息业务档案保管期限表》，将归档材料收集齐全、整理立卷，确保测绘地理信息业务档案的完整、准确、系统和安全。不得篡改、伪造、损毁、丢失测绘地理信息业务档案。

（5）测绘地理信息归档业务文件材料应当原始真实、系统完整、清晰易读和标识规范，符合归档要求，档案载体能够长期保存。

（6）国家或地方重大测绘地理信息项目业务档案验收应当由相应的测绘地理信息主管部门组织实施，并出具验收意见。其他测绘地理信息项目业务档案的验收，由相应的档案保管机构负责，并出具验收意见。未获得档案验收合格意见的测绘地理信息项目不得通过项目验收。

（7）测绘地理信息项目组织部门在完成项目验收后，应当将项目验收意见抄送档案保管机构。建档单位应当在测绘地理信息项目验收完成之日起 2 个月内，向项目组织部门所属的档案保管机构移交测绘地理信息业务档案，办理归档手续。

6.5.4　保管与销毁

（1）档案保管机构应当将测绘地理信息业务档案进行分类、整理并编制目录，做到分类科学、整理规范、排架有序和目录完整。

（2）测绘地理信息业务档案保管期限分为永久和定期。具有重要查考利用保存价值的，应当永久保存；具有一般查考利用保存价值的，应当定期保存，期限为 10 年或 30 年，具体划分办法按照《测绘地理信息业务档案保管期限表》要求执行。

（3）档案保管机构应当具备档案安全保管条件，库房配备防火、防盗、防渍、防有害生物、温湿度控制、监控等保护设施设备，库房管理应当符合国家有关规定。

（4）档案保管机构应当建立健全测绘地理信息业务档案安全保管制度，定期对测绘地理信息业务档案保管状况进行检查，采取有效措施，确保档案安全。重要的测绘地理信息业务档案实行异地备份保管。

（5）档案保管机构应当对保管期满的测绘地理信息业务档案提出鉴定意见，并报同级测绘地理信息主管部门批准。对不再具有保存价值的档案应当登记、造册，经批准后按规定销毁。禁止擅自销毁测绘地理信息业务档案。

（6）因机构变动等原因，测绘地理信息业务档案保管关系发生变更的，原单位应当妥善保管测绘地理信息业务档案并向指定机构移交。

（7）鼓励单位和个人向档案保管机构移交、捐赠、寄存测绘地理信息业务档案，档案保管机构应当对其进行妥善保管。

6.5.5　服务利用与监督管理

（1）各级测绘地理信息主管部门和档案保管机构应当依法向社会开放测绘地理信息业

务档案,法律、法规另有规定的除外。单位和个人持合法证明,可以依法利用已经开放的测绘地理信息业务档案。

(2)档案保管机构应当定期公布馆藏开放的测绘地理信息业务档案目录,并为档案利用创造条件,简化手续,提供方便。测绘地理信息业务档案的阅览、复制、摘录等应当符合国家有关规定。

(3)各级测绘地理信息主管部门和档案保管机构应当采取档案编研、在线服务、交换共享等多种方式,加强对档案信息资源的开发利用,提高档案利用价值,扩大利用领域。

(4)向档案保管机构移交、捐赠、寄存测绘地理信息业务档案的单位和个人,对其档案具有优先利用权,并可对其不宜向社会开放的档案提出限制利用意见,维护其合法权益。

(5)各级测绘地理信息主管部门应当加强对测绘地理信息业务档案工作的领导,明确分管负责人、工作机构和人员,建立健全档案管理规章制度,保障档案工作所需经费,配备适应档案现代化管理需要的设施设备。

(6)各级测绘地理信息主管部门应当依法履行管理职责,加强对测绘地理信息业务档案工作的监督检查,对违法违规行为责令整改。对于违反国家档案管理规定,造成测绘地理信息业务档案失真、损毁、丢失的,依法追究相关人员的责任;构成犯罪的依法移送司法机关处理。

6.6 测绘成果质量管理

测绘成果质量指测绘成果满足国家规定的测绘技术规范和标准,以及满足用户期望目标值的程度。测绘成果广泛应用于各项工程建设、国防建设以及经济社会发展的方方面面,与国家利益、社会公共利益和人民群众的自身利益密切相关。因此,测绘成果质量监督管理是测绘成果管理的重要组成部分。

6.6.1 测绘单位质量管理的权利与义务

(1)测绘单位应当经常进行质量教育,开展群众性的质量管理活动,不断增强干部职工的质量意识,有计划、分层次地组织岗位技术培训,逐步实行持证上岗。

(2)测绘单位应当健全质量管理的规章制度。甲级、乙级测绘单位应当设立质量管理或质量检查机构;丙级、丁级测绘单位应当设立专(兼)职质量管理或质量检查人员。

(3)测绘单位应当对其完成的测绘成果质量负责,并承担相应的质量责任。测绘成果质量不合格,给用户造成损失的,要依法承担赔偿责任。

(4)测绘单位应当执行国家规定的测绘技术规范和标准,按照国家规定定期对使用的测绘仪器设备进行检定和测试,保证测绘仪器设备的完好。

(5)测绘成果必须经过检查验收,验收合格的,方能对外提供利用。

(6)测绘单位必须接受测绘地理信息主管部门的质量监督管理,测绘单位在接受测绘地理信息主管部门监督检查时,应当主动无偿提供测绘产品样品。

(7)测绘单位应当按照国家的《质量管理和质量认证》标准,建立和完善测绘质量体系,并可以向国务院质量技术监督部门授权的认证机构申请质量体系认证。甲级测绘单位应当通过 ISO 9000 系列质量保证体系认证;乙级测绘单位应当通过 ISO 9000 系列质量保证体系认证或者通过省级以上测绘地理信息主管部门考核;丙级测绘单位应当通过 ISO 9000 系列质量保证体系认证或者通过设区的市(州)级以上测绘地理信息主管部门考核;丁级测绘单位应当通过县级以上测绘地理信息主管部门考核。

(8)测绘单位必须建立以质量为中心的技术经济责任制,明确各部门、各岗位的职责及相互关系,规定考核办法,以作业质量、工作质量确保测绘成果质量。测绘单位发生测绘成果质量纠纷或者争议时,有权申请相应的主管部门进行仲裁。

(9)测绘单位可以申报由测绘地理信息主管部门组织实施的测绘成果质量及测绘成果质量管理的奖励。

6.6.2 测绘成果质量管理相关规定

(1)《测绘法》第二十七条规定,国家对从事测绘活动的单位实行测绘资质管理制度。从事测绘活动的单位应当具备下列条件,并依法取得相应等级的测绘资质证书,方可从事测绘活动:有健全的技术和质量保证体系、安全保障措施、信息安全保密管理制度以及测绘成果和资料档案管理制度。

(2)《测绘法》第三十九条规定,测绘单位应当对完成的测绘成果质量负责。县级以上人民政府测绘地理信息主管部门应当加强对测绘成果质量的监督管理。

(3)《基础测绘条例》第二十四条规定,县级以上人民政府测绘地理信息主管部门应当采取措施,加强对基础地理信息测制、加工、处理、提供的监督管理,确保基础测绘成果质量。基础测绘项目承担单位应当建立健全基础测绘成果质量管理制度,严格执行国家规定的测绘技术规范和标准,对其完成的基础测绘成果质量负责。

(4)国家测绘地理信息局《测绘质量监督管理办法》规定,县级以上人民政府测绘主管部门和技术监督部门负责本行政区域测绘质量的管理和监督工作。测制、提供测绘产品必须遵守国家有关的法律、法规,遵循质量第一、服务用户的原则,保证提供合格的测绘产品。

(5)国家测绘地理信息局《关于加强测绘质量管理的若干意见》规定,在对全国测绘质量实行统一监管的总体要求下,国家测绘地理信息局重点加强对影响面广、社会反响强烈的重大测绘项目和重大建设工程测绘项目质量的监督检查;地方测绘地理信息主管部门负责对本行政区域内测绘单位和测绘项目质量工作的日常监督管理。基础测绘项目的质量,由组织实施该项目的测绘地理信息主管部门监督管理;非基础测绘项目的质量,由项目实施地的测绘地理信息主管部门监督管理。

测绘项目出资人要依法择优选择项目承担单位,并自觉接受测绘地理信息主管部门的监督;设计单位要按国家有关法律法规和技术标准进行项目设计,确保设计质量,应无条件帮助解决因设计造成的质量问题,并承担设计质量责任;施测单位必须严格按照合同、有关标准、项目设计书施测,确保所使用的仪器、设备、软件等符合国家有关规定;负责质量检验或验收的单位及专家,要严格依据国家有关规定、标准和设计书的要求,对项目进行检验或验收,并对作出的结论负责。

贯彻实施测绘部门"二级检查、一级验收"等质量控制制度。国家测绘地理信息局将重点开展重大测绘工程成果质量的监督检查。地方测绘地理信息主管部门要积极支持和配合全国性检查活动,同时要建立质量管理的长效机制,制定详细的分级分类检查目录和计划,扩大监督检查的覆盖面,缩短覆盖周期。甲、乙级测绘单位至少每2～3年检查一次,丙、丁级测绘单位至少每4～5年检查一次。测绘仪器、设备检校情况应作为监督检查的重要内容。

加快建立健全包括质量信用在内的测绘信用档案公示制度,根据测绘单位的质量信用情况进行分类监管,及时将质量信誉良好的单位和不好的单位分类向社会公布。在招标投标活动中,要加大对低质压价等恶性竞争行为的打击力度,努力营造全行业重质量、讲信誉的良好氛围和市场环境。

(6)国家测绘地理信息局发布的《测绘生产质量管理规定》,对测绘质量责任制、生产过程质量管理等均作出了明确规定。

6.6.3 测绘成果质量责任与检查验收

测绘单位是测绘成果生产的主体,必须自觉遵守国家有关质量管理的法律、法规和规章,对完成的测绘成果质量负责。

1)测绘单位质量责任

(1)测绘单位的法定代表人确定本单位的质量方针和质量目标,签发质量手册,建立本单位的质量体系并保证有效运行,对本单位提供的测绘成果承担质量责任。

(2)测绘单位的行政领导及总工程师(质量主管负责人)按照职责分工负责质量方针、质量目标的贯彻实施,签发有关的质量文件及作业指导书,处理生产过程中的重大技术问题和质量争议;审议技术总结,对本单位成果的技术设计质量负责。

(3)测绘单位的质量管理机构及质量检查人员在规定的职权范围内,负责质量管理的日常工作。编制年度质量计划,贯彻技术标准和质量文件,对作业过程进行现场监督和检查,处理质量问题,组织实施内部质量审核工作。各级检查人员对其所检查的成果质量负责。

(4)测绘生产人员必须严格执行操作规程,按照技术设计进行作业,并对作业质量负责。其他岗位的工作人员,应当严格执行有关的规章制度,保证本岗位的工作质量。因工作质量问题影响成果质量的,承担相应的质量责任。

(5)测绘单位按照测绘项目的实际情况实行项目质量负责人制度。项目质量负责人对该测绘项目的产品质量负直接责任。

2)测绘成果检查验收

(1)测绘单位对测绘成果质量实行过程检查和最终检查。

(2)测绘成果过程检查由测绘单位的中队(室、车间)检查人员承担。

(3)测绘成果最终检查由测绘单位的质量管理机构负责实施。

(4)验收工作由测绘项目的委托单位组织实施,或由该单位委托具有检验资格的检验机构验收,验收工作应在测绘成果最终检查合格后进行。

(5)检查、验收人员与被检查单位在质量问题处理上有分歧时,属检查过程中的,由测绘单位的总工程师裁定;属验收过程中的,由测绘单位上级质量管理机构裁定。委托验收中产生的分歧,应当报各省、自治区、直辖市测绘地理信息主管部门的质量管理机构裁定。

6.6.4 测绘成果质量监督管理措施

1）加强测绘标准化管理

(1) 通过制定国家标准和行业标准,加强质量、标准及计量基础工作,确保成果质量。

(2) 严格测绘计量检定人员资格审批,做到持证上岗,保证量值的准确溯源和传递。

(3) 引导测绘单位贯彻执行国家规定的测绘技术规范和标准,并加大监督检查力度。

2）开展测绘成果质量监督检查

通过定期开展测绘成果质量监督检查,及时发现问题,督促测绘单位进行整改。检查内容包括:质量保证体系运行情况和质量管理制度建立情况、执行测绘技术标准的情况、测绘成果质量状况、仪器设备的检定情况等。测绘成果质量监督检查的结果,要纳入测绘单位信用档案,并向社会公布。

3）加强对测绘仪器设备计量检定情况的监督检查

根据《测绘计量管理暂行办法》相关规定,未按规定申请检定或检定不合格的仪器,不准使用。《测绘计量管理暂行办法》在测绘计量器具目录中,明确规定了 J2 级以上经纬仪、S3 级以上水准仪、GPS 接收机、精度优于 $5\ mm + 5ppm$ 的测距仪、全站仪、伽级重力仪以及尺类等仪器设备的检定周期为 1 年,其他精度的仪器设备一般为 2 年。因此,测绘地理信息主管部门要通过组织实施对测绘项目的检查验收,监督检查测绘单位的测绘仪器设备定期检定情况,确保测绘仪器设备稳定、安全、可靠。

4）引导测绘单位建立健全质量管理制度

《测绘法》将建立健全完善的测绘技术、质量保证体系作为测绘资质申请的一个基本条件,充分说明了建立健全测绘技术、质量保证体系对保证测绘成果质量的重要性。因此,各级测绘地理信息主管部门要通过加强测绘资质审查和质量监督,引导测绘单位建立健全测绘成果质量管理制度,加强测绘成果质量宣传教育,确保测绘成果质量。

5）依法查处不合格的测绘成果

通过查处测绘成果质量违法案件,充分发挥查办案件的治本功能,进一步提高测绘单位的质量意识和质量责任,从而有效地保障测绘成果质量。测绘成果质量不合格的,要依法责令测绘单位补测或者重测;情节严重的,责令停业整顿,降低资质等级直至吊销测绘资质证书,给用户造成损失的,依法承担赔偿责任。

6.7 测绘成果提供利用

测绘成果提供利用指测绘成果生产单位或者测绘成果保管单位根据合同约定或者测绘成果使用者的申请,依照国家有关规定提供利用测绘成果的活动。大多数测绘成果都涉及国家秘密,测绘成果提供利用必须严格遵守国家测绘、保密等有关法律、行政法规的规定。

6.7.1 测绘成果提供利用规定

(1) 县级以上人民政府测绘地理信息主管部门应当积极推进公众版测绘成果的加工和编制工作,并鼓励公众版测绘成果的开发利用,促进测绘成果的社会化应用。

(2)使用财政资金的测绘项目和使用财政资金的建设工程测绘项目,有关部门在批准立项前应当书面征求本级人民政府测绘地理信息主管部门的意见。测绘地理信息主管部门应当自收到征求意见材料之日起10日内,向征求意见的部门反馈意见。有适宜测绘成果的,应当充分利用已有的测绘成果,避免重复测绘。

(3)国家保密工作部门、国务院测绘地理信息主管部门应当商军队测绘部门,依照有关保密法律、行政法规的规定,确定测绘成果的秘密范围和秘密等级。

(4)利用涉及国家秘密的测绘成果开发生产的产品,未经国务院测绘地理信息主管部门或者省、自治区、直辖市人民政府测绘地理信息主管部门进行保密技术处理的,其秘密等级不得低于所用测绘成果的秘密等级。

(5)对外提供属于国家秘密的测绘成果,应当按照国务院和中央军事委员会规定的审批程序,报国务院测绘地理信息主管部门或者省、自治区、直辖市人民政府测绘地理信息主管部门审批;测绘地理信息主管部门在审批前,应当征求军队有关部门的意见。

(6)基础测绘成果和财政投资完成的其他测绘成果,用于国家机关决策和社会公益性事业的,应当无偿提供。除前款规定外,测绘成果依法实行有偿使用制度。各级人民政府及其有关部门和军队因防灾、减灾、国防建设等公共利益的需要,可以无偿使用测绘成果。依法有偿使用测绘成果的,使用人与测绘项目出资人应当签订书面协议,明确双方的权利和义务。

(7)测绘成果涉及著作权保护和管理的,依照有关法律、行政法规的规定执行。

(8)建立以地理信息数据为基础的信息系统,应利用符合国家标准的基础地理信息数据。

6.7.2 对外提供属于国家秘密的测绘成果审批

对外提供属于国家秘密的测绘成果,指向境外、国外以及其与国内有关单位合作的法人或者其他组织提供的属于国家秘密的测绘成果。根据《测绘成果管理条例》,对外提供属于国家秘密的测绘成果的,要严格按照国务院和中央军事委员会规定的审批程序,报国务院测绘地理信息主管部门或者省、自治区、直辖市人民政府测绘地理信息主管部门审批。

1)申请资料

根据《对外提供我国涉密测绘成果审批程序规定》,对外提供属于国家秘密的测绘成果,成果资料的范围跨省、自治区、直辖市区域的,向国家测绘地理信息局提出申请;其他情形向成果内容表现地的省级测绘地理信息主管部门提出申请,并应当提交下列材料:

(1)《对外提供我国涉密测绘成果申请表》。

(2)企业法人营业执照或者事业单位法人证书(申请人为政府部门的除外)。

(3)外方身份证明材料。

(4)国家批准合作项目批文。

(5)申请人与外方签订的合同或协议。

(6)拟提供成果的说明性材料,包括成果种类、范围、数量及精度等。

(7)拟提供成果为申请人既有的,应当提交该成果一套及成果所有部门或单位同意申请人使用的证明文件。

(8)拟提供成果非申请人既有、需国家测绘地理信息局提供的,申请人应当提交本单位具有的保密管理制度、成果保管条件、管理机构和人员的证明材料。

(9)其他应当提供的材料。

2)不予批准的情况

(1)对外提供的测绘成果资料妨碍国家安全的。

(2)非涉密的测绘成果资料能够满足需要的。

(3)申请材料内容虚假的。

(4)审批机关依法不予批准的其他情形。

6.7.3 遥感影像公开使用

遥感影像是十分重要的测绘成果,包括卫星遥感影像和航空遥感影像,以及采用测绘遥感技术方法加工处理形成的遥感影像图。遥感影像在国土资源监测、地理国情普查、应急处突和国家基本比例尺地形图更新等工作中,发挥着日益重要的作用。为维护国家安全利益,加强对遥感影像公开使用的管理,促进遥感影像资源有序开发利用,国家测绘地理信息局发布了《遥感影像公开使用管理规定(试行)》。

1)遥感影像公开使用管理

(1)根据《遥感影像公开使用管理规定(试行)》,国家测绘地理信息局负责监督管理全国遥感影像公开使用工作,县级以上测绘地理信息主管部门负责监督管理辖区内遥感影像公开使用工作。

(2)从事提供或销售分辨率高于10m的卫星遥感影像活动的机构,应当建立客户登记制度,包括客户名称与性质、提供的影像覆盖范围和分辨率、用途、联系方式等内容。每半年一次向所在地省级以上测绘地理信息主管部门报送备案。

(3)为应对重大突发事件应急抢险救灾急需,各级人民政府及其有关部门和军队,可以无偿使用遥感影像,各遥感影像保管单位、销售与提供机构应当无偿提供相关数据和资料。

2)遥感影像公开使用规定

(1)公开使用的遥感影像空间位置精度不得高于50m;影像地面分辨率(简称"分辨率")不得优于0.5m;不标注涉密信息、不处理建筑物、构筑物等固定设施。

(2)在公开使用的遥感影像上标注地名、地址或者其他属性信息,应当符合下列要求:①符合《基础地理信息公开表示内容的规定(试行)》;②符合《公开地图内容表示若干规定》;③符合《公开地图内容表示补充规定(试行)》;④符合国家其他法规制度要求,不得标注、显示禁止公开的信息。

(3)属于国家秘密且确需公开使用的遥感影像,公开使用前应当依法送省级以上测绘地理信息主管部门会同有关部门组织审查并进行保密技术处理。分辨率优于0.5m的遥感影像,公开使用前应当报送国家测绘地理信息局组织审查并进行保密技术处理。

(4)向社会公开出版、传播、登载和展示遥感影像的,还应当报送省级以上测绘地理信息主管部门进行地图审核,并取得审图号。

(5)从事遥感影像采集、加工处理、地名地物属性标注等活动,应当按规定取得相应的测绘资质。

6.8　重要地理信息数据审核与公布

为加强重要地理信息数据审核、公布工作的管理,确保对外公布的重要地理信息数据的权威性和准确性,国土资源部下发了《重要地理信息数据审核公布管理规定》,对重要地理信息数据审核与公布进行了规定。

6.8.1　重要地理信息数据的概念和特征

1) 重要地理信息数据的概念

重要地理信息数据指在中华人民共和国领域和管辖的其他海域内的重要自然和人文地理实体的位置、高程、深度、面积、长度等位置信息数据和重要属性信息数据。重要地理信息数据主要包括以下内容:

(1) 涉及国家主权、政治主张的地理信息数据。

(2) 国界、国家面积、国家海岸线长度,国家版图重要特征点、地势、地貌分区位置等地理信息数据。

(3) 冠以"全国""中国""中华"等字样的地理信息数据。

(4) 经相邻省级人民政府联合勘定并经国务院批复的省级界线长度及行政区域面积,沿海省、自治区、直辖市海岸线长度。

(5) 需要由国务院测绘地理信息主管部门审核的其他重要地理信息数据。

2) 重要地理信息数据的特征

(1) 权威性

重要地理信息数据的获取是依据科学的观测方法和手段,由国务院测绘地理信息行政主管部门审核,并要与国务院其他有关部门、军队测绘部门会商后,报国务院批准,由国务院或者国务院授权的部门以公告形式公布,并在全国范围内发行的报纸或者互联网上刊登,体现出了重要地理信息数据的权威性。

(2) 准确性

重要地理信息数据涉及重要自然和人文地理实体的位置、高程、深度、面积、长度等位置信息数据和重要属性信息数据,这些数据是依据科学的技术方法和手段获取的,建议人提出建议后,国务院测绘地理信息主管部门要对数据的科学性、完整性、可靠性等进行严格审核,因而,重要地理信息数据具有严格的准确性。

(3) 法定性

重要地理信息数据审核公布制度由国家法律规定,重要地理信息数据的审核、批准、公布的主体和程序都必须严格按照《测绘法》和《中华人民共和国行政许可法》以及《重要地理信息数据审核公布管理规定》执行,任何单位和个人不得擅自审核公布。

6.8.2　重要地理信息数据审核

根据《测绘法》,重要地理信息数据由国务院测绘地理信息主管部门审核。但由于重要地理信息数据的权威性、科学性等特点,国务院测绘地理信息主管部门还必须与国务院有关部门进行会商。如有关国界线的重要地理信息数据必须与外交部会商,有关行政区域界线的长度等重要地理信息数据,应当与国务院民政部门进行会商。但是申请审核公布重要地理信息数据,必须依法向国务院测绘地理信息主管部门提出申请。

1) 建议人提交资料

国务院测绘地理信息主管部门负责受理单位和个人(建议人)提出的审核公布重要地理信息数据的建议。建议人也可以直接向省、自治区、直辖市测绘地理信息主管部门提出建议。建议人建议审核公布重要地理信息数据,应当提交以下资料:

(1) 建议人的基本情况。

(2) 重要地理信息数据的详细数据成果资料,科学性及公布的必要性说明。

(3) 重要地理信息数据获取的技术方案及对数据验收评估的有关资料。

(4) 国务院测绘地理信息主管部门规定的其他资料。

2) 重要地理信息数据审核内容

(1) 重要地理信息数据公布的必要性。

(2) 提交的有关资料的真实性和完整性。

(3) 重要地理信息数据的可靠性和科学性。

(4) 重要地理信息数据是否符合国家利益,是否影响国家安全。

(5) 与相关历史数据、已公布数据的对比。

国务院测绘地理信息主管部门会同国务院有关部门、军队测绘部门,对需要审核的重要地理信息数据公布的必要性、公布部门等内容进行会商后,向国务院上报公布建议。

6.8.3 重要地理信息数据公布

经国务院测绘地理信息主管部门商国务院其他有关部门对重要地理信息数据进行审核并报国务院后,由国务院批准,并由国务院或者国务院授权的部门公布。

1) 公布的方式

重要地理信息数据经国务院批准并明确授权公布的部门后,要以公告形式公布,并在全国范围内发行的报纸或者互联网上刊登。

2) 重要地理信息数据公布应注意的事项

(1) 重要地理信息数据公布时,应当注明审核、公布的部门。

(2) 依法公布重要地理信息数据的国务院有关部门,应当在公布时,将公布公告抄送国务院测绘地理信息主管部门。国务院测绘地理信息主管部门收到公布公告后,应当按照规定期限书面通知建议人。

(3) 国务院有关部门、有关单位或者个人擅自发布已经国务院批准并授权国务院有关部门公布的重要地理信息数据的,擅自发布未经国务院批准的重要地理信息数据的,要依法承担相应的法律责任。

3) 重要地理信息数据的使用

中华人民共和国领域和管辖的其他海域的位置、高程、深度、面积、长度等重要地理信息数据,关系到国家政治、经济和国际地位以及社会稳定,涉及国家主权和领土完整以及民族尊严。因此,《重要地理信息数据审核公布管理规定》明确,在行政管理、新闻传播、对外交流等对社会公众有影响的活动、公开出版的教材以及需要使用重要地理信息数据的,应当使用依法公布的数据。

6.8.4 法律责任

《重要地理信息数据审核公布管理规定》对有关违法行为设定了明确的法律责任。

(1)有关部门具有下列行为之一的,由国务院测绘地理信息主管部门依法给予警告,责令改正,可以并处罚款,构成犯罪的,依法追究刑事责任;尚不够刑事处罚的,对负有直接责任的主管人员和其他直接责任人员,依法给予行政处分:①擅自发布已经国务院批准并授权国务院有关部门公布的重要地理信息数据的;②擅自发布未经国务院批准的重要地理信息数据的。

(2)有关单位和个人具有下列行为之一的,由省级测绘地理信息主管部门依法给予警告,责令改正,可以并处罚款;构成犯罪的,依法追究刑事责任;尚不够刑事处罚的,对负有直接责任的主管人员和其他直接责任人员,依法给予行政处分:①擅自发布已经国务院批准并授权国务院有关部门公布的重要地理信息数据的;②擅自发布未经国务院批准的重要地理信息数据的。

6.9 测绘成果产权保护

知识产权指公民、法人或者其他组织对其在科学技术和文学艺术等领域内,主要基于脑力劳动创造完成的智力成果所依法享有的专有权利。按权利内容划分,知识产权包括人身权利和财产权利。按照智力活动成果的不同划分,知识产权可以分为著作权、商标权、专利权、发明权、发现权等。

测绘成果指通过对自然地理要素或者地表人工设施的形状、大小、空间位置及其属性等进行测绘形成的数据、信息、图件以及相关的技术资料。测绘成果是信息基础设施的重要组成部分,凝聚了测绘科技工作者的智慧和心血,广泛应用于国民经济建设、国防建设和社会发展各个领域,具有自然资源属性、商品属性和财产属性,测绘成果具有知识产权。《中华人民共和国著作权法》将地图及示意图等图形作品纳入著作权保护的范畴;测绘成果管理条例明确测绘成果涉及著作权保护和管理的,依照有关法律、行政法规的规定执行。国家从法律上确立了测绘成果的知识产权保护制度。

6.9.1 测绘成果知识产权的基本概念

测绘成果知识产权(简称"测绘成果产权"),指测绘成果所有人依法对测绘成果享有占有、使用、收益和处分的权利。测绘成果产权包括测绘成果的人身权和财产权,这里所说的测绘成果的人身权,主要是测绘成果的人身精神权利,包括对测绘成果的发布权、署名权、修改权和保护数据完整权;测绘成果产权的财产权包括对测绘成果的所有权、持有权、经营权、转让权、许可使用权、质押权及其收益权。

(1)测绘成果的人身权

测绘成果的人身权指测绘成果的人身精神权利,且是一种永久存在的权利。测绘成果的人身权包括对测绘成果的发布权、署名权、修改权和保护数据的完整权。

(2)测绘成果所有权

测绘成果所有权是指所有人依法对自己所有的测绘成果享有占有、使用、收益和处分的权利。测绘成果所有权是测绘成果产权中最基本的一种权利。

(3)测绘成果产权的持有权

测绘成果产权的持有权指持有权人依法对自己持有的测绘成果享有实际的支配权和收益权,原始持有人还享有人身权。持有权与所有权的区别,在于持有权中可能有部分支配权和收益权受到一定程度的限制。

(4)测绘成果产权的经营权

测绘成果产权的经营权指产权人以营利为目的而享有对测绘成果进行各种商业活动的权利。《民法通则》第八十一条和第八十二条授予了公民、单位、法人经营管理的财产依法享有经营权。

(5)测绘成果产权的转让权

测绘成果产权的转让权指所有权人或持有权人通过合同方式,把自己所有的或持有的测绘成果所有权或持有权进行转移的权利。转让的内容包括出售、交换、赠与和继承。

(6)测绘成果产权的许可使用权

测绘成果产权的许可使用权指所有权人或持有权人通过合同方式,许可他人在一定条件下使用所有权人或持有权人提供的测绘成果的权利。这里所说的一定条件指按照合同的约定使用。同测绘成果产权的转让权相比,许可使用权转移的只是使用权,被许可使用人不得再许可第三人使用。

(7)测绘成果产权的质押权

测绘成果产权的质押权指所有权人或持有权人为筹集资金,通过合同方式把自己的或者第三人的测绘成果所有权或持有权,用来向债权人作为履行债务担保的权利。

6.9.2 测绘成果产权保护

长期以来,为保护测绘成果产权,维护所有权人的合法权益,国家不论从立法角度,还是在实际监督管理工作中,都进行了积极的探索和研究,并通过立法的方式实施产权保护。目前,我国测绘成果的产权保护主要体现在以下方面。

(1)在成果的显著位置标明版权所有者

国家测绘地理信息局在《基础测绘成果提供使用管理暂行办法》中规定,被许可使用人应当在使用基础测绘成果所形成成果的显著位置注明基础测绘成果版权的所有者,以此保护基础测绘成果的知识产权。

(2)在使用协议上明确产权归属

《测绘成果管理条例》第十九条第三款规定,依法有偿使用测绘成果的,使用人与测绘项目出资人应当签订书面协议,明确双方的权利和义务;测绘成果涉及著作权保护和管理的,依照有关法律、行政法规的规定执行。

习 题

一、单项选择题

1. 汇交测绘成果目录和副本的方式是（   ）。
   A. 无偿汇交   B. 按政府指导价汇交
   C. 按成本价汇交   D. 按工本费汇交

2. 利用涉及国家秘密的测绘成果开发生产的产品，未经国务院测绘地理信息主管部门或者省、自治区、直辖市人民政府测绘地理信息主管部门（   ）的，其秘密等级不得低于所用测绘成果的秘密等级。
   A. 批准   B. 进行论证
   C. 进行保密技术处理   D. 进行评审

3. 根据《测绘管理工作国家秘密范围的规定》，下列测绘成果中，属于机密级成果的是（   ）。
   A. 涉及军事禁区的大于或等于1∶1万国家基本比例尺地形图
   B. 重力加密点成果
   C. 1∶50万、1∶25万、1∶1万国家基本比例尺地形图
   D. 1∶1万、1∶5万全国高精度数字高程模型

4. 《测绘质量监督管理办法》规定，测绘产品质量监督检查的主要方式为（   ）。
   A. 对首件产品检验   B. 抽样检验
   C. 全部产品检验   D. 对末件产品检验

5. 测绘单位拒绝接受行政主管部门组织的测绘产品的监督检查的，其产品按（   ）处理。
   A. 批不合格   B. 不合格
   C. 批次不合格   D. 合格

6. 下列地理信息数据中，不需要国务院测绘地理信息主管部门审核就能向社会公布的是（   ）。
   A. 涉及国家主权的地理信息数据   B. 国界线长度
   C. 国家海岸线长度   D. 沿海省的滩涂面积

7. 国务院批准公布的重要地理信息数据，由（   ）公布。
   A. 提出审核重要地理信息数据的建议人
   B. 省级测绘地理信息主管部门
   C. 国务院或者国务院授权的部门
   D. 重要地理信息数据所在地省级人民政府或其授权的部门

8. 根据《测绘生产质量管理规定》，下列职责中，属于测绘单位质量主管负责人职责的是（   ）。
   A. 建立本单位的质量保证体系并保证其有效运行

B. 编制年度质量计划,贯彻技术标准及质量文件
C. 组织实施内部质量审核工作
D. 处理生产过程中的重大技术问题和质量争议

9. 关于测绘成果质量不合格给用户造成损失,测绘成果完成单位责任承担的说法,正确的是( )。
   A. 不承担赔偿责任　　　　　　　　B. 承担一部分损失的赔偿责任
   C. 承担主要赔偿责任　　　　　　　D. 依法承担赔偿责任

10. 重要地理信息数据获批准公布,应当以( )形式公布。
    A. 法规　　　　B. 公告　　　　C. 新闻　　　　D. 通知

11. 下列关于涉密信息系统的保密制度的说法中,错误的是( )。
    A. 按照涉密程度实行分级保护
    B. 按照国家保密标准配备保密设施、设备
    C. 保密设施、设备应当在系统建设完成后及时配备
    D. 按照规定,经检查合格后,方可投入使用

12. 测绘成果的秘密范围和秘密等级,由( )确定。
    A. 国务院测绘地理信息主管部门商军队测绘部门
    B. 国务院测绘地理信息主管部门商国家保密行政管理部门
    C. 国家保密行政管理部门商国务院测绘地理信息主管部门
    D. 国家保密行政管理部门、国务院测绘地理信息主管部门商军队测绘部门

13. 下列地理信息数据中,需要由国务院测绘地理信息主管部门审核并报国务院批准才能公布的是( )。
    A. 某省的森林面积　　　　　　　　B. 县级行政区域界线长度
    C. 某市自然保护区的位置　　　　　D. 沿海省海岸线长度

14. 下列关于测绘生产作业过程中的质量管理的说法中,错误的是( )。
    A. 生产作业中的工序产品必须达到规定的质量要求,经作业人员自查、互检,如实填写质量记录,达到合格标准后,方可转入下工序
    B. 测绘单位应当在关键工序、重点工序设置必要的检验点,实施现场检查,现场检验点的设置,由测绘单位自行确定
    C. 对检查发现的不合格品,应及时进行跟踪处理,作出质量记录,采取纠正措施
    D. 经成果质量过程检查的测绘产品,可不进行单位成果质量和批成果质量等级评定,直接交付用户

15. 根据《测绘成果管理条例》,下列测绘成果中不属于基础测绘成果的是( )。
    A. 工程测量数据和图件　　　　　　B. 1∶500比例尺地形图
    C. 基础航空摄影所获取的影像资料　D. 基础地理信息系统的数据、信息

16. 下列关于被许可使用人使用涉密基础测绘成果的说法中,错误的是( )。
    A. 被许可使用人必须根据涉密基础测绘成果的密级按国家有关测绘、保密法律法规的要求使用
    B. 所领取的涉密基础测绘成果仅限于被许可使用人本单位及其上级部门使用

C. 被许可使用人应当在使用涉密基础测绘成果所形成的成果的显著位置注明基础测绘成果版权的所有者

D. 被许可使用人主体资格发生变化时,应向原受理审批的测绘地理信息主管部门重新提出使用申请

17. 根据《测绘成果管理条例》,在行政管理、新闻传播、对外交流、教学等对社会公众有影响的活动中,需要使用重要地理信息数据的,应当使用(　　)的重要地理信息数据。
   A. 符合国家标准　　　　　　　　B. 依法公布
   C. 经解密公开　　　　　　　　　D. 经过批准

18. 根据《测绘科学技术档案管理规定》,下列不属于测绘科技档案范畴的是(　　)。
   A. 测绘生产技术档案　　　　　　B. 测绘科学研究档案
   C. 测绘生产项目费用支出档案　　D. 测绘基建档案

19. 下列涉及国家秘密的基础测绘成果数据传递方法中,错误的是(　　)。
   A. 机要邮寄　　　　　　　　　　B. 专网传输
   C. 特快专递　　　　　　　　　　D. 专人送达

20. 根据《测绘生产质量管理规定》,下列不属于测绘作业过程中质量控制措施的是(　　)。
   A. 首件产品质量检验
   B. 测绘单位进行二级质量检查
   C. 测绘地理信息主管部门进行质量监督抽检
   D. 项目管理单位委托第三方进行过程质量控制

21. 下列关于测绘成果汇交与保管的说法中,错误的是(　　)。
   A. 外国的组织或者个人与中华人民共和国有关部门或者单位合资、合作从事测绘活动,由中方部门或者单位向国务院测绘地理信息主管部门汇交测绘成果
   B. 测绘单位或者测绘项目出资人汇交测绘成果的范围,由国务院测绘地理信息主管部门制定并公布
   C. 测绘成果保管单位应当采取必要的措施,确保测绘成果资料的安全
   D. 测绘成果资料的存放设施与条件,应当符合国家保密、消防及档案管理的有关规定和要求

22. 根据《测绘成果管理条例》,利用涉密测绘成果开发生产的产品,未依法进行保密技术处理的,其秘密等级确定原则是(　　)。
   A. 按所用的测绘成果密级定密　　B. 不得低于所用测绘成果的秘密等级
   C. 按最高密级定密　　　　　　　D. 由测绘地理信息主管部门依法确定

23. 根据《中华人民共和国保守国家秘密法》,确定测绘活动中生产的涉密测绘成果或其衍生产品的密级、保密期限知悉范围的部门或单位是(　　)。
   A. 生产涉密成果的部门或单位
   B. 测绘单位所在地的市级测绘地理信息主管部门
   C. 为测绘单位颁发资质证书的测绘地理信息主管部门
   D. 测绘单位所在地的省级保密行政管理部门

24. 根据《关于加强涉密地理信息数据应用安全监管的通知》,使用涉密地理信息数据的建设项目可以委托( )承担。

　　A. 外商独资企业　　　　　　　　　B. 中外合资企业

　　C. 中外合作企业　　　　　　　　　D. 国有独资公司

25. 根据《重要地理信息数据审核公布管理规定》,负责受理单位和个人提出的审核公布重要地理信息数据的建议部门是( )。

　　A. 国务院测绘地理信息主管部门　　B. 省级测绘地理信息主管部门

　　C. 国务院或省级行政主管部门　　　D. 省级民政或建设行政主管部门

26. 湖北省武汉市洪山区一家单位要利用国家级 A、B 级 GPS 点成果,应当依法提出明确的利用目的和范围,报( )审批。

　　A. 洪山区测绘地理信息主管部门　　B. 武汉市测绘地理信息主管部门

　　C. 湖北省测绘地理信息主管部门　　D. 国务院测绘地理信息主管部门

27. 根据《测绘生产质量管理规定》,下列关于测绘生产过程质量控制说法中,错误的是( )。

　　A. 下工序有权退回不符合质量要求的上工序产品

　　B. 关键工序、重点工序应设置必要的检验点

　　C. 不合格品经返工修正后应重新进行质量报告

　　D. 过程检查完成后应及时编写质量检查报告

28. 根据《遥感影像公开使用管理规定(试行)》,公开使用的遥感影像地面分辨率不得优于( )m。

　　A. 0.1　　　　　　B. 0.5　　　　　　C. 1.0　　　　　　D. 2.5

29. 根据《基础测绘成果提供使用管理暂行办法》,下列说法中,不属于使用基础测绘成果申请条件的是( )。

　　A. 有明确、合法使用目的的

　　B. 申请的基础测绘成果范围、种类、精度与使用目的相一致

　　C. 符合国家的保密法律法规及政策

　　D. 有相应的测绘资质

30. 根据《关于进一步加强涉密测绘成果管理工作的通知》,下列关于涉密测绘成果管理与使用的说法中错误的是( )。

　　A. 涉及国家机密的测绘航空摄影成果应当按规定先送审后再提供使用

　　B. 涉密测绘成果应当按照先归档入库再提供使用的规定进行管理

　　C. 未经依法审批,任何单位和个人不得擅自提供使用涉密测绘成果

　　D. 经批准使用涉密成果的单位,应当在多个项目中利用该成果,提高使用效率

31. 根据《测绘质量监督管理办法》,编制测绘产品质量监督检查计划的部门是( )。

　　A. 国务院测绘地理信息主管部门　　B. 省级以上测绘地理信息主管部门

　　C. 省级以上技术监督管理部门　　　D. 县级以上测绘地理信息主管部门

32. 根据《测绘质量监督管理办法》,测绘产品质量检验人员应当通过任职资格考核合格,并取得( )后,方可从事测绘产品质量检验工作。

A. 测绘作业证 B. 测绘产品质量检验员证
C. 测绘质量监督检查证 D. 测绘质量检验上岗证

33. 根据《测绘生产质量管理规定》，测绘单位的下列人员中，对测绘项目的产品质量负直接责任的是(　　)。

A. 项目质量负责人 B. 法定代表人
C. 质量检查机构负责人 D. 质量检查人员

34. 根据《测绘成果管理条例》，下列关于测绘成果汇交的说法中，错误的是(　　)。

A. 财政投资完成的测绘项目，由项目承担单位负责汇交
B. 使用其他资金完成的测绘项目，由项目出资人负责汇交
C. 基础测绘成果汇交副本，非基础测绘成果汇交目录
D. 测绘成果的副本和目录实行有偿汇交

35. 根据《测绘成果管理条例》，对外提供属于国家秘密的测绘成果，应当按照国务院和中央军事委员会规定的审批程序，报(　　)审批。

A. 国务院测绘地理信息主管部门
B. 军队测绘部门
C. 国务院测绘地理信息主管部门会同军队测绘部门
D. 国务院测绘地理信息主管部门或者省级测绘地理信息主管部门

36. 南京市一家测绘资质单位要使用江苏省域内1∶5万国家基本比例尺地图和数字化产品，根据《基础测绘成果提供使用管理暂办法》，应当由(　　)审批。

A. 国务院测绘地理信息主管部门 B. 江苏省测绘地理信息主管部门
C. 南京市测绘地理信息主管部门 D. 江苏省军区测绘地理信息主管部门

37. 根据《测绘成果管理条例》，下列关于测绘成果使用的说法中，错误的是(　　)。

A. 测绘成果依法实行有偿使用制度
B. 基础测绘成果和财政投资完成的其他测绘成果应当无偿使用
C. 政府部门因防灾、减灾等公共利益需要可以无偿使用测绘成果
D. 依法有偿使用测绘成果应当签订书面协议

38. 根据《测绘成果管理条例》，外国公司与中方公司共同组建合资公司，合资公司经批准在我国从事测绘活动的，由(　　)负责汇交测绘成果。

A. 外国公司 B. 中方公司
C. 合资公司 D. 中方公司的主管部门

39. 根据《测绘生产质量管理规定》，测绘单位的质量方针和质量目标由(　　)确定。

A. 总工程师 B. 管理者代表
C. 法定代表人 D. 质量主管负责人

二、多项选择题

1. 根据《测绘生产质量管理规定》，下列单位中，应设立质量管理或者质量检查机构的有(　　)。

A. 甲级测绘资质单位 B. 乙级测绘资质单位

C. 丙级测绘资质单位 D. 丁级测绘资质单位

E. 测绘监理单位

2. 下列情形中,应当无偿提供测绘成果的有( )。

   A. 基础测绘成果用于国家机关决策的

   B. 国家投资完成的非基础测绘成果用于国家机关决策的

   C. 基础测绘无偿用于社会公益性事业的

   D. 国家投资完成的非基础测绘成果用于社会公益性事业的

   E. 基础测绘成果用于导航电子地图制作的

3. 下列地理信息中,属于国家重要地理信息数据有( )。

   A. 国家版图的地势、地貌分区位置

   B. 领土、领海、毗连区、专属经济区面积

   C. 国家版图的重要特征点

   D. 国家岛礁的数量和面积

   E. 经依法批准的相邻的设区市(州)之间的界线长度

4. 某测绘单位的测绘成果质量不合格,下列关于其法律责任的说法正确的有( )。

   A. 对该单位处以测绘约定报酬 1 倍以上 2 倍以下的罚款

   B. 责令该单位补测或者重测

   C. 给用户造成损失的,由该单位依法承担赔偿责任

   D. 没收该单位的测绘成果和测绘工具

   E. 降低该单位的测绘资质等级直至吊销测绘资质证书

5. 根据《测绘成果管理条例》,法人或其他组织需要利用属于国家秘密的基础测绘成果,经成果所在地测绘地理信息主管部门审核同意后,测绘地理信息主管部门应该书面告知测绘成果的( )。

   A. 技术规定 B. 使用标准

   C. 秘密等级 D. 保密要求

   E. 著作权保护要求

6. 根据《重要地理信息数据审核公布管理规定》,审核建议人提交重要地理信息数据时,应当审核的内容有( )。

   A. 重要地理信息数据发布的必要性

   B. 提交的有关资料的真实性与完整性

   C. 重要地理信息数据获取技术方案的合理性

   D. 重要地理信息数据是否符合国家利益,是否影响国家安全

   E. 获取重要地理信息数据的单位是否具有相应的资质条件

7. 根据《测绘生产质量管理规定》,测绘单位的法定代表人的质量管理职责包括( )。

   A. 确定本单位的质量方针和质量目标

   B. 建立本单位的质量体系并保证有效运行

   C. 签发有关的质量文件及作业指导书

D. 对提供的测绘产品承担产品质量责任
E. 处理生产过程中的重大技术问题和质量争议

8. 根据《测绘生产质量管理规定》,下列质量管理职责中,属于单位质量主管负责人职责的有(　　)。

A. 签发质量手册　　　　　　　　B. 签发有关的质量文件及作业指导书
C. 组织编制测绘项目技术设计书　　D. 处理生产过程中的质量争议
E. 审定测绘产品的交付验收

三、简答题

1. 简述测绘法律、法规对测绘成果保密管理的相关规定。
2. 国家实行测绘成果汇交制度,简述测绘汇交的原则和汇交主体。

四、论述题

测绘生产单位是测绘成果生产的主体,论述测绘生产单位的质量责任。

第7章 界线测绘与不动产测绘管理

7.1 界线测绘管理

7.1.1 国界线测绘管理

1）国界线测绘的概念

国界线指相邻国家领土的分界线，是划分国家领土范围的界线，也是国家行使领土主权的界线。国界可以分为陆地国界、水域国界和空中国界，我们通常所说的国界主要指陆地国界。

国界线测绘指为划定国家间的共同边界线而进行的测绘活动，是与邻国明确划定边界线、签定边界条约和议定书以及日后定期进行联合检查的基础工作。国界线测绘的主要成果是边界线位置和走向的文字说明、界桩点坐标及边界线地形图。

2）国界线测绘的管理

《测绘法》第二十条规定：中华人民共和国国界线的测绘，按照中华人民共和国与相邻国家缔结的边界条约或者协定执行，由外交部组织实施。中华人民共和国地图的国界线标准样图，由外交部和国务院测绘地理信息主管部门拟定，报国务院批准后公布。

国家对国界线测绘活动的管理历来都十分严格，按照《测绘法》规定，国界线测绘应遵循以下原则。

（1）按照中华人民共和国与相邻国家缔结的边界条约或者协定进行测绘

国界线测绘具有严格的法定性、政治性和严肃性。因此，国界线测绘必须严格按照中华人民共和国与相邻国家缔结的边界条约或者协定进行，并由外交部主持进行，测绘部门只负责相应的测绘工作，包括参加实地勘界、树立界桩、施测边界地形图、界桩点坐标和制作边界地图等工作。

（2）国务院批准公布中华人民共和国地图的国界线标准样图

国界线测绘的成果体现着国家的主权和利益，国界线测绘成果的应用，具体体现在中华人民共和国地图的国界线标准样图上。因此，《测绘法》规定，由外交部和国务院测绘地理信息主管部门负责拟订中华人民共和国地图的国界线标准样图，经国务院批准后公布。

7.1.2 行政区域界线测绘管理

1）行政区域界线测绘的概念

行政区域界线指国务院或者省、自治区、直辖市人民政府批准的行政区域毗邻的各有关人民政府行使行政区域管辖权的分界线。行政区域界线涉及行政区域界线周边地区的稳定与发展和行政争议。为了加强对行政区域界线的管理,巩固行政区域界线勘定成果,维护行政区域界线周边地区稳定,2002年5月,国务院颁布了《行政区域界线管理条例》,并自2002年7月1日起施行。

2)行政区域界线测绘的内容

行政区域界线测绘是利用测绘技术手段和原理,为划定行政区域界线的走向、分布以及周边地理要素而进行的测绘工作。行政区域界线测绘的内容包括界桩的埋设与测定、边界线的调绘、边界线走向的文字说明、边界线地形图的标绘、界线详图的编撰与制印等工作。

3)行政区域界线管理条例的有关规定

(1)行政区域界线勘定后,应当以通告和行政区域界线详图予以公布。省、自治区、直辖市之间的行政区域界线由国务院民政部门公布,由毗邻的省、自治区、直辖市人民政府共同管理。省、自治区、直辖市范围内的行政区域界线由省、自治区、直辖市人民政府公布,由毗邻的自治州、县(自治县)、市、市辖区人民政府共同管理。

(2)行政区域界线的实地位置,以界桩及作为行政区域界线标志的河流、沟渠、道路等线状地物和行政区域界线协议书中明确规定作为指示行政区域界线走向的其他标志物标定。

(3)行政区域界线毗邻的任何一方不得擅自改变作为行政区域界线标志的河流、沟渠、道路等线状地物;因自然原因或者其他原因改变的,应当保持行政区域界线协议书划定的界线位置不变,行政区域界线协议书中另有约定的除外。行政区域界线协议书中明确规定作为指示行政区域界线走向的其他标志物,应当维持原貌。因自然原因或者其他原因使标志物发生变化的,有关县级以上人民政府民政部门应当组织修测,确定新的标志物,并报该行政区域界线的批准机关备案。

(4)经批准变更行政区域界线的,毗邻的各有关人民政府应当按照勘界测绘技术规范进行测绘,埋设界桩,签订协议书,并将协议书报批准变更该行政区域界线的机关备案。生产、建设用地需要横跨行政区域界线的,应当事先征得毗邻的各有关人民政府同意,分别办理审批手续,并报该行政区域界线的批准机关备案。

(5)行政区域界线毗邻的县级以上地方各级人民政府应当建立行政区域界线联合检查制度,每五年联合检查一次。遇有影响行政区域界线实地走向的自然灾害、河流改道、道路变化等特殊情况,由行政区域界线毗邻的各有关人民政府共同对行政区域界线的特定地段随时安排联合检查。联合检查的结果,由参加检查的各地方人民政府共同报送该行政区域界线的批准机关备案。

(6)行政区域界线详图是反映县级以上行政区域界线标准画法的国家专题地图。任何涉及行政区域界线的地图,其行政区域界线画法一律以行政区域界线详图为准绘制。国务院民政部门负责编制省、自治区、直辖市行政区域界线详图;省、自治区、直辖市人民政府民政部门负责编制本行政区域内的行政区域界线详图。

4)行政区域界线测绘的有关规定

(1)《测绘法》第二十一条规定:行政区域界线的测绘,按照国务院有关规定执行。省、自治区、直辖市和自治州、县、自治县、市行政区域界线的标准画法图,由国务院民政部门和国务院测绘地理信息主管部门拟定,报国务院批准后公布。

(2)国务院的有关规定既包括国务院有关行政区域界线测绘的行政法规,也包括国务院有关县级以上行政区域界线测绘的勘界原则,以及对具体行政区域界线画法的调处意见等。

(3)勘界测绘采用全国统一的大地坐标系统、平面坐标系统和高程系统,执行国家现行有关的测绘技术规范。

(4)边界协议书附图一般利用经补测或修测后的国家最新版的基本比例尺地形图标绘。边界协议书附图标绘,由两省、自治区、直辖市政府负责人签字。

7.1.3 权属界线测绘管理

1)权属界线测绘的概念

权属界线测绘指测定权属界线的走向和界址点的坐标及对其数据进行处理和绘制图形的活动。权属界线测绘是确定权属的重要手段,只有通过权属界线测绘才能准确地将权属界线用数据和图形的形式表示出来。

2)权属界线测绘的规定

《测绘法》第二十二条规定,县级以上人民政府测绘地理信息主管部门应当会同本级人民政府不动产登记主管部门,加强对不动产测绘的管理。

测量土地、建筑物、构筑物和地面其他附着物的权属界址线,应当按照县级以上人民政府确定的权属界线的界址点、界址线或者提供的有关登记资料和附图进行。权属界址线发生变化的,有关当事人应当及时进行变更测绘。

权属界线测绘明确了土地、建筑物、构筑物以及地面上其他附着物的所有权和使用权,对于维护社会的正常经济秩序,保护当事人的合法权益,具有十分重要的意义和作用。

根据《中华人民共和国物权法》,国家对不动产物权实行统一登记制度。当事人申请不动产物权登记,应当根据不同登记事项提供权属证明和不动产界址、面积等必要材料。而申请人要提供权属证明、不动产界址、面积等材料,就必须要事先进行权属界线测绘。从事权属界线测绘,必须掌握以下几点:

(1)从事权属界线测绘时,必须要明确土地、房屋等确权工作,是由地方县级以上人民政府登记造册、核发证书,确认所有权或者使用权,权属界址线的测绘也必须以县级以上地方人民政府的确权为依据进行。

(2)不动产的设立、变更、转让、消灭,经依法登记,发生效力。申请人在不动产变更时,必然会涉及重新登记问题,也就自然而然地涉及权属界线测绘问题。因此,《测绘法》规定,权属界址线发生变化时,有关当事人应当及时进行变更测绘。

(3)权属界线测绘属于十分重要的测绘活动,必须按照《测绘法》及相关测绘法规、规章的规定,依法取得相应的测绘资质,依法履行相应的法律义务。

7.2 地籍测绘管理

7.2.1 地籍测绘的概念

地籍测绘是获取和表达地籍信息所进行的测绘工作,指对地块权属界线的界址点坐标进行测定,并把地块及其附着物的位置、面积、权属关系和利用状况等要素准确地绘制在图纸上和记录在专门的表册中的测绘工作。地籍测绘的目的是获取和表述不动产的权属、位置、形状、数量等有关信息,为不动产产权管理、税收、规划、环境保护、统计等多种用途提供基础资料。

7.2.2 地籍测绘的内容

地籍测绘的主要内容包括平面控制测量、界址测量、其他地籍要素调查与测量、地籍图测绘以及面积量算等。地籍测绘的主要成果包括数据集(控制点、界址点坐标等)、地籍图和地籍簿册。地籍测绘是地籍管理的重要内容,是国家测绘地理信息工作的重要组成部分。具体内容如下:

(1)地籍控制测量,测量地籍基本控制点和地籍图根控制点。
(2)界线测量,测定行政区域界线和土地权属界线的界址点坐标。
(3)地籍图测绘,测绘分幅地籍图、土地利用现状图、房产图和宗地图等。
(4)面积测算,测算地块和宗地面积,进行面积的平差和统计。
(5)地籍变更测量,包括地籍图的修测、重测和地籍簿册的修编,以保证地籍成果资料的现势性和正确性。

7.2.3 地籍测绘的特点

地籍测绘与基础测绘和其他专业测绘有着本质的不同,其本质的不同表现在凡涉及土地及其附着物的权利的测量都可视为地籍测绘,具体特点如下:

(1)地籍测绘是政府行使土地行政管理职能的具有法律意义的行政性技术行为。
(2)地籍测绘为土地管理提供了精确、可靠的地理参考系统。
(3)地籍测绘是在地籍调查的基础上进行的,具有勘验取证的法律特征。
(4)地籍测绘的技术标准必须符合土地法律的要求。
(5)地籍测绘工作具有非常强的现势性。
(6)地籍测绘技术和方法是对现代测绘技术和方法的应用集成。
(7)从事地籍测绘活动的技术人员应当具有丰富的土地管理知识。

7.2.4 地籍测绘管理的内容

(1)编制地籍测绘规划

编制地籍测绘规划是地籍测绘管理的重要内容。《测绘法》第二十二条第一款规定:县级以上人民政府测绘地理信息主管部门应当会同本级人民政府不动产登记主管部门,加强对不动产测绘的管理。

(2)组织管理地籍测绘

县级以上人民政府测绘地理信息主管部门按照地籍测绘规划,组织管理地籍测绘。

(3)管理地籍测绘资质

从事地籍测绘活动,必须依法取得省级以上人民政府测绘地理信息主管部门颁发的载有不动产测绘业务中的地籍测绘子项的测绘资质证书,并按照测绘资质证书规定的资质等级、业务范围从事地籍测绘活动。其他任何部门、任何机关发放的载有地籍测绘、地籍勘测业务的资格、许可证或者资质证书,都是违反国家现行测绘地理信息法律规定的行为。

（4）监督管理地籍测绘成果质量

加强地籍测绘成果质量的监督管理,是各级测绘地理信息主管部门的基本职责。各级测绘地理信息主管部门要依法履行测绘地理信息成果质量监督管理职能,加强对地籍测绘成果质量的监督检查,依法确认地籍测绘成果,保证地籍测绘成果质量。

（5）监督管理地籍测绘标准

测绘地理信息主管部门的一项重要职责就是研究制定地籍测绘技术标准和规范,对地籍测绘过程中是否执行国家技术规范和标准情况进行监督管理。《测绘法》明确规定,从事测绘活动,应当使用国家规定的测绘基准和测绘系统,执行国家规定的测绘技术规范和标准。因此,各级测绘地理信息主管部门要加强对地籍测绘标准化的管理,确保国家地籍测绘的各项标准、规范得到全面正确的实施。

7.3　房产测绘管理

7.3.1　房产测绘的概念

房产测绘指利用测绘地理信息技术手段测定和表述房屋及其自然状况、权属状况、位置、数量、质量以及利用状况及其属性并对获取的数据、信息、成果进行处理和提供的活动。为加强对房产测绘的管理,建设部和国家测绘地理信息局联合发布了《房产测绘管理办法》,对房产测绘行为和房产测绘管理作出了具体规定。

房产测绘的主要内容包括房产平面控制测量、房产面积预测算、房产面积测算、房产要素调查与测量、房产变更调查与测量、房产图测绘和建立房产信息系统。随着房地产市场的快速发展和现代测绘地理信息技术的广泛应用,房产测绘的技术手段和方法也越来越多,房产测绘的内容也越来越丰富。

7.3.2　房产测绘委托

委托房产测绘的申请人主要包括:①房屋权利申请人;②房屋权利人;③其他利害关系人;④房产行政主管部门。

有下列情形之一的,房屋权利申请人、房屋权利人或者其他利害关系人应当委托房产测绘单位进行房产测绘:①申请产权初始登记的房屋;②自然状况发生变化的房屋;③房屋权利人或者其他利害关系人要求测绘的房屋。

如果在房产管理中需要进行房产测绘,则由房地产行政主管部门委托房产测绘单位进行。

房产测绘委托的规定:①委托房产测绘的,委托人与房产测绘单位应当签订书面房产测绘合同;②房产测绘单位应当是独立的经济实体,与委托人不得有利害关系,并依法取得房产测绘资质;③房产测绘所需费用由委托人支付,房产测绘收费标准按照国家有关规定执行。

7.3.3 房产测绘资质管理

从事房产测绘应当依法取得载有不动产测绘业务房产测绘子项的测绘资质证书;并在测绘资质证书规定的业务范围内从事房产测绘活动。需要说明的是,《房产测绘管理办法》中有关房产测绘资质申请、受理的规定,已由国务院发文明确取消,不作为房产测绘资质审批的依据。目前,为简化行政审批程序,方便行政许可申请人申请房产测绘资质,不需要再征求其他任何部门的意见,也不需要房地产行政主管部门进行初审。

7.3.4 房产测绘成果管理

(1)房产测绘成果包括:房产簿册、房产数据和房产图集等。房产测绘成果是测绘成果的重要组成部分,国家有关测绘成果管理的法律、行政法规等,均适用于房产测绘成果。

(2)《房产测绘管理办法》规定,当事人对房产测绘成果有异议的,可以委托国家认定的房产测绘成果鉴定机构鉴定。用于房屋权属登记等房产管理的房产测绘成果,房地产行政主管部门应当对施测单位的资格、测绘成果的适用性、界址点准确性、面积测算依据与方法等内容进行审核。审核后的房产测绘成果纳入房产档案统一管理。

(3)向国(境)外团体和个人提供、赠送、出售未公开的房产测绘成果资料,委托国(境)外机构印制房产测绘图件,应当按照《测绘法》和《测绘成果管理条例》以及国家安全、保密等有关规定办理。

7.3.5 房产测绘标准化管理

《测绘法》第二十三条规定:城乡建设领域的工程测量活动,与房屋产权、产籍相关的房屋面积的测量,应当执行由国务院住房城乡建设主管部门、国务院测绘地理信息主管部门组织编制的测量技术规范。

《房产测绘管理办法》第三条规定,房产测绘单位应当严格遵守国家有关法律、法规,执行国家房产测量规范和有关技术标准、规定,对其完成的房产测绘成果质量负责。

7.3.6 房产测绘的法律责任

无证从事房产测绘。未取得载明房产测绘业务的测绘资格证书从事房产测绘业务以及承担房产测绘任务超出测绘资格证书所规定的房产测绘业务范围、作业限额的,依照《测绘法》和《测绘资质管理规定》的规定处罚。

违法进行房产测绘的其他情形:①在房产面积测算中不执行国家标准、规范和规定的;②在房产面积测算中弄虚作假、欺骗房屋权利人的;③房产面积测算失误,造成重大损失的。

根据《房产测绘管理办法》,有上述情形之一的,由县级以上人民政府房地产行政主管部门给予警告并责令限期改正,并可处以罚款;情节严重的,由发证机关予以降级或者取消其房产测绘资格。

7.4 海洋测绘管理

7.4.1 海洋测绘的概念和内容

海洋测绘是海洋测量和海洋制图的总称。其任务是对海洋及其邻近陆地和江河湖泊进行测量和调查，获取海洋基础地理信息，编制各种海图和航海资料，为航海、国防建设、海洋开发和海洋研究服务。

根据《测绘资质分级标准》，海洋测绘的主要内容有：海域权属测绘、海岸地形测量、水深测量、水文观测、海洋工程测量、扫海测量、深度基准测量、海图编制和海洋测绘监理9项。

7.4.2 海洋测绘的特点

海洋测绘的对象是海洋以及海洋中的各种自然现象和人文现象，海洋测绘有其特殊性：

(1) 海洋测绘中的垂直坐标是同船体的平面位置同步测定的，而陆地上所测定点的三维坐标是分别采用不同的方法、不同的仪器设备分别测定的。

(2) 海洋测绘工作是在不断运动着的海面上进行的，而陆上的测站点与在海上的测站点相比，可以说是固定不动的。

(3) 海洋测绘一般采用声波信号，在陆地测量中一般必须使用电磁波信号。

(4) 在海上测定海底某点的深度指其低于大地水准面或水深基准面多少，而陆地上测定的是高程，即某点高出大地水准面多少。

(5) 陆地地形测量及工程制图大多采用高斯—克吕格投影，而海洋制图还有墨卡托、横轴等角割圆柱(UTM)投影等，尤其是海图投影基本采用墨卡托投影。

7.4.3 海洋测绘管理

海洋测绘是测绘地理信息工作的重要组成部分，是测绘地理信息主管部门统一监督管理的重要内容，从事海洋测绘必须依法取得海洋测绘资质。但是，海洋测绘管理有其特殊性。

《测绘法》第四条第三款规定：军队测绘部门负责管理军事部门的测绘工作，并按照国务院、中央军事委员会规定的职责分工负责管理海洋基础测绘工作。

根据《测绘法》规定，在现有的管理体制和法律架构下，海洋基础测绘工作由军队测绘部门按照国务院、中央军事委员会规定的职责分工进行管理。

习　　题

一、单项选择题

1. 中华人民共和国国界线测绘执行的依据是(　　)。
　　A. 中华人民共和国和相邻国家缔结的边界条约或者协定

B. 中华人民共和国参与的有关国际公约

C. 与中华人民共和国相邻国家的现行法律

D. 中华人民共和国承认的国际惯例

2. 拟定省、自治区、直辖市和自治州、县、自治县、市行政区域界线的标准画法图的部门是(　　)。

A. 国务院民政部门和外交部

B. 国务院测绘地理信息主管部门

C. 外交部和国务院测绘地理信息主管部门

D. 国务院民政部门和国务院测绘地理信息主管部门

3.《测绘法》规定,编制全国地籍测绘规划的部门是(　　)。

A. 国务院土地行政主管部门会同国务院发展计划主管部门

B. 国务院测绘地理信息主管部门会同国务院发展计划主管部门

C. 国务院发展计划主管部门会同国务院财政部门

D. 国务院测绘地理信息主管部门会同国务院土地行政主管部门

4. 测量土地的权属界址线,应当按照(　　)确定的权属界线的界址点、界址线或者提供的有关登记资料和附图进行。

A. 县级以上地方人民政府

B. 县级以上人民政府

C. 县级以上测绘地理信息主管部门

D. 县级以上土地行政主管部门

5.《行政区域界线管理条例》规定,经批准变更行政区域界线的,毗邻的各有关人民政府应当按照(　　)进行测绘,埋设界桩,签订协议书。

A. 基础测绘规范　　　　　　　　B. 相邻人民政府之间达成的协议

C. 勘界测绘技术规范　　　　　　D. 地籍测绘规范

6.《测绘法》规定,建筑物、构筑物的权属界址线发生变化时,有关当事人应当及时进行(　　)测绘。

A. 工程　　　　B. 变更　　　　C. 竣工　　　　D. 地形

7.《测绘法》规定,与房屋产权、产籍相关的房屋面积测量,应当执行由(　　)负责组织编制的测量技术规范。

A. 国务院建设行政主管部门、国务院标准化行政主管部门

B. 国务院测绘地理信息主管部门、国务院土地行政主管部门

C. 国务院测绘地理信息主管部门、国务院标准化行政主管部门

D. 国务院建设行政主管部门、国务院测绘地理信息主管部门

8. 房屋权利人申请房屋产权初始登记的,应当由(　　)委托房产测绘单位进行房产测绘。

A. 房屋权利人　　　　　　　　　B. 房地产行政主管部门

C. 土地行政主管部门　　　　　　D. 产权登记机关

9.《行政区域界线管理条例》规定,因建设、开发等原因需要移动或者增设界桩的,行政

区域界线毗邻的各有关人民政府应当协商一致,共同测绘,增补档案资料,并报( )备案。

　　A. 国务院　　　　　　　　　　　　B. 省级人民政府

　　C. 该行政区域界线的批准机关　　　D. 国务院民政部门

10. 当事人对房产测绘成果有异议的,可以委托的鉴定机构是( )。

　　A. 测绘地理信息主管部门　　　　　B. 建设行政主管部门

　　C. 测绘产品质量监督检验机构　　　D. 国家认定的房产测绘成果鉴定机构

11. 中华人民共和国地图的国界线标准样图,由( )拟定。

　　A. 外交部和国务院民政部门

　　B. 外交部和军队测绘部门

　　C. 外交部和国务院测绘地理信息主管部门

　　D. 民政部和国务院测绘地理信息主管部门

12. 根据《房产测绘管理办法》,房产测绘单位在房产面积测算中不执行国家标准、规范和规定的,可以对其作出处罚的部门是( )。

　　A. 县级以上测绘地理信息主管部门　　B. 县级以上房地产行政主管部门

　　C. 省级以上测绘地理信息主管部门　　D. 省级以上房地产行政主管部门

13. 某乙级房产测绘单位在房产测绘活动中,由于房产面积测算失误,造成重大损失,情节严重。根据《房产测绘管理办法》,依法予以降级或者取消其房产测绘资质的机关是( )。

　　A. 所在地省级测绘地理信息主管部门　　B. 所在地市级测绘地理信息主管部门

　　C. 所在地省级房地产行政主管部门　　　D. 所在地市级房地产行政主管部门

14. 根据《房产测绘管理办法》,下列关于房产测绘委托的说法中,错误的是( )。

　　A. 房产管理中需要的房产测绘,由房地产行政主管部门委托房产测绘单位进行

　　B. 委托房产测绘的,应当签订书面房产测绘合同

　　C. 房产测绘单位与委托人不得有利害关系

　　D. 房产测绘所需费用由房屋产权人支付

二、多项选择题

1. 根据《房产测绘管理办法》,下列房屋中,应当依法委托进行房产测绘的有( )。

　　A. 申请产权初始登记的房屋

　　B. 自然状况发生变化的房屋

　　C. 房屋权利人或者其他利害关系人要求测绘的房屋

　　D. 产权发生流转的房屋

　　E. 办理抵押登记的房屋

2. 根据《房产测绘管理办法》,用于房屋权属登记等房产管理的房产测绘成果,房地产行政主管部门应当审核的内容有( )。

　　A. 施测单位的资质　　　　　　　B. 测绘成果的适用性

　　C. 界址点准确性　　　　　　　　D. 面积测算依据与方法

　　E. 成果的完整性

3. 根据《省级行政区域界线勘界测绘技术规定(试行)》,下列工作中,属于勘界测绘内容的是( )。

  A. 界桩的埋设与测定   B. 边界线三维模型建立
  C. 边界线走向的文字说明   D. 边界线权属测绘
  E. 界线详图集的编纂与制印

三、简答题

1. 简述《测绘法》对国界线测绘管理的要点。
2. 简述需要委托房产测绘的情形和房产测绘委托的相关规定。

第8章 地图管理

8.1 地图的概念与特征

8.1.1 地图的概念

地图指按一定的数学法则,使用符号系统、文字注记,以图解的、数字的或触觉的形式表示自然地理、人文地理各种要素的载体,是根据一定的数学法则,将地球(或其他星体)上的自然和人文现象,使用地图语言,通过制图综合,缩小反映在平面上,反映各种现象的空间分布、组合、联系、数量和质量特征及其在时间中的发展变化。

8.1.2 地图的特征

(1)地图必须遵循一定的数学法则。地图是绘制在平面上的,必须准确地反映它与客观实体在位置、属性等要素之间的关系。

(2)地图必须经过科学概括。缩小了的地图不可能容纳地表所有的现象。地图总是通过一定的比例尺,表示地表自然地理和人文地理各种要素。

(3)地图具有完整的符号系统。地图表现的客体主要是地球表面。地表具有数量极其庞大的、包括自然与社会经济现象的地理信息。只有通过完整的符号系统,才能准确地表达这种现象。

(4)地图是地理信息的载体。地图容纳和储存了数量巨大的信息,而作为信息的载体,可以是传统概念上的纸质地图、实体模型,可以是各种可视化屏幕影像、声像地图,也可以是触觉地图。

8.1.3 地图的分类

随着地图制图理论与技术以及制图载体的快速发展,地图的种类越来越多,近年来我国每年出版地图约2000多种,印数达2亿册(幅)。国家测绘地理信息局在《测绘资质分级标准》中将地图编制的专业划分为:地形图、教学地图、世界政区地图、全国及地方政区地图、电子地图、真三维地图、其他专用地图共7类;同时,在《测绘资质分级标准》中规定了互联网地图服务和导航电子地图制作的标准。

8.1.4 国家基本比例尺

地图是依照一定的比例关系和制图规则,科学表达自然地理要素或者地表人工设施的形状、大小、空间位置及其属性信息的重要载体。目前,世界上多数国家都根据经济社会发展需要,由国家确定一些比例尺地图作为国家基本比例尺地图,从而为各项工程建设和经济社会发展提供基础保障,并纳入公益性范围。

《测绘法》第十条规定:国家建立全国统一的大地坐标系统、平面坐标系统、高程系统、地心坐标系统和重力测量系统,确定国家大地测量等级和精度以及国家基本比例尺地图的系列和基本精度。具体规范和要求由国务院测绘地理信息主管部门会同国务院其他有关部门、军队测绘部门制定。

我国目前确定的国家基本比例尺地图包括1∶500、1∶1000、1∶2000、1∶5000、1∶1万、1∶2.5万、1∶5万、1∶10万、1∶25万、1∶50万、1∶100万共11种。国家基本比例尺地图系列是国家各项经济建设、国防建设和社会发展的基础图,具有使用频率高、内容表示详细、分类齐全、精度高等特点,是我国最具权威性的基础地图。《测绘法》对国家基本比例尺地图作出了具体规定如下:

(1)国家确定国家基本比例尺地图的系列和基本精度

国家基本比例尺地图系列和基本精度指按照国家规定的测图技术标准、编图技术规范、图式和比例尺系统测量和编制的若干特定规格的地图系列。

(2)国家制定国家基本比例尺地图系列和基本精度的具体规范和要求

国务院测绘地理信息主管部门在组织制定国家基本比例尺地图系列和基本精度的具体规范和要求时,应当与国务院其他有关部门、军队测绘部门进行会商。

(3)测绘国家基本比例尺地图时,应当执行国家制定的技术规范和标准

根据《测绘法》,测绘国家基本比例尺地图属于国家基础测绘的重要内容。《基础测绘条例》规定,从事基础测绘活动,应当使用全国统一的大地基准、高程基准、深度基准、重力基准,以及全国统一的大地坐标系统、平面坐标系统、高程系统、地心坐标系统、重力测量系统,执行国家规定的测绘技术规范和标准。

8.2 地图编制管理

地图编制管理主要包括地图编制内容表示的规定以及对地图编制工作中的地图内容审核、解密处理等方面的相关要求。

8.2.1 地图编制的概念与原则

1)地图编制的概念

地图编制指编制地图的作业过程,包括编辑准备、原图编绘和出版准备三个阶段。由于绘有国界线、行政区域界线的地图具有严密的科学性、严肃的政治性和严格的法定性,因此,国家对地图编制工作十分重视。国务院于2015年12月14日颁布了《地图管理条例》(国务院第664号令),自2016年1月1日起执行。《地图管理条例》对地图编制、出版的管理体制、基本原则和内容表示等进行了严格的规定,是目前我国地图编制管理的主要法律依据。

2)地图编制的原则

(1)从事地图编制活动的单位应当依法取得相应的测绘资质证书,并在资质等级许可的范围内开展地图编制工作。

(2)编制地图,应当执行国家有关地图编制标准,遵守国家有关地图内容表示的规定。

(3)编制地图,应当选用最新的地图资料并及时补充或者更新,正确反映各要素的地理位置、形态、名称及相互关系,且内容符合地图使用目的。

(4)编制涉及中华人民共和国国界的世界地图、全国地图,应当完整表示中华人民共和国疆域。

(5)在地图上绘制我国县级以上行政区域界线或者范围,应当符合行政区域界线标准画法图。

(6)在地图上表示重要地理信息数据,应当使用依法公布的重要地理信息数据。

(7)利用涉及国家秘密的测绘成果编制地图的,应当依法使用经国务院测绘地理信息行政主管部门或者省、自治区、直辖市人民政府测绘地理信息行政主管部门进行保密技术处理的测绘成果。

8.2.2 地图编制内容规定

公开地图,是指公开出版、销售、传播、登载和展示的地图和涉及地图图形的产品,《地图管理条例》、国家测绘地理信息局发布的《公开地图内容表示若干规定》和《公开地图内容表示补充规定(试行)》等都对公开地图的编制内容进行了规定,公开地图禁止表示的内容如下。

1)公开地图禁止表示的内容

(1)指挥机关、地面和地下指挥工程、作战工程、军用机场、港口、码头、营区、训练场、试验场、军用洞库、仓库、军用通信、侦察、导航、观测台站和测量、导航、助航标志,军用道路、铁路专用线、军用通信、输电线路,军用输油、输水管道等直接服务于军事目的的各种军事设施。

(2)军事禁区,军事管理区及其内部的所有单位与设施。需要强调的是,对于属于部队管理的医院、学校、干休所、报社、出版社等单位也不能在公开地图上表示。

(3)武器弹药、爆炸物品、剧毒物品、危险化学品、铀矿床和放射性物品的集中存放地等与公共安全相关的设施和单位。

(4)专用铁路及站内火车线路,铁路编组站、专用公路。

(5)未公开的机场。

(6)国家法律法规、部门规章禁止公开的其他内容。

2)公开地图禁止表示的具体形状和属性

(1)大型水利设施、电力设施、通信设施、石油和燃气设施、重要战略物资储备库(粮库、棉花库等)、气象台站、降雨雷达站和水文观测站等涉及国家经济命脉、对人民生产、生活有重大影响的民用设施。

(2)监狱、劳教所、看守所、拘留所、强制隔离戒毒所、救助管理站和安康医院等与公共安全相关的单位。

(3)公开机场的内部结构及运输能力属性。

(4)渡口的内部结构和属性。

上述内容中,用于公共服务的设施可以标注名称,确需表示位置时其位置精度不得高于 100m。

3) 公开地图禁止表示的属性

（1）重要桥梁的限高、限宽、净空、载重量和坡度属性。

（2）江河的通航能力、水深、流速和岸质属性，水库的库容属性，拦水坝的构筑材料和高度属性，水源的性质属性，沼泽的水深和泥深属性。

（3）高压电线、通信线、管道的属性。

8.2.3 地图上界线表示

1) 中华人民共和国国界、中国历史疆界和世界各国国界线表示

根据《地图管理条例》第十条的规定，在地图上绘制中华人民共和国国界、中国历史疆界、世界各国间边界、世界各国间历史疆界，应当遵守下列规定：

（1）中华人民共和国国界，按照中国国界线画法标准样图绘制。

（2）中国历史疆界，依据有关历史资料，按照实际历史疆界绘制。

（3）世界各国间边界，按照世界各国国界线画法参考样图绘制。

（4）世界各国间历史疆界，依据有关历史资料，按照实际历史疆界绘制。

中国国界线画法标准样图、世界各国国界线画法参考样图，由外交部和国务院测绘地理信息主管部门拟订，报国务院批准后公布。

2) 行政区域界线表示

根据《地图管理条例》第十一条规定，在地图上绘制我国县级以上行政区域界线或者范围，应当符合行政区域界线标准画法图、国务院批准公布的特别行政区行政区域图和国家其他有关规定。

行政区域界线标准画法图由国务院民政部门和国务院测绘地理信息主管部门拟订，报国务院批准后公布。

3) 中国示意性地图界线表示

根据国家测绘局发布的《公开地图内容表示若干规定》，中国示意性地图必须遵守下列规定：

（1）用实线表示中国疆域范围，陆地界线与海岸线粗细有区别，用相应的简化符号绘出南海诸岛范围线，并表示南海诸岛以及钓鱼岛、赤尾屿等重要岛屿岛礁。

（2）用轮廓线或色块表示中国疆域范围，南海诸岛范围线可不表示，但必须表示南海诸岛以及钓鱼岛、赤尾屿等重要岛屿岛礁。

（3）比例尺等于或小于 1:1 亿的，可不表示南海诸岛范围线以及钓鱼岛、赤尾屿等重要岛屿岛礁。

8.2.4 地图比例尺、开本及经纬线

《公开地图内容表示若干规定》同时还规定了地图比例尺、开本及经纬线：

（1）中国地图比例尺等于或小于 1:100 万。

（2）省、自治区地图，比例尺等于或小于 1:50 万；直辖市地图及辖区面积小于 10 万 km^2 的省、自治区地图，比例尺等于或小于 1:25 万。

(3)市、县地图,开幅为一个全张,最大不超过两个全张。

(4)省、自治区、直辖市普通地图(内容以政区为主),开本一般不超过32开本。

(5)香港特别行政区、澳门特别行政区、台湾省地图,比例尺、开本大小不限。

(6)教学图、时事宣传图、旅游图、交通图、书刊插图和互联网上登载使用的各类示意性地图,其位置精度不能高于1∶50万国家基本比例尺地图的精度。

(7)比例尺等于或大于1∶50万的各类公开地图均不得绘出经纬线和直角坐标网。

8.2.5 地图编制管理

1)地图编制资质管理

根据《测绘法》和《地图管理条例》,从事地图编制必须依法取得测绘资质证书,并在测绘资质证书许可的业务范围从事地图编制工作。根据《测绘资质管理规定》和《测绘资质分级标准》,对于编制地形图、教学地图、世界政区地图、全国及地方政区地图、电子地图、真三维地图和其他专用地图及互联网地图服务的,必须依法取得地图编制资质和互联网地图服务资质。申请互联网地图服务资质的,还必须具有规定数量的经省级以上测绘地理信息主管部门考核合格的地图安全审校人员。

2)地图编制审核管理

地图编制单位编制的地图在公开使用、印刷、出版及展示前,必须按照国家地图编制管理的有关规定,依法送省级以上测绘地理信息主管部门进行审核。

3)解密处理

地图编制单位利用涉及国家秘密的测绘成果编制各类公开地图,在地图送核前,还应当采用国家测绘地理信息局规定的统一方法进行保密技术处理。

8.3 地图出版、展示与登载管理

《测绘法》规定:地图的编制、出版、展示、登载及更新应当遵守国家有关地图编制标准、地图内容表示、地图审核的规定。以保证地图质量,维护国家主权、安全和利益。

8.3.1 地图出版

1)地图出版的概念

地图出版是指将编制的地图作品编辑加工,经过复制后由具有法定地图出版资质的专业出版机构向公众发行的活动。

根据国家地图出版的有关法律规定,普通地图由专门地图出版社出版,其他出版社不得出版。中央级专门地图出版社如中国地图出版社等,可以按照国务院出版行政管理部门批准的地图出版范围出版各种地图。地方专门地图出版社,按照国务院出版行政管理部门批准的地图出版范围,可以出版除世界性地图、全国性地图以外的各种地图。中央级专业出版社,具备出版地图的专业技术条件的,按照国务院出版行政管理部门批准的地图出版范围,可以出版本专业的专题地图。地方专业出版社具备地图出版专业技术条件的,按照国务院出版行政管理部门批准的地图出版范围,可以出版本专业的地方性专题地图。

2）地图出版管理

《地图管理条例》对地图出版有如下明确的规定。

（1）县级以上人民政府出版行政主管部门应当加强对地图出版活动的监督管理，依法对地图出版违法行为进行查处。

（2）出版单位从事地图出版活动的，应当具有国务院出版行政主管部门审核批准的地图出版业务范围，并依照《出版管理条例》的有关规定办理审批手续。

（3）出版单位根据需要，可以在出版物中插附经审核批准的地图。

（4）任何出版单位不得出版未经审定的中小学教学地图。

（5）出版单位出版地图，应当按照国家有关规定向国家图书馆、中国版本图书馆和国务院出版行政主管部门免费送交样本。

（6）地图著作权的保护，依照有关著作权法律、法规的规定执行。

8.3.2 地图展示

地图展示是指将不同类型的地图利用一定的载体在公开场合进行展出或使用。如附有地图图形的影视广告、标牌、橱窗、宣传背景、票证、壁画，以及文化用品、工艺品、纪念品、玩具等。《地图管理条例》以及《公开地图内容表示若干规定》中，对地图展示都有具体规定。主要体现在以下几个方面：

（1）展示未出版的绘有国界线或者省级行政区域界线地图的，在地图展示前，必须经过省级以上测绘地理信息主管部门审核。

（2）保密地图和内部地图不得以任何形式公开展示。

（3）公开展示的地图不得表示任何国家秘密和内部事项。

8.3.3 地图登载

地图登载指利用数字地图，经可视化处理，通过网络传输的屏幕地图。如互联网地图、车载导航地图、掌上电脑、手机地图等。地图登载管理，目的是确保登载的地图不出现质量问题，不出现危害国家主权、安全和利益的政治性问题。《地图管理条例》对互联网地图服务的规定如下。

（1）国家鼓励和支持互联网地图服务单位开展地理信息开发利用和增值服务。县级以上人民政府应当加强对互联网地图服务行业的政策扶持和监督管理。

（2）互联网地图服务单位向公众提供地理位置定位、地理信息上传标注和地图数据库开发等服务的，应当依法取得相应的测绘资质证书。互联网地图服务单位从事互联网地图出版活动的，应当经国务院出版行政主管部门依法审核批准。

（3）互联网地图服务单位应当将存放地图数据的服务器设在中华人民共和国境内，并制定互联网地图数据安全管理制度和保障措施。县级以上人民政府测绘地理信息行政主管部门应当会同有关部门加强对互联网地图数据安全的监督管理。

（4）互联网地图服务需要单位收集、使用用户个人信息的，应当明示收集、使用信息的目的、方式和范围，应当公开收集、使用规则，并经用户同意。不得泄露、篡改、出售或者非法向他人提供用户的个人信息。互联网地图服务单位应当采取技术措施和其他必要措施，防止用户的个人信息泄露、丢失。

（5）互联网地图服务单位用于提供服务的地图数据库及其他数据库不得存储、记录含有按照国家有关规定在地图上不得表示的内容。互联网地图服务单位发现其网站传输的地图信息含有不得表示的内容的，应当立即停止传输，保存有关记录，并向县级以上人民政府测绘地理信息行政主管部门、出版行政主管部门、网络安全和信息化主管部门等有关部门报告。

（6）任何单位和个人不得通过互联网上传标注含有按照国家有关规定在地图上不得表示的内容。

（7）互联网地图服务单位应当使用经依法审核批准的地图，加强对互联网地图新增内容的核查校对，并按照国家有关规定向国务院测绘地理信息行政主管部门或者省、自治区、直辖市测绘地理信息行政主管部门备案。

（8）互联网地图服务单位对在工作中获取的涉及国家秘密、商业秘密的信息，应当保密。

（9）互联网地图服务单位应当加强行业自律，推进行业信用体系建设，提高服务水平。

8.4 地图审核管理

根据《地图管理条例》第十五条第一款的规定，国家实行地图审核制度。地图审核指测绘地理信息主管部门根据地图送审单位和个人的申请，依据国家有关地图编制的技术规范和标准，对地图的内容及其表现形式进行核准的一种行政许可行为。为加强地图审核管理，国土资源部专门发布了《地图审核管理规定》，并明确规定在中华人民共和国境内公开出版地图、引进地图、展示、登载地图以及在生产加工的产品上附加的地图图形必须依法经过审核。

8.4.1 地图审核的职责权限

《地图审核管理规定》明确国务院测绘地理信息主管部门负责全国的地图审核工作的统一监督管理。省、自治区、直辖市测绘地理信息主管部门监督管理本行政区域内的地图审核工作。《地图管理条例》第十七条、第十八条规定了相应的具体职责。

国务院测绘地理信息主管部门负责下列地图的审核：

（1）全国地图以及主要表现地为两个以上省、自治区、直辖市行政区域的地图。

（2）香港特别行政区地图、澳门特别行政区地图以及台湾地区地图。

（3）世界地图以及主要表现地为国外的地图。

（4）历史地图。

省、自治区、直辖市人民政府测绘地理信息主管部门负责审核主要表现地在本行政区域范围内的地图。其中，主要表现地在设区的市行政区域范围内不涉及国界线的地图，由设区的市级人民政府测绘地理信息主管部门负责审核。

根据《地图审核管理规定》第八条的规定，在下列情况下，单位和个人（地图审核申请人）应当按照规定向地图审核部门提出地图审核申请：

（1）在地图出版、展示、登载、引进、生产、加工前。

(2)使用国务院测绘地理信息主管部门或者省级测绘地理信息主管部门提供的标准画法地图,并对地图内容进行编辑改动的。

《地图审核管理规定》第十一条同时规定,直接使用国务院测绘地理信息主管部门或者省级测绘地理信息主管部门提供的标准画法地图,未对其地图内容进行编辑改动的,可以不送审,但应当在地图上注明地图制作单位名称。同时,《地图管理条例》第十五条第二款规定,向社会公开的地图,应当报送有审核权的测绘地理信息主管部门审核。但是,景区图、街区图、地铁线路图等内容简单的地图除外。

8.4.2 申请资料及审核结果

《地图管理条例》第十六条规定:出版地图的,由出版单位送审;展示或者登载不属于出版物的地图的,由展示者或者登载者送审;进口不属于出版物的地图或者附着地图图形的产品的,由进口者送审;进口属于出版物的地图,依照《出版管理条例》的有关规定执行;出口不属于出版物的地图或者附着地图图形的产品的,由出口者送审;生产附着地图图形的产品的,由生产者送审。送审应当提交以下材料:

(1)地图审核申请表。
(2)需要审核的地图样图或者样品。
(3)地图编制单位的测绘资质证书。

进口不属于出版物的地图和附着地图图形的产品的,仅需提交前款第一项、第二项规定的材料。利用涉及国家秘密的测绘成果编制地图的,还应当提交保密技术处理证明。

地图审核是一项测绘地理信息行政许可事项,申请地图审核的条件、程序和标准等,都必须按照《中华人民共和国行政许可法》《地图管理条例》和《地图审核管理规定》进行。国务院测绘地理信息主管部门或者省、自治区、直辖市测绘地理信息主管部门对申请地图审核的,在法定期限内应当作出批准或者不予批准的决定。作出批准决定的,应当编发地图审图号,发出地图审核批准通知书,批准结果应当向社会公布。不予批准的,应当书面说明理由,并将申请材料退回申请人。经国务院测绘地理信息主管部门或者省、自治区、直辖市测绘地理信息主管部门审核过的地图,应当按照审核意见进行修改,经修改后的地图可以公开出版、展示或者登载使用。

8.4.3 地图审核内容及人员

1)根据《地图审核管理规定》,地图审核的主要内容有:
(1)保密审查。
(2)国界线、省、自治区、直辖市行政区域界线(包括中国历史疆界)和特别行政区界线。
(3)重要地理要素及名称等内容。
(4)国务院测绘地理信息主管部门规定需要审核的其他内容。

同时审核内容还应包括:地图编制是否符合国家规定的地图编制标准;地图表示内容是否含有国家有关法律、行政法规规定不得表示的内容。

2)《地图审核管理规定》中对地图审核人员应具备的条件作了如下规定:
(1)具有中级以上地图编制专业技术职称或者从事地图内容审查工作三年以上。

(2)持有国务院测绘地理信息主管部门颁发的地图审查上岗证书。

(3)从事互联网地图安全审校的人员,要持有省级以上测绘地理信息主管部门颁发的地图安全审校上岗证书。

3)地图审核申请人应履行的义务有:

(1)按照国务院测绘地理信息主管部门或者省级测绘地理信息主管部门出具的地图内容审查意见书和试制样图上的批注意见对地图进行修改。

(2)在正式出版、展示、登载以及生产的地图产品上载明地图审图号。

(3)在地图出版发行、销售前向地图审核部门报送样图一式两份备案。

8.4.4 地图审核的法律责任

根据《地图管理条例》应当送审而未送审的,责令改正,给予警告,没收违法地图或者附着地图图形的产品,可以处罚款;有违法所得的,没收违法所得。

经审核不符合国家有关标准和规定的地图未按照审核要求修改即向社会公开的,责令改正,给予警告,没收违法地图或者附着地图图形的产品,可以处罚款;有违法所得的,没收违法所得;情节严重的,责令停业整顿,降低资质等级或者吊销测绘资质证书,可以向社会通报。

未在地图的适当位置显著标注审图号,或者未按照有关规定送交样本的,责令改正,给予警告;情节严重的,责令停业整顿,降低资质等级或者吊销测绘资质证书。

互联网地图服务单位使用未经依法审核批准的地图提供服务,或者未对互联网地图新增内容进行核查校对的,责令改正,给予警告,可以处一定数量的罚款;有违法所得的,没收违法所得。

以上行为若有情节构成犯罪的,依法追究刑事责任。

8.5 互联网地图服务

8.5.1 互联网地图的概念

互联网地图指登载在互联网上或者通过互联网发送的基于服务器地理信息数据库形成的具有实时生成、交互控制、数据搜索、属性标注等特性的电子地图。通过无线互联网络调用的手机地图等也纳入互联网地图管理范畴。

8.5.2 互联网地图服务资质

从事互联网地图服务,必须依法取得互联网地图服务资质。根据《互联网地图服务专业标准》,互联网地图服务涉及地理位置定位、地理信息上传标注、地图数据库开发。从事互联网地图上述业务活动,必须依据《测绘资质管理规定》依法取得互联网地图资质。

8.5.3 互联网地图管理

互联网地图承载的地理信息是国家重要的基础性、战略性信息资源,具有严肃的政治性、严密的科学性和严格的法定性。《地图管理条例》等法规对互联网地图管理的法律规定要点如下。

（1）互联网地图服务单位向公众提供地理位置定位、地理信息上传标注和地图数据库开发等服务的，应当依法取得相应的测绘资质证书。

（2）互联网地图服务单位从事互联网地图出版活动的，应当经国务院出版行政主管部门依法审核批准。互联网地图服务单位提供增值服务（包括浏览、搜索、导航、定位、标注、复制、链接、发送、转发、引用、嵌入、下载等）必须使用经测绘地理信息主管部门审核批准的互联网地图。

（3）互联网地图的编制（包括编辑加工、格式转换、质量测评）、更新等活动，必须由取得相应电子地图编制或者导航电子地图制作专业范围测绘资质的单位承担。编制、更新互联网地图，必须遵守公开地图内容表示等有关地图管理规定。

（4）互联网地图服务单位引进的境外地图必须按相关进口地图的规定管理，提供互联网地图服务的数据库服务器不得设在境外（含港澳台地区）。

（5）互联网地图必须由相应互联网地图编制单位按照地图审核有关管理规定送审。未经依法审核批准的互联网地图，一律不得公开登载、传输。互联网地图审图号有效期为2年。在审图号有效期内地图表示内容发生变化或审图号到期前，应重新送审，取得新的审图号。

（6）互联网地图服务单位的地图安全审校人员应认真对用户上传标注的兴趣点和其他新增兴趣点进行审查，确保所有信息符合国家公开地图内容表示等有关规定。

（7）互联网地图服务单位每6个月应将新增兴趣点送交审核批准互联网地图的测绘地理信息主管部门备案。

（8）互联网地图服务单位需要收集、使用用户个人信息的，应当公开收集与使用规则，不得泄露、篡改、出售或者非法向他人提供用户的个人信息。互联网地图服务单位应当采取技术措施和其他必要措施，防止用户的个人信息泄露、丢失。

（9）互联网地图服务单位收集、使用用户个人信息的，应当明示收集、使用信息的目的、方式和范围，并经用户同意。任何单位或个人不得以任何形式进行存储、记录、传播。

（10）互联网地图服务单位用于提供服务的地图数据库及其他数据库不得存储、记录含有按照国家有关规定在地图上不得表示的内容。

（11）互联网地图服务单位发现其网站传输的地图信息含有不得表示的内容的，应当立即停止传输，保存有关记录，并向县级以上人民政府测绘地理信息主管部门、出版行政主管部门、网络安全和信息化主管部门等有关部门报告。

（12）在互联网上登载、复制、发送、转发、引用、嵌入互联网地图，必须在相应页面显著位置标明地图审图号和著作权信息，并应经互联网地图著作权人的同意。任何单位或个人不得复制、链接、发送、转发、引用、嵌入未经依法审核批准的互联网地图。

（13）各级测绘地理信息主管部门要按照属地（互联网信息服务许可证号或备案号）管理原则，强化对互联网地图及其运行系统的日常监管和跟踪检查，建立网络跟踪监管系统，加强对互联网地图服务从业人员培训，依法查处各种违法违规行为。

8.6 地理信息系统工程管理

8.6.1 地理信息系统的概念与特点

1）地理信息系统的概念

地理信息系统（GIS）是一种特定的空间信息系统，是在计算机硬件、软件系统支撑下，对整个或部分地球表层（包括大气层）空间中的有关地理分布数据进行采集、储存、管理、运算、分析、显示和描述的技术系统。地理信息系统处理、管理的对象是多种地理空间实体数据及其相互之间关系，包括空间定位数据、图形数据、遥感影像数据、属性数据等，用于分析和处理一定地理区域内分布的各种现象和过程，以解决复杂的管理、规划决策问题。《测绘资质分级标准》中将地理信息系统工程划分为地理信息数据采集、地理信息数据处理、地理信息系统及数据库建设、地面移动测量、地理信息软件开发、地理信息系统工程监理共6个专业子项。

2）地理信息系统的特点

(1) 地理信息系统的物理外壳是计算机化的技术系统。
(2) 地理信息系统的操作对象是空间数据。
(3) 地理信息系统的技术优势在于它的数据综合、模拟和分析评价能力。
(4) 地理信息系统与测绘学和地理学有着密切的关系。
(5) 建立地理信息系统是一种测绘活动。
(6) 地理信息系统具有标准化、数字化和多维结构的特点。

3）基础地理信息数据

基础地理信息数据是作为统一的空间定位框架和空间分析基础的地理信息数据，该数据反映和描述了地球表面测量控制点、水系、居民地及设施、交通、管线、境界与政区、地貌、植被与土质、地籍、地名等有关自然和社会要素的位置、形态和属性等信息。

《测绘法》第二十四条规定：建立地理信息系统，应当采用符合国家标准的基础地理信息数据。

《测绘成果管理条例》也明确规定，建立以地理信息数据为基础的信息系统，应当利用符合国家标准的基础地理信息数据。由此可知，判定地理信息系统所采用的基础地理信息数据是否符合国家标准的基础地理信息数据，是各级测绘地理信息主管部门实施地理信息系统工程监管的重要任务。

8.6.2 基础地理信息标准数据的认定

根据《基础地理信息标准数据基本规定》（GB 21139—2007），认定地理信息数据是否属于标准的基础地理信息数据，主要包括基础地理信息数据所采用的数学基础、数据内容、生产过程及数据认定四个方面。

1）数学基础

基础地理信息标准数据的平面坐标系，应采用国家规定的统一坐标系；确有必要时，可采用经依法批准的相对独立的坐标系统。高程系统应采用1985国家高程基准或1956黄海高程系;确有必要时,可采用与国家高程基准建立联系的独立高程系。深度基准应采用理论最低潮面。

基础地理信息标准数据的比例尺系列,应为 1:500、1:1000、1:2000、1:5000、1:1 万、1:2.5 万、1:5 万、1:10 万、1:25 万、1:50 万、1:100 万。

基础地理信息标准数据的地图投影方式,应为 1:100 万采用正轴等角割圆锥投影;1:2.5 万～1:50 万采用高斯—克吕格投影,按 6 度分带;1:500～1:1 万采用高斯—克吕格投影,按 3 度分带,确有必要时,按 1.5 度分带。基础地理信息标准数据若以图幅为单元,1:500～1:2000 分幅与编号按《国家基本比例尺地图图式 第 1 部分:1:500、1:1000、1:2000地形图图式》(GB/T 20257.1)执行;1:5000～1:100 万分幅与编号按《国家基本比例尺地形图分幅和编号》(GB/T 13989)执行。

2)数据内容

基础地理信息标准数据是《基础地理信息要素分类与代码》(GB/T 13923)规定的各级比例尺基础地理信息要素中的一条或多条的组合,并应采用国家标准或测绘地理信息行业标准建立元数据。

(1)测量控制点数据,应包括平面控制点、高程控制点、天文点、重力点、GPS 点和其他国家基础测量控制点的位置、属性、点之记等。

(2)水系数据,应包括河流、沟渠、湖泊、水库、海洋要素、其他水系要素和水利及附属设施的位置及属性。

(3)居民地及设施数据,应包括居民地、工矿及其设施、农业及其设施、公共服务及其设施、名胜古迹、宗教设施、科学观测站和其他建筑物及其设施的位置及属性。

(4)交通数据,应包括铁路、城际公路、城市道路、乡村道路、道路构造物及附属设施、水运设施、航道、空运设施和其他交通设施的位置及属性。

(5)管线数据,应包括输电线、通信线、油(气、水)输送主管道和城市管线的位置及属性。其中,1:2000 以下小比例尺可以不含城市管线数据,1:10 万以下小比例尺可以不含输电线数据。

(6)境界与政区数据,应包括国界、未定国界、国内各级行政区域界线(省级行政区、地市级行政区、县级行政区和乡级行政区)和其他区域界线(村界和自然保护区界)的位置及属性。

(7)地貌数据,应包括等高线、高程点注记、数字高程模型、水域等值线、水下注记点、自然地貌和人工地貌的位置及属性。

(8)植被与土质数据,应包括天然和人工植被的位置及属性。土质数据应包括砂地、戈壁、盐碱地、裸土地、荒漠和苔原的位置与属性。

(9)地名数据,应包括自然和人文的地理实体名称、位置及属性。

(10)数字正射影像数据,是经过辐射校正和几何校正,并进行投影差改正处理的影像;影像可以是彩色的,也可以是多光谱的,有时附之以主要居民地、地名、境界等矢量数据。

(11)地籍测量数据,应包括地籍(子)区、界址线、界址点和其他重要界标设施的位置以及含有坐落、土地使用者或所有者和土地等级信息等的属性。1:2000 以下小比例尺可以不含地籍测量数据。

(12)其他数据,应包括依法公布的重要地理信息数据和国务院测绘地理信息主管部门依法组织施测的其他基础地理信息数据。

3）生产过程

（1）设计书内容：设计书应依据充分、格式规范，并经项目主管部门审批认可。设计书内容应包括项目来源、目标、工作内容、资料收集与分析利用、技术路线及工艺流程、采用的标准、提交的成果及主要技术指标、质量保障措施和组织实施方案等。

（2）数据源：利用的资料和数据源应符合设计书的要求，有国家标准、行业标准或地方标准的，应符合相应的标准。

（3）技术方法：生产过程中采用的技术方法应符合设计书的要求。其中，采用的基础标准和产品标准应符合现行的相关国家标准。部分有明确要求的作业方法，应遵循相关规定。

（4）生产质量控制：生产质量控制应严格执行过程检查、最终检查和验收制度，以及设计书规定的其他质量控制要求。

（5）质检与验收单位：质量检查由生产单位完成，项目验收由项目主管部门组织或委托有关单位实施。

（6）仪器设备：使用的仪器设备应按照国家有关规定进行检定或校准。

4）数据认定

数据认定指省级以上测绘地理信息主管部门委托的认定机构证明基础地理信息数据符合相关技术标准的强制性要求的评定活动。

（1）数据认定应上交的材料包括：数据生产单位相应的测绘资质证明文件、数据生产设计书、数据经注册测绘师签字认可的证明文件、经有关主管部门检查验收的文档资料。

（2）分级认定：大地原点，一、二等平面控制点数据，水准原点，一、二等水准点数据，天文点数据，重力点数据，AA级、A级、B级卫星定位点数据，1∶2.5万～1∶100万基础地理信息数据（不含测量控制点数据），重要地理信息数据和国务院测绘地理信息主管部门依法组织施测的其他基础地理信息数据，由国务院测绘地理信息主管部门委托的机构认定，或依法律法规规定的程序审核批准。上述以外的其他等级测量控制点数据，1∶500～1∶1万基础地理信息数据（不含测量控制点数据），由数据表现地的省级测绘地理信息主管部门委托的机构认定。认定的过程与方法应遵照相应的国家标准执行。

基础地理信息数据是地理信息系统的核心和应用开发的基础，基础地理信息标准数据认定是各级测绘地理信息主管部门一项开创性的、长期性的工作。

习　题

一、单项选择题

1. 关于地图送审的说法，正确的是（　　）。

    A. 直接使用国务院测绘地理信息主管部门提供的标准画法地图，未对其地图内容进行编辑改动的应当送审，并在地图上注明地图制作单位名称

    B. 直接使用省级测绘地理信息行政主管部门提供的标准画法地图，未对其地图内容进行编辑改动的应当送审，并在地图上注明地图制作单位名称

C. 直接使用国务院测绘地理信息主管部门或者省级测绘地理信息行政主管部门提供的标准画法地图,未对其地图内容进行编辑改动的,可以不送审,但应当在地图上注明地图制作单位名称

D. 直接使用国务院测绘地理信息主管部门或者省级测绘地理信息行政主管部门提供的标准画法地图,未对其地图内容进行编辑改动的,使用单位自主决定是否送审

2. 关于公开出版、发行或者展示地图的说法,错误的是(　　)。
   A. 保密地图经批准后可以公开出版、发行或者展示
   B. 保密地图不得以任何形式公开出版、发行或者展示
   C. 内部地图不得以任何形式公开出版、发行或者展示
   D. 保密地图和内部地图不得以任何形式公开出版、发行或者展示

3. 下列内容中,可以在公开地图上表示的是(　　)。
   A. 国防、军事设施及军事单位　　　　B. 输电线路电压的精确数据
   C. 航道水深、水库库容的精确数据　　D. 国务院公布的重要地理信息数据

4. 下列地图中,由省级测绘地理信息行政主管部门负责审核的是(　　)。
   A. 涉及两个以上省级行政区域的地图
   B. 全国性和省、自治区、直辖市地方性中小学教学地图
   C. 引进的境外地图
   D. 省、自治区、直辖市行政区域范围内的地方性地图

5. 下列地图中,不属于国务院测绘地理信息主管部门可以委托省级测绘地理信息行政主管部门审核的地图是(　　)。
   A. 涉及国界线的历史地图
   B. 涉及国界线的省级行政区域地图
   C. 世界性和全国性示意地图
   D. 省、自治区、直辖市地方性中小学教学地图

6. 根据《地图编制出版管理条例》,制定中国历史疆界标准样图和世界各国间边界标准样图的部门是(　　)。
   A. 外交部
   B. 国务院测绘地理信息主管部门
   C. 外交部和国务院测绘地理信息主管部门
   D. 外交部和军队测绘部门

7. 根据《地图审核管理规定》,地图审核申请被批准后,申请人应当在地图出版发行、销售前向(　　)报送地图样图一式两份备案。
   A. 国务院测绘地理信息主管部门　　　B. 省级以上测绘地理信息行政主管部门
   C. 地图审核部门　　　　　　　　　　D. 申请单位上级主管部门

8. 根据《公开地图内容表示补充规定(试行)》,公开地图确需表示大型水利、电力、通信等设施时,其位置精度不得高于(　　)m。
   A. 20　　　　　　　B. 50　　　　　　　C. 100　　　　　　　D. 200

9. 根据《地图编制出版管理条例》,出版或者展示未出版的绘有国界线或省、自治区、直辖市行政区域界线的历史地图、界线地图和时事宣传图,应当报( )审核。

   A. 国务院测绘地理信息主管部门

   B. 外交部和国务院出版行政管理部门

   C. 外交部和国务院测绘地理信息主管部门

   D. 外交部和军队测绘部门

10. 根据《公开地图内容表示若干规定》,时事宣传图、旅游图、书刊插图和互联网上登载使用的各类示意性地图,其位置精度不能高于( )国家基本比例尺地图的精度。

    A. 1:10 万   B. 1:25 万   C. 1:50 万   D. 1:100 万

11. 根据《地图审核管理规定》,下列地图中,国务院测绘地理信息主管部门可以委托省级测绘地理信息行政主管部门审核的是( )。

    A. 世界性和全国性地图

    B. 省、自治区、直辖市地方性中小学教学地图

    C. 涉及两个以上省级行政区域的地图

    D. 涉及国界线的省、自治区、直辖市历史地图

12. 根据《地图审核管理规定》,下列地图审查内容中,测绘地理信息行政主管部门不需要审查的是( )。

    A. 保密审查

    B. 国界线、省、自治区、直辖市行政区域界线

    C. 重要地理要素及名称等内容

    D. 公开地图的比例尺、开本、经纬线等

13. 根据《公开地图内容表示补充规定(试行)》,数字高程模型格网不得小于( )m。

    A. 50   B. 100   C. 150   D. 200

14. 根据《地图审核管理规定》,审核使用国家秘密成果编制的地图时,申请人应当提交经( )进行保密技术处理和使用保密插件的证明文件。

    A. 国务院保密行政管理部门

    B. 国务院测绘地理信息主管部门

    C. 军队测绘部门

    D. 国务院测绘地理信息主管部门有关机构

二、多项选择题

1. 《地图编制出版管理条例》规定,编制地图应当符合的要求有( )。

   A. 选用最新的地图资料作为编制基础,并及时补充或者更改现势变化的内容

   B. 正确反映各要素的地理位置、形态、名称及相互关系

   C. 按照统一的表示方法绘制

   D. 具备符合地图使用目的的有关数据和专业内容

   E. 地图的比例尺符合国家规定

2. 根据《公开地图内容表示若干规定》,下列关于公开地图比例尺规定的说法中,正确的

有( )。

  A. 中国地图比例尺等于或小于1∶100万

  B. 省、自治区地图比例尺等于或小于1∶50万

  C. 直辖市地图比例尺等于或小于1∶25万

  D. 辖区面积小于10万 km² 的省、自治区、直辖市地图比例尺等于或小于1∶20万

  E. 香港、澳门特别行政区和台湾省地图比例尺不限

3. 根据《地图审核管理规定》，下列地图无明确审核标准和依据时，应当由国务院测绘地理信息主管部门受理会同外交部进行审查的有( )。

  A. 引进的境外地图　　　　　　　B. 世界性地图

  C. 世界性示意地图　　　　　　　D. 时事宣传地图

  E. 历史地图

4. 根据《公开地图内容表示补充规定（试行）》，下列属性中，属于公开地图不得表示的有( )。

  A. 重要桥梁的载重量　　　　　　B. 江河的通航能力

  C. 水库的库容属性　　　　　　　D. 沼泽地的名称属性

  E. 高压电线属性

5. 根据《地图审核管理规定》，下列内容中，属于测绘地理信息行政主管部门地图审核内容的有( )。

  A. 地图编制是否符合国家规定的地图编制标准

  B. 地图表示内容是否含有国家有关法律、行政法规规定不得表示的内容

  C. 地图所表示的国界线、行政区域界线的准确性

  D. 道路名称的准确性

  E. 重要地名在地图上的表示

6. 根据《基础地理信息标准数据基本规定》，下列资料中，属于申请基础地理信息标准数据认定时应当提交的材料有( )。

  A. 数据生产单位的测绘资质证明文件

  B. 数据生产设计书

  C. 数据经注册测绘师签字认可的证明文件

  D. 数据生产合同

  E. 经有关主管部门检查验收的文档资料

三、简答题

1. 简述公开地图禁止表示的属性。

2. 简述《测绘法》对国家基本比例尺地图作出的具体规定。

四、论述题

论述标准的基础地理信息数据认定的主要内容。

第9章 测绘法律法规选辑

9.1 中华人民共和国测绘法

(2017年4月27日第十二届全国人民代表大会常务委员会第二十七次会议第二次修订。)

第一章 总　　则

第一条　为了加强测绘管理,促进测绘事业发展,保障测绘事业为经济建设、国防建设、社会发展和生态保护服务,维护国家地理信息安全,制定本法。

第二条　在中华人民共和国领域和中华人民共和国管辖的其他海域从事测绘活动,应当遵守本法。

本法所称测绘,是指对自然地理要素或者地表人工设施的形状、大小、空间位置及其属性等进行测定、采集、表述,以及对获取的数据、信息、成果进行处理和提供的活动。

第三条　测绘事业是经济建设、国防建设、社会发展的基础性事业。各级人民政府应当加强对测绘工作的领导。

第四条　国务院测绘地理信息主管部门负责全国测绘工作的统一监督管理。国务院其他有关部门按照国务院规定的职责分工,负责本部门有关的测绘工作。

县级以上地方人民政府测绘地理信息主管部门负责本行政区域测绘工作的统一监督管理。县级以上地方人民政府其他有关部门按照本级人民政府规定的职责分工,负责本部门有关的测绘工作。

军队测绘部门负责管理军事部门的测绘工作,并按照国务院、中央军事委员会规定的职责分工负责管理海洋基础测绘工作。

第五条　从事测绘活动,应当使用国家规定的测绘基准和测绘系统,执行国家规定的测绘技术规范和标准。

第六条　国家鼓励测绘科学技术的创新和进步,采用先进的技术和设备,提高测绘水平,推动军民融合,促进测绘成果的应用。国家加强测绘科学技术的国际交流与合作。

对在测绘科学技术的创新和进步中做出重要贡献的单位和个人,按照国家有关规定给予奖励。

第七条　各级人民政府和有关部门应当加强对国家版图意识的宣传教育,增强公民的国家版图意识。新闻媒体应当开展国家版图意识的宣传。教育行政部门、学校应当将国家版图意识教育纳入中小学教学内容,加强爱国主义教育。

第八条　外国的组织或者个人在中华人民共和国领域和中华人民共和国管辖的其他海

域从事测绘活动,应当经国务院测绘地理信息主管部门会同军队测绘部门批准,并遵守中华人民共和国有关法律、行政法规的规定。

外国的组织或者个人在中华人民共和国领域从事测绘活动,应当与中华人民共和国有关部门或者单位合作进行,并不得涉及国家秘密和危害国家安全。

第二章　测绘基准和测绘系统

第九条　国家设立和采用全国统一的大地基准、高程基准、深度基准和重力基准,其数据由国务院测绘地理信息主管部门审核,并与国务院其他有关部门、军队测绘部门会商后,报国务院批准。

第十条　国家建立全国统一的大地坐标系统、平面坐标系统、高程系统、地心坐标系统和重力测量系统,确定国家大地测量等级和精度以及国家基本比例尺地图的系列和基本精度。具体规范和要求由国务院测绘地理信息主管部门会同国务院其他有关部门、军队测绘部门制定。

第十一条　因建设、城市规划和科学研究的需要,国家重大工程项目和国务院确定的大城市确需建立相对独立的平面坐标系统的,由国务院测绘地理信息主管部门批准;其他确需建立相对独立的平面坐标系统的,由省、自治区、直辖市人民政府测绘地理信息主管部门批准。

建立相对独立的平面坐标系统,应当与国家坐标系统相联系。

第十二条　国务院测绘地理信息主管部门和省、自治区、直辖市人民政府测绘地理信息主管部门应当会同本级人民政府其他有关部门,按照统筹建设、资源共享的原则,建立统一的卫星导航定位基准服务系统,提供导航定位基准信息公共服务。

第十三条　建设卫星导航定位基准站的,建设单位应当按照国家有关规定报国务院测绘地理信息主管部门或者省、自治区、直辖市人民政府测绘地理信息主管部门备案。国务院测绘地理信息主管部门应当汇总全国卫星导航定位基准站建设备案情况,并定期向军队测绘部门通报。

本法所称卫星导航定位基准站,是指对卫星导航信号进行长期连续观测,并通过通信设施将观测数据实时或者定时传送至数据中心的地面固定观测站。

第十四条　卫星导航定位基准站的建设和运行维护应当符合国家标准和要求,不得危害国家安全。

卫星导航定位基准站的建设和运行维护单位应当建立数据安全保障制度,并遵守保密法律、行政法规的规定。

县级以上人民政府测绘地理信息主管部门应当会同本级人民政府其他有关部门,加强对卫星导航定位基准站建设和运行维护的规范和指导。

第三章　基　础　测　绘

第十五条　基础测绘是公益性事业。国家对基础测绘实行分级管理。

本法所称基础测绘,是指建立全国统一的测绘基准和测绘系统,进行基础航空摄影,获取基础地理信息的遥感资料,测制和更新国家基本比例尺地图、影像图和数字化产品,建立、更新基础地理信息系统。

第十六条 国务院测绘地理信息主管部门会同国务院其他有关部门、军队测绘部门组织编制全国基础测绘规划,报国务院批准后组织实施。

县级以上地方人民政府测绘地理信息主管部门会同本级人民政府其他有关部门,根据国家和上一级人民政府的基础测绘规划及本行政区域的实际情况,组织编制本行政区域的基础测绘规划,报本级人民政府批准后组织实施。

第十七条 军队测绘部门负责编制军事测绘规划,按照国务院、中央军事委员会规定的职责分工负责编制海洋基础测绘规划,并组织实施。

第十八条 县级以上人民政府应当将基础测绘纳入本级国民经济和社会发展年度计划,将基础测绘工作所需经费列入本级政府预算。

国务院发展改革部门会同国务院测绘地理信息主管部门,根据全国基础测绘规划编制全国基础测绘年度计划。

县级以上地方人民政府发展改革部门会同本级人民政府测绘地理信息主管部门,根据本行政区域的基础测绘规划编制本行政区域的基础测绘年度计划,并分别报上一级部门备案。

第十九条 基础测绘成果应当定期更新,经济建设、国防建设、社会发展和生态保护急需的基础测绘成果应当及时更新。

基础测绘成果的更新周期根据不同地区国民经济和社会发展的需要确定。

第四章　界线测绘和其他测绘

第二十条 中华人民共和国国界线的测绘,按照中华人民共和国与相邻国家缔结的边界条约或者协定执行,由外交部组织实施。中华人民共和国地图的国界线标准样图,由外交部和国务院测绘地理信息主管部门拟定,报国务院批准后公布。

第二十一条 行政区域界线的测绘,按照国务院有关规定执行。省、自治区、直辖市和自治州、县、自治县、市行政区域界线的标准画法图,由国务院民政部门和国务院测绘地理信息主管部门拟定,报国务院批准后公布。

第二十二条 县级以上人民政府测绘地理信息主管部门应当会同本级人民政府不动产登记主管部门,加强对不动产测绘的管理。

测量土地、建筑物、构筑物和地面其他附着物的权属界址线,应当按照县级以上人民政府确定的权属界线的界址点、界址线或者提供的有关登记资料和附图进行。权属界址线发生变化的,有关当事人应当及时进行变更测绘。

第二十三条 城乡建设领域的工程测量活动,与房屋产权、产籍相关的房屋面积的测量,应当执行由国务院住房城乡建设主管部门、国务院测绘地理信息主管部门组织编制的测量技术规范。

水利、能源、交通、通信、资源开发和其他领域的工程测量活动,应当执行国家有关的工程测量技术规范。

第二十四条 建立地理信息系统,应当采用符合国家标准的基础地理信息数据。

第二十五条 县级以上人民政府测绘地理信息主管部门应当根据突发事件应对工作需要,及时提供地图、基础地理信息数据等测绘成果,做好遥感监测、导航定位等应急测绘保障工作。

第二十六条　县级以上人民政府测绘地理信息主管部门应当会同本级人民政府其他有关部门依法开展地理国情监测,并按照国家有关规定严格管理、规范使用地理国情监测成果。

各级人民政府应当采取有效措施,发挥地理国情监测成果在政府决策、经济社会发展和社会公众服务中的作用。

第五章　测绘资质资格

第二十七条　国家对从事测绘活动的单位实行测绘资质管理制度。

从事测绘活动的单位应当具备下列条件,并依法取得相应等级的测绘资质证书,方可从事测绘活动:

（一）有法人资格;

（二）有与从事的测绘活动相适应的专业技术人员;

（三）有与从事的测绘活动相适应的技术装备和设施;

（四）有健全的技术和质量保证体系、安全保障措施、信息安全保密管理制度以及测绘成果和资料档案管理制度。

第二十八条　国务院测绘地理信息主管部门和省、自治区、直辖市人民政府测绘地理信息主管部门按照各自的职责负责测绘资质审查、发放测绘资质证书。具体办法由国务院测绘地理信息主管部门商国务院其他有关部门规定。

军队测绘部门负责军事测绘单位的测绘资质审查。

第二十九条　测绘单位不得超越资质等级许可的范围从事测绘活动,不得以其他测绘单位的名义从事测绘活动,不得允许其他单位以本单位的名义从事测绘活动。

测绘项目实行招投标的,测绘项目的招标单位应当依法在招标公告或者投标邀请书中对测绘单位资质等级作出要求,不得让不具有相应测绘资质等级的单位中标,不得让测绘单位低于测绘成本中标。

中标的测绘单位不得向他人转让测绘项目。

第三十条　从事测绘活动的专业技术人员应当具备相应的执业资格条件。具体办法由国务院测绘地理信息主管部门会同国务院人力资源社会保障主管部门规定。

第三十一条　测绘人员进行测绘活动时,应当持有测绘作业证件。

任何单位和个人不得阻碍测绘人员依法进行测绘活动。

第三十二条　测绘单位的测绘资质证书、测绘专业技术人员的执业证书和测绘人员的测绘作业证件的式样,由国务院测绘地理信息主管部门统一规定。

第六章　测绘成果

第三十三条　国家实行测绘成果汇交制度。国家依法保护测绘成果的知识产权。

测绘项目完成后,测绘项目出资人或者承担国家投资的测绘项目的单位,应当向国务院测绘地理信息主管部门或者省、自治区、直辖市人民政府测绘地理信息主管部门汇交测绘成果资料。属于基础测绘项目的,应当汇交测绘成果副本;属于非基础测绘项目的,应当汇交测绘成果目录。负责接收测绘成果副本和目录的测绘地理信息主管部门应当出具测绘成果汇交凭证,并及时将测绘成果副本和目录移交给保管单位。测绘成果汇交的具体办法由国务院规定。

国务院测绘地理信息主管部门和省、自治区、直辖市人民政府测绘地理信息主管部门应当及时编制测绘成果目录,并向社会公布。

第三十四条 县级以上人民政府测绘地理信息主管部门应当积极推进公众版测绘成果的加工和编制工作,通过提供公众版测绘成果、保密技术处理等方式,促进测绘成果的社会化应用。

测绘成果保管单位应当采取措施保障测绘成果的完整和安全,并按照国家有关规定向社会公开和提供利用。

测绘成果属于国家秘密的,适用保密法律、行政法规的规定;需要对外提供的,按照国务院和中央军事委员会规定的审批程序执行。

测绘成果的秘密范围和秘密等级,应当依照保密法律、行政法规的规定,按照保障国家秘密安全、促进地理信息共享和应用的原则确定并及时调整、公布。

第三十五条 使用财政资金的测绘项目和涉及测绘的其他使用财政资金的项目,有关部门在批准立项前应当征求本级人民政府测绘地理信息主管部门的意见;有适宜测绘成果的,应当充分利用已有的测绘成果,避免重复测绘。

第三十六条 基础测绘成果和国家投资完成的其他测绘成果,用于政府决策、国防建设和公共服务的,应当无偿提供。

除前款规定情形外,测绘成果依法实行有偿使用制度。但是,各级人民政府及有关部门和军队因防灾减灾、应对突发事件、维护国家安全等公共利益的需要,可以无偿使用。

测绘成果使用的具体办法由国务院规定。

第三十七条 中华人民共和国领域和中华人民共和国管辖的其他海域的位置、高程、深度、面积、长度等重要地理信息数据,由国务院测绘地理信息主管部门审核,并与国务院其他有关部门、军队测绘部门会商后,报国务院批准,由国务院或者国务院授权的部门公布。

第三十八条 地图的编制、出版、展示、登载及更新应当遵守国家有关地图编制标准、地图内容表示、地图审核的规定。

互联网地图服务提供者应当使用经依法审核批准的地图,建立地图数据安全管理制度,采取安全保障措施,加强对互联网地图新增内容的核校,提高服务质量。

县级以上人民政府和测绘地理信息主管部门、网信部门等有关部门应当加强对地图编制、出版、展示、登载和互联网地图服务的监督管理,保证地图质量,维护国家主权、安全和利益。

地图管理的具体办法由国务院规定。

第三十九条 测绘单位应当对完成的测绘成果质量负责。县级以上人民政府测绘地理信息主管部门应当加强对测绘成果质量的监督管理。

第四十条 国家鼓励发展地理信息产业,推动地理信息产业结构调整和优化升级,支持开发各类地理信息产品,提高产品质量,推广使用安全可信的地理信息技术和设备。

县级以上人民政府应当建立健全政府部门间地理信息资源共建共享机制,引导和支持企业提供地理信息社会化服务,促进地理信息广泛应用。

县级以上人民政府测绘地理信息主管部门应当及时获取、处理、更新基础地理信息数据,通过地理信息公共服务平台向社会提供地理信息公共服务,实现地理信息数据开放共享。

第七章　测量标志保护

第四十一条　任何单位和个人不得损毁或者擅自移动永久性测量标志和正在使用中的临时性测量标志,不得侵占永久性测量标志用地,不得在永久性测量标志安全控制范围内从事危害测量标志安全和使用效能的活动。

本法所称永久性测量标志,是指各等级的三角点、基线点、导线点、军用控制点、重力点、天文点、水准点和卫星定位点的觇标和标石标志,以及用于地形测图、工程测量和形变测量的固定标志和海底大地点设施。

第四十二条　永久性测量标志的建设单位应当对永久性测量标志设立明显标记,并委托当地有关单位指派专人负责保管。

第四十三条　进行工程建设,应当避开永久性测量标志;确实无法避开,需要拆迁永久性测量标志或者使永久性测量标志失去使用效能的,应当经省、自治区、直辖市人民政府测绘地理信息主管部门批准;涉及军用控制点的,应当征得军队测绘部门的同意。所需迁建费用由工程建设单位承担。

第四十四条　测绘人员使用永久性测量标志,应当持有测绘作业证件,并保证测量标志的完好。

保管测量标志的人员应当查验测量标志使用后的完好状况。

第四十五条　县级以上人民政府应当采取有效措施加强测量标志的保护工作。

县级以上人民政府测绘地理信息主管部门应当按照规定检查、维护永久性测量标志。

乡级人民政府应当做好本行政区域内的测量标志保护工作。

第八章　监　督　管　理

第四十六条　县级以上人民政府测绘地理信息主管部门应当会同本级人民政府其他有关部门建立地理信息安全管理制度和技术防控体系,并加强对地理信息安全的监督管理。

第四十七条　地理信息生产、保管、利用单位应当对属于国家秘密的地理信息的获取、持有、提供、利用情况进行登记并长期保存,实行可追溯管理。

从事测绘活动涉及获取、持有、提供、利用属于国家秘密的地理信息,应当遵守保密法律、行政法规和国家有关规定。

地理信息生产、利用单位和互联网地图服务提供者收集、使用用户个人信息的,应当遵守法律、行政法规关于个人信息保护的规定。

第四十八条　县级以上人民政府测绘地理信息主管部门应当对测绘单位实行信用管理,并依法将其信用信息予以公示。

第四十九条　县级以上人民政府测绘地理信息主管部门应当建立健全随机抽查机制,依法履行监督检查职责,发现涉嫌违反本法规定行为的,可以依法采取下列措施:

(一)查阅、复制有关合同、票据、账簿、登记台账以及其他有关文件、资料;
(二)查封、扣押与涉嫌违法测绘行为直接相关的设备、工具、原材料、测绘成果资料等。
被检查的单位和个人应当配合,如实提供有关文件、资料,不得隐瞒、拒绝和阻碍。

任何单位和个人对违反本法规定的行为,有权向县级以上人民政府测绘地理信息主管部门举报。接到举报的测绘地理信息主管部门应当及时依法处理。

第九章 法律责任

第五十条 违反本法规定,县级以上人民政府测绘地理信息主管部门或者其他有关部门工作人员利用职务上的便利收受他人财物、其他好处或者玩忽职守,对不符合法定条件的单位核发测绘资质证书,不依法履行监督管理职责,或者发现违法行为不予查处的,对负有责任的领导人员和直接责任人员,依法给予处分;构成犯罪的,依法追究刑事责任。

第五十一条 违反本法规定,外国的组织或者个人未经批准,或者未与中华人民共和国有关部门、单位合作,擅自从事测绘活动的,责令停止违法行为,没收违法所得、测绘成果和测绘工具,并处十万元以上五十万元以下的罚款;情节严重的,并处五十万元以上一百万元以下的罚款,限期出境或者驱逐出境;构成犯罪的,依法追究刑事责任。

第五十二条 违反本法规定,未经批准擅自建立相对独立的平面坐标系统,或者采用不符合国家标准的基础地理信息数据建立地理信息系统的,给予警告,责令改正,可以并处五十万元以下的罚款;对直接负责的主管人员和其他直接责任人员,依法给予处分。

第五十三条 违反本法规定,卫星导航定位基准站建设单位未报备案的,给予警告,责令限期改正;逾期不改正的,处十万元以上三十万元以下的罚款;对直接负责的主管人员和其他直接责任人员,依法给予处分。

第五十四条 违反本法规定,卫星导航定位基准站的建设和运行维护不符合国家标准、要求的,给予警告,责令限期改正,没收违法所得和测绘成果,并处三十万元以上五十万元以下的罚款;逾期不改正的,没收相关设备;对直接负责的主管人员和其他直接责任人员,依法给予处分;构成犯罪的,依法追究刑事责任。

第五十五条 违反本法规定,未取得测绘资质证书,擅自从事测绘活动的,责令停止违法行为,没收违法所得和测绘成果,并处测绘约定报酬一倍以上二倍以下的罚款;情节严重的,没收测绘工具。

以欺骗手段取得测绘资质证书从事测绘活动的,吊销测绘资质证书,没收违法所得和测绘成果,并处测绘约定报酬一倍以上二倍以下的罚款;情节严重的,没收测绘工具。

第五十六条 违反本法规定,测绘单位有下列行为之一的,责令停止违法行为,没收违法所得和测绘成果,处测绘约定报酬一倍以上二倍以下的罚款,并可以责令停业整顿或者降低测绘资质等级;情节严重的,吊销测绘资质证书:

(一)超越资质等级许可的范围从事测绘活动;
(二)以其他测绘单位的名义从事测绘活动;
(三)允许其他单位以本单位的名义从事测绘活动。

第五十七条 违反本法规定,测绘项目的招标单位让不具有相应资质等级的测绘单位中标,或者让测绘单位低于测绘成本中标的,责令改正,可以处测绘约定报酬二倍以下的罚款。招标单位的工作人员利用职务上的便利,索取他人财物,或者非法收受他人财物为他人谋取利益的,依法给予处分;构成犯罪的,依法追究刑事责任。

第五十八条 违反本法规定,中标的测绘单位向他人转让测绘项目的,责令改正,没收违法所得,处测绘约定报酬一倍以上二倍以下的罚款,并可以责令停业整顿或者降低测绘资质等级;情节严重的,吊销测绘资质证书。

第五十九条 违反本法规定,未取得测绘执业资格,擅自从事测绘活动的,责令停止违法行为,没收违法所得和测绘成果,对其所在单位可以处违法所得二倍以下的罚款;情节严重的,没收测绘工具;造成损失的,依法承担赔偿责任。

第六十条 违反本法规定,不汇交测绘成果资料的,责令限期汇交;测绘项目出资人逾期不汇交的,处重测所需费用一倍以上二倍以下的罚款;承担国家投资的测绘项目的单位逾期不汇交的,处五万元以上二十万元以下的罚款,并处暂扣测绘资质证书,自暂扣测绘资质证书之日起六个月内仍不汇交的,吊销测绘资质证书;对直接负责的主管人员和其他直接责任人员,依法给予处分。

第六十一条 违反本法规定,擅自发布中华人民共和国领域和中华人民共和国管辖的其他海域的重要地理信息数据的,给予警告,责令改正,可以并处五十万元以下的罚款;对直接负责的主管人员和其他直接责任人员,依法给予处分;构成犯罪的,依法追究刑事责任。

第六十二条 违反本法规定,编制、出版、展示、登载、更新的地图或者互联网地图服务不符合国家有关地图管理规定的,依法给予行政处罚、处分;构成犯罪的,依法追究刑事责任。

第六十三条 违反本法规定,测绘成果质量不合格的,责令测绘单位补测或者重测;情节严重的,责令停业整顿,并处降低测绘资质等级或者吊销测绘资质证书;造成损失的,依法承担赔偿责任。

第六十四条 违反本法规定,有下列行为之一的,给予警告,责令改正,可以并处二十万元以下的罚款;对直接负责的主管人员和其他直接责任人员,依法给予处分;造成损失的,依法承担赔偿责任;构成犯罪的,依法追究刑事责任:

(一)损毁、擅自移动永久性测量标志或者正在使用中的临时性测量标志;

(二)侵占永久性测量标志用地;

(三)在永久性测量标志安全控制范围内从事危害测量标志安全和使用效能的活动;

(四)擅自拆迁永久性测量标志或者使永久性测量标志失去使用效能,或者拒绝支付迁建费用;

(五)违反操作规程使用永久性测量标志,造成永久性测量标志毁损。

第六十五条 违反本法规定,地理信息生产、保管、利用单位未对属于国家秘密的地理信息的获取、持有、提供、利用情况进行登记、长期保存的,给予警告,责令改正,可以并处二十万元以下的罚款;泄露国家秘密的,责令停业整顿,并处降低测绘资质等级或者吊销测绘资质证书;构成犯罪的,依法追究刑事责任。

违反本法规定,获取、持有、提供、利用属于国家秘密的地理信息的,给予警告,责令停止违法行为,没收违法所得,可以并处违法所得二倍以下的罚款;对直接负责的主管人员和其他直接责任人员,依法给予处分;造成损失的,依法承担赔偿责任;构成犯罪的,依法追究刑事责任。

第六十六条　本法规定的降低测绘资质等级、暂扣测绘资质证书、吊销测绘资质证书的行政处罚,由颁发测绘资质证书的部门决定;其他行政处罚,由县级以上人民政府测绘地理信息主管部门决定。

本法第五十一条规定的限期出境和驱逐出境由公安机关依法决定并执行。

第十章　附　　则

第六十七条　军事测绘管理办法由中央军事委员会根据本法规定。

第六十八条　本法自 2017 年 7 月 1 日起施行。

9.2　地图管理条例

(2015 年 11 月 11 日国务院第 111 次常务会议通过,2015 年 11 月 26 日中华人民共和国国务院第 664 号令公布,自 2016 年 1 月 1 日起施行。)

第一章　总　　则

第一条　为了加强地图管理,维护国家主权、安全和利益,促进地理信息产业健康发展,为经济建设、社会发展和人民生活服务,根据《中华人民共和国测绘法》,制定本条例。

第二条　在中华人民共和国境内从事向社会公开的地图的编制、审核、出版和互联网地图服务以及监督检查活动,应当遵守本条例。

第三条　地图工作应当遵循维护国家主权、保障地理信息安全、方便群众生活的原则。

地图的编制、审核、出版和互联网地图服务应当遵守有关保密法律、法规的规定。

第四条　国务院测绘地理信息主管部门负责全国地图工作的统一监督管理。国务院其他有关部门按照国务院规定的职责分工,负责有关的地图工作。

县级以上地方人民政府负责管理测绘地理信息工作的行政部门(以下称测绘地理信息主管部门)负责本行政区域地图工作的统一监督管理。县级以上地方人民政府其他有关部门按照本级人民政府规定的职责分工,负责有关的地图工作。

第五条　各级人民政府及其有关部门、新闻媒体应当加强国家版图宣传教育,增强公民的国家版图意识。

国家版图意识教育应当纳入中小学教学内容。

公民、法人和其他组织应当使用正确表示国家版图的地图。

第六条　国家鼓励编制和出版符合标准和规定的各类地图产品,支持地理信息科学技术创新和产业发展,加快地理信息产业结构调整和优化升级,促进地理信息深层次应用。

县级以上人民政府应当建立健全政府部门间地理信息资源共建共享机制。

县级以上人民政府测绘地理信息主管部门应当采取有效措施,及时获取、处理、更新基础地理信息数据,通过地理信息公共服务平台向社会提供地理信息公共服务,实现地理信息数据开放共享。

第二章 地 图 编 制

第七条 从事地图编制活动的单位应当依法取得相应的测绘资质证书,并在资质等级许可的范围内开展地图编制工作。

第八条 编制地图,应当执行国家有关地图编制标准,遵守国家有关地图内容表示的规定。

地图上不得表示下列内容:

(一)危害国家统一、主权和领土完整的;

(二)危害国家安全、损害国家荣誉和利益的;

(三)属于国家秘密的;

(四)影响民族团结、侵害民族风俗习惯的;

(五)法律、法规规定不得表示的其他内容。

第九条 编制地图,应当选用最新的地图资料并及时补充或者更新,正确反映各要素的地理位置、形态、名称及相互关系,且内容符合地图使用目的。

编制涉及中华人民共和国国界的世界地图、全国地图,应当完整表示中华人民共和国疆域。

第十条 在地图上绘制中华人民共和国国界、中国历史疆界、世界各国间边界、世界各国间历史疆界,应当遵守下列规定:

(一)中华人民共和国国界,按照中国国界线画法标准样图绘制;

(二)中国历史疆界,依据有关历史资料,按照实际历史疆界绘制;

(三)世界各国间边界,按照世界各国国界线画法参考样图绘制;

(四)世界各国间历史疆界,依据有关历史资料,按照实际历史疆界绘制。

中国国界线画法标准样图、世界各国国界线画法参考样图,由外交部和国务院测绘地理信息主管部门拟订,报国务院批准后公布。

第十一条 在地图上绘制我国县级以上行政区域界线或者范围,应当符合行政区域界线标准画法图、国务院批准公布的特别行政区行政区域图和国家其他有关规定。

行政区域界线标准画法图由国务院民政部门和国务院测绘地理信息主管部门拟订,报国务院批准后公布。

第十二条 在地图上表示重要地理信息数据,应当使用依法公布的重要地理信息数据。

第十三条 利用涉及国家秘密的测绘成果编制地图的,应当依法使用经国务院测绘地理信息主管部门或者省、自治区、直辖市人民政府测绘地理信息主管部门进行保密技术处理的测绘成果。

第十四条 县级以上人民政府测绘地理信息主管部门应当向社会公布公益性地图,供无偿使用。

县级以上人民政府测绘地理信息主管部门应当及时组织收集与地图内容相关的行政区划、地名、交通、水系、植被、公共设施、居民点等的变更情况,用于定期更新公益性地图。有关部门和单位应当及时提供相关更新资料。

第三章 地 图 审 核

第十五条 国家实行地图审核制度。

向社会公开的地图,应当报送有审核权的测绘地理信息主管部门审核。但是,景区图、街区图、地铁线路图等内容简单的地图除外。

地图审核不得收取费用。

第十六条 出版地图的,由出版单位送审;展示或者登载不属于出版物的地图的,由展示者或者登载者送审;进口不属于出版物的地图或者附着地图图形的产品的,由进口者送审;进口属于出版物的地图,依照《出版管理条例》的有关规定执行;出口不属于出版物的地图或者附着地图图形的产品的,由出口者送审;生产附着地图图形的产品的,由生产者送审。

送审应当提交以下材料:

(一)地图审核申请表;

(二)需要审核的地图样图或者样品;

(三)地图编制单位的测绘资质证书。

进口不属于出版物的地图和附着地图图形的产品的,仅需提交前款第一项、第二项规定的材料。利用涉及国家秘密的测绘成果编制地图的,还应当提交保密技术处理证明。

第十七条 国务院测绘地理信息主管部门负责下列地图的审核:

(一)全国地图以及主要表现地为两个以上省、自治区、直辖市行政区域的地图;

(二)香港特别行政区地图、澳门特别行政区地图以及台湾地区地图;

(三)世界地图以及主要表现地为国外的地图;

(四)历史地图。

第十八条 省、自治区、直辖市人民政府测绘地理信息主管部门负责审核主要表现地在本行政区域范围内的地图。其中,主要表现地在设区的市行政区域范围内不涉及国界线的地图,由设区的市级人民政府测绘地理信息主管部门负责审核。

第十九条 有审核权的测绘地理信息主管部门应当自受理地图审核申请之日起20个工作日内,作出审核决定。

时事宣传地图、时效性要求较高的图书和报刊等插附地图的,应当自受理地图审核申请之日起7个工作日内,作出审核决定。

应急保障等特殊情况需要使用地图的,应当即送即审。

第二十条 涉及专业内容的地图,应当依照国务院测绘地理信息主管部门会同有关部门制定的审核依据进行审核。没有明确审核依据的,由有审核权的测绘地理信息主管部门征求有关部门的意见,有关部门应当自收到征求意见材料之日起20个工作日内提出意见。征求意见时间不计算在地图审核的期限内。

世界地图、历史地图、时事宣传地图没有明确审核依据的,由国务院测绘地理信息主管部门商外交部进行审核。

第二十一条 送审地图符合下列规定的,由有审核权的测绘地理信息主管部门核发地图审核批准文件,并注明审图号:

(一)符合国家有关地图编制标准,完整表示中华人民共和国疆域;

(二)国界、边界、历史疆界、行政区域界线或者范围、重要地理信息数据、地名等符合国家有关地图内容表示的规定;

(三)不含有地图上不得表示的内容。

地图审核批准文件和审图号应当在有审核权的测绘地理信息主管部门网站或者其他新闻媒体上及时公告。

第二十二条　经审核批准的地图,应当在地图或者附着地图图形的产品的适当位置显著标注审图号。其中,属于出版物的,应当在版权页标注审图号。

第二十三条　全国性中小学教学地图,由国务院教育行政部门会同国务院测绘地理信息主管部门、外交部组织审定;地方性中小学教学地图,由省、自治区、直辖市人民政府教育行政部门会同省、自治区、直辖市人民政府测绘地理信息主管部门组织审定。

第二十四条　任何单位和个人不得出版、展示、登载、销售、进口、出口不符合国家有关标准和规定的地图,不得携带、寄递不符合国家有关标准和规定的地图进出境。

进口、出口地图的,应当向海关提交地图审核批准文件和审图号。

第二十五条　经审核批准的地图,送审者应当按照有关规定向有审核权的测绘地理信息主管部门免费送交样本。

第四章　地　图　出　版

第二十六条　县级以上人民政府出版行政主管部门应当加强对地图出版活动的监督管理,依法对地图出版违法行为进行查处。

第二十七条　出版单位从事地图出版活动的,应当具有国务院出版行政主管部门审核批准的地图出版业务范围,并依照《出版管理条例》的有关规定办理审批手续。

第二十八条　出版单位根据需要,可以在出版物中插附经审核批准的地图。

第二十九条　任何出版单位不得出版未经审定的中小学教学地图。

第三十条　出版单位出版地图,应当按照国家有关规定向国家图书馆、中国版本图书馆和国务院出版行政主管部门免费送交样本。

第三十一条　地图著作权的保护,依照有关著作权法律、法规的规定执行。

第五章　互联网地图服务

第三十二条　国家鼓励和支持互联网地图服务单位开展地理信息开发利用和增值服务。

县级以上人民政府应当加强对互联网地图服务行业的政策扶持和监督管理。

第三十三条　互联网地图服务单位向公众提供地理位置定位、地理信息上传标注和地图数据库开发等服务的,应当依法取得相应的测绘资质证书。

互联网地图服务单位从事互联网地图出版活动的,应当经国务院出版行政主管部门依法审核批准。

第三十四条　互联网地图服务单位应当将存放地图数据的服务器设在中华人民共和国境内,并制定互联网地图数据安全管理制度和保障措施。

县级以上人民政府测绘地理信息主管部门应当会同有关部门加强对互联网地图数据安全的监督管理。

第三十五条 互联网地图服务单位收集、使用用户个人信息的,应当明示收集、使用信息的目的、方式和范围,并经用户同意。

互联网地图服务单位需要收集、使用用户个人信息的,应当公开收集、使用规则,不得泄露、篡改、出售或者非法向他人提供用户的个人信息。

互联网地图服务单位应当采取技术措施和其他必要措施,防止用户的个人信息泄露、丢失。

第三十六条 互联网地图服务单位用于提供服务的地图数据库及其他数据库不得存储、记录含有按照国家有关规定在地图上不得表示的内容。互联网地图服务单位发现其网站传输的地图信息含有不得表示的内容的,应当立即停止传输,保存有关记录,并向县级以上人民政府测绘地理信息主管部门、出版行政主管部门、网络安全和信息化主管部门等有关部门报告。

第三十七条 任何单位和个人不得通过互联网上传标注含有按照国家有关规定在地图上不得表示的内容。

第三十八条 互联网地图服务单位应当使用经依法审核批准的地图,加强对互联网地图新增内容的核查校对,并按照国家有关规定向国务院测绘地理信息主管部门或者省、自治区、直辖市测绘地理信息主管部门备案。

第三十九条 互联网地图服务单位对在工作中获取的涉及国家秘密、商业秘密的信息,应当保密。

第四十条 互联网地图服务单位应当加强行业自律,推进行业信用体系建设,提高服务水平。

第四十一条 从事互联网地图服务活动,适用本章的规定;本章没有规定的,适用本条例其他有关规定。

第六章 监督检查

第四十二条 县级以上人民政府及其有关部门应当依法加强对地图编制、出版、展示、登载、生产、销售、进口、出口等活动的监督检查。

第四十三条 县级以上人民政府测绘地理信息主管部门、出版行政主管部门和其他有关部门依法进行监督检查时,有权采取下列措施:

(一)进入涉嫌地图违法行为的场所实施现场检查;

(二)查阅、复制有关合同、票据、账簿等资料;

(三)查封、扣押涉嫌违法的地图、附着地图图形的产品以及用于实施地图违法行为的设备、工具、原材料等。

第四十四条 国务院测绘地理信息主管部门、国务院出版行政主管部门应当建立健全地图监督管理信息系统,实现信息资源共享,方便公众查询。

第四十五条 县级以上人民政府测绘地理信息主管部门应当根据国家有关标准和技术规范,加强地图质量监督管理。

地图编制、出版、展示、登载、生产、销售、进口、出口单位应当建立健全地图质量责任制度,采取有效措施,保证地图质量。

第四十六条 任何单位和个人对地图违法行为有权进行举报。

接到举报的人民政府或者有关部门应当及时依法调查处理,并为举报人保密。

第七章 法律责任

第四十七条 县级以上人民政府及其有关部门违反本条例规定,有下列行为之一的,由主管机关或者监察机关责令改正;情节严重的,对直接负责的主管人员和其他直接责任人员依法给予处分;直接负责的主管人员和其他直接责任人员的行为构成犯罪的,依法追究刑事责任:

(一)不依法作出行政许可决定或者办理批准文件的;

(二)发现违法行为或者接到对违法行为的举报不予查处的;

(三)其他未依照本条例规定履行职责的行为。

第四十八条 违反本条例规定,未取得测绘资质证书或者超越测绘资质等级许可的范围从事地图编制活动或者互联网地图服务活动的,依照《中华人民共和国测绘法》的有关规定进行处罚。

第四十九条 违反本条例规定,应当送审而未送审的,责令改正,给予警告,没收违法地图或者附着地图图形的产品,可以处10万元以下的罚款;有违法所得的,没收违法所得;构成犯罪的,依法追究刑事责任。

第五十条 违反本条例规定,不需要送审的地图不符合国家有关标准和规定的,责令改正,给予警告,没收违法地图或者附着地图图形的产品,可以处10万元以下的罚款;有违法所得的,没收违法所得;情节严重的,可以向社会通报;构成犯罪的,依法追究刑事责任。

第五十一条 违反本条例规定,经审核不符合国家有关标准和规定的地图未按照审核要求修改即向社会公开的,责令改正,给予警告,没收违法地图或者附着地图图形的产品,可以处10万元以下的罚款;有违法所得的,没收违法所得;情节严重的,责令停业整顿,降低资质等级或者吊销测绘资质证书,可以向社会通报;构成犯罪的,依法追究刑事责任。

第五十二条 违反本条例规定,弄虚作假、伪造申请材料骗取地图审核批准文件,或者伪造、冒用地图审核批准文件和审图号的,责令停止违法行为,给予警告,没收违法地图和附着地图图形的产品,并处10万元以上20万元以下的罚款;有违法所得的,没收违法所得;情节严重的,责令停业整顿,降低资质等级或者吊销测绘资质证书;构成犯罪的,依法追究刑事责任。

第五十三条 违反本条例规定,未在地图的适当位置显著标注审图号,或者未按照有关规定送交样本的,责令改正,给予警告;情节严重的,责令停业整顿,降低资质等级或者吊销测绘资质证书。

第五十四条 违反本条例规定,互联网地图服务单位使用未经依法审核批准的地图提供服务,或者未对互联网地图新增内容进行核查校对的,责令改正,给予警告,可以处20万元以下的罚款;有违法所得的,没收违法所得;情节严重的,责令停业整顿,降低资质等级或者吊销测绘资质证书;构成犯罪的,依法追究刑事责任。

第五十五条 违反本条例规定,通过互联网上传标注了含有按照国家有关规定在地图上不得表示的内容的,责令改正,给予警告,可以处10万元以下的罚款;构成犯罪的,依法追究刑事责任。

第五十六条 本条例规定的降低资质等级、吊销测绘资质证书的行政处罚,由颁发资质证书的部门决定;其他行政处罚由县级以上人民政府测绘地理信息主管部门决定。

第八章 附 则

第五十七条 军队单位编制的地图的管理以及海图的管理,按照国务院、中央军事委员会的规定执行。

第五十八条 本条例自 2016 年 1 月 1 日起施行。国务院 1995 年 7 月 10 日发布的《中华人民共和国地图编制出版管理条例》同时废止。

9.3 基础测绘条例

(2009 年 5 月 6 日国务院第 62 次常务会议通过,2009 年 5 月 12 日国务院第 556 号令公布,自 2009 年 8 月 1 日起施行。)

第一章 总 则

第一条 为了加强基础测绘管理,规范基础测绘活动,保障基础测绘事业为国家经济建设、国防建设和社会发展服务,根据《中华人民共和国测绘法》,制定本条例。

第二条 在中华人民共和国领域和中华人民共和国管辖的其他海域从事基础测绘活动,适用本条例。

本条例所称基础测绘,是指建立全国统一的测绘基准和测绘系统,进行基础航空摄影,获取基础地理信息的遥感资料,测制和更新国家基本比例尺地图、影像图和数字化产品,建立、更新基础地理信息系统。

在中华人民共和国领海、中华人民共和国领海基线向陆地一侧至海岸线的海域和中华人民共和国管辖的其他海域从事海洋基础测绘活动,按照国务院、中央军事委员会的有关规定执行。

第三条 基础测绘是公益性事业。

县级以上人民政府应当加强对基础测绘工作的领导,将基础测绘纳入本级国民经济和社会发展规划及年度计划,所需经费列入本级财政预算。

国家对边远地区和少数民族地区的基础测绘给予财政支持。具体办法由财政部门会同同级测绘行政主管部门制定。

第四条 基础测绘工作应当遵循统筹规划、分级管理、定期更新、保障安全的原则。

第五条 国务院测绘行政主管部门负责全国基础测绘工作的统一监督管理。

县级以上地方人民政府负责管理测绘工作的行政部门(以下简称测绘行政主管部门)负责本行政区域基础测绘工作的统一监督管理。

第六条 国家鼓励在基础测绘活动中采用先进科学技术和先进设备,加强基础研究和信息化测绘体系建设,建立统一的基础地理信息公共服务平台,实现基础地理信息资源共享,提高基础测绘保障服务能力。

第二章　基础测绘规划

第七条　国务院测绘行政主管部门会同国务院其他有关部门、军队测绘主管部门,组织编制全国基础测绘规划,报国务院批准后组织实施。

县级以上地方人民政府测绘行政主管部门会同本级人民政府其他有关部门,根据国家和上一级人民政府的基础测绘规划和本行政区域的实际情况,组织编制本行政区域的基础测绘规划,报本级人民政府批准,并报上一级测绘行政主管部门备案后组织实施。

第八条　基础测绘规划报送审批前,组织编制机关应当组织专家进行论证,并征求有关部门和单位的意见。其中,地方的基础测绘规划,涉及军事禁区、军事管理区或者作战工程的,还应当征求军事机关的意见。

基础测绘规划报送审批文件中应当附具意见采纳情况及理由。

第九条　组织编制机关应当依法公布经批准的基础测绘规划。

经批准的基础测绘规划是开展基础测绘工作的依据,未经法定程序不得修改;确需修改的,应当按照本条例规定的原审批程序报送审批。

第十条　国务院发展改革部门会同国务院测绘行政主管部门,编制全国基础测绘年度计划。

县级以上地方人民政府发展改革部门会同同级测绘行政主管部门,编制本行政区域的基础测绘年度计划,并分别报上一级主管部门备案。

第十一条　县级以上人民政府测绘行政主管部门应当根据应对自然灾害等突发事件的需要,制定相应的基础测绘应急保障预案。

基础测绘应急保障预案的内容应当包括:应急保障组织体系,应急装备和器材配备,应急响应,基础地理信息数据的应急测制和更新等应急保障措施。

第三章　基础测绘项目的组织实施

第十二条　下列基础测绘项目,由国务院测绘行政主管部门组织实施:
(一)建立全国统一的测绘基准和测绘系统;
(二)建立和更新国家基础地理信息系统;
(三)组织实施国家基础航空摄影;
(四)获取国家基础地理信息遥感资料;
(五)测制和更新全国1:100万至1:2.5万国家基本比例尺地图、影像图和数字化产品;
(六)国家急需的其他基础测绘项目。

第十三条　下列基础测绘项目,由省、自治区、直辖市人民政府测绘行政主管部门组织实施:
(一)建立本行政区域内与国家测绘系统相统一的大地控制网和高程控制网;
(二)建立和更新地方基础地理信息系统;
(三)组织实施地方基础航空摄影;

(四)获取地方基础地理信息遥感资料；

(五)测制和更新本行政区域1∶1万至1∶5000国家基本比例尺地图、影像图和数字化产品。

第十四条 设区的市、县级人民政府依法组织实施1∶2000至1∶500比例尺地图、影像图和数字化产品的测制和更新以及地方性法规、地方政府规章确定由其组织实施的基础测绘项目。

第十五条 组织实施基础测绘项目，应当依据基础测绘规划和基础测绘年度计划，依法确定基础测绘项目承担单位。

第十六条 基础测绘项目承担单位应当具有与所承担的基础测绘项目相应等级的测绘资质，并不得超越其资质等级许可的范围从事基础测绘活动。

基础测绘项目承担单位应当具备健全的保密制度和完善的保密设施，严格执行有关保守国家秘密法律、法规的规定。

第十七条 从事基础测绘活动，应当使用全国统一的大地基准、高程基准、深度基准、重力基准，以及全国统一的大地坐标系统、平面坐标系统、高程系统、地心坐标系统、重力测量系统，执行国家规定的测绘技术规范和标准。

因建设、城市规划和科学研究的需要，确需建立相对独立的平面坐标系统的，应当与国家坐标系统相联系。

第十八条 县级以上人民政府及其有关部门应当遵循科学规划、合理布局、有效利用、兼顾当前与长远需要的原则，加强基础测绘设施建设，避免重复投资。

国家安排基础测绘设施建设资金，应当优先考虑航空摄影测量、卫星遥感、数据传输以及基础测绘应急保障的需要。

第十九条 国家依法保护基础测绘设施。

任何单位和个人不得侵占、损毁、拆除或者擅自移动基础测绘设施。基础测绘设施遭受破坏的，县级以上地方人民政府测绘行政主管部门应当及时采取措施，组织力量修复，确保基础测绘活动正常进行。

第二十条 县级以上人民政府测绘行政主管部门应当加强基础航空摄影和用于测绘的高分辨率卫星影像获取与分发的统筹协调，做好基础测绘应急保障工作，配备相应的装备和器材，组织开展培训和演练，不断提高基础测绘应急保障服务能力。

自然灾害等突发事件发生后，县级以上人民政府测绘行政主管部门应当立即启动基础测绘应急保障预案，采取有效措施，开展基础地理信息数据的应急测制和更新工作。

第四章 基础测绘成果的更新与利用

第二十一条 国家实行基础测绘成果定期更新制度。

基础测绘成果更新周期应当根据不同地区国民经济和社会发展的需要、测绘科学技术水平和测绘生产能力、基础地理信息变化情况等因素确定。其中，1∶100万至1∶5000国家基本比例尺地图、影像图和数字化产品至少5年更新一次；自然灾害多发地区以及国民经济、国防建设和社会发展急需的基础测绘成果应当及时更新。

基础测绘成果更新周期确定的具体办法，由国务院测绘行政主管部门会同军队测绘主管部门和国务院其他有关部门制定。

第二十二条　县级以上人民政府测绘行政主管部门应当及时收集有关行政区域界线、地名、水系、交通、居民点、植被等地理信息的变化情况,定期更新基础测绘成果。

县级以上人民政府其他有关部门和单位应当对测绘行政主管部门的信息收集工作予以支持和配合。

第二十三条　按照国家规定需要有关部门批准或者核准的测绘项目,有关部门在批准或者核准前应当书面征求同级测绘行政主管部门的意见,有适宜基础测绘成果的,应当充分利用已有的基础测绘成果,避免重复测绘。

第二十四条　县级以上人民政府测绘行政主管部门应当采取措施,加强对基础地理信息测制、加工、处理、提供的监督管理,确保基础测绘成果质量。

第二十五条　基础测绘项目承担单位应当建立健全基础测绘成果质量管理制度,严格执行国家规定的测绘技术规范和标准,对其完成的基础测绘成果质量负责。

第二十六条　基础测绘成果的利用,按照国务院有关规定执行。

第五章　法　律　责　任

第二十七条　违反本条例规定,县级以上人民政府测绘行政主管部门和其他有关主管部门将基础测绘项目确定由不具有测绘资质或者不具有相应等级测绘资质的单位承担的,责令限期改正,对负有直接责任的主管人员和其他直接责任人员,依法给予处分。

第二十八条　违反本条例规定,县级以上人民政府测绘行政主管部门和其他有关主管部门的工作人员利用职务上的便利收受他人财物、其他好处,或者玩忽职守,不依法履行监督管理职责,或者发现违法行为不予查处,造成严重后果,构成犯罪的,依法追究刑事责任;尚不构成犯罪的,依法给予处分。

第二十九条　违反本条例规定,未取得测绘资质证书从事基础测绘活动的,责令停止违法行为,没收违法所得和测绘成果,并处测绘约定报酬1倍以上2倍以下的罚款。

第三十条　违反本条例规定,基础测绘项目承担单位超越资质等级许可的范围从事基础测绘活动的,责令停止违法行为,没收违法所得和测绘成果,处测绘约定报酬1倍以上2倍以下的罚款,并可以责令停业整顿或者降低资质等级;情节严重的,吊销测绘资质证书。

第三十一条　违反本条例规定,实施基础测绘项目,不使用全国统一的测绘基准和测绘系统或者不执行国家规定的测绘技术规范和标准的,责令限期改正,给予警告,可以并处10万元以下罚款;对负有直接责任的主管人员和其他直接责任人员,依法给予处分。

第三十二条　违反本条例规定,侵占、损毁、拆除或者擅自移动基础测绘设施的,责令限期改正,给予警告,可以并处5万元以下罚款;造成损失的,依法承担赔偿责任;构成犯罪的,依法追究刑事责任;尚不构成犯罪的,对负有直接责任的主管人员和其他直接责任人员,依法给予处分。

第三十三条　违反本条例规定,基础测绘成果质量不合格的,责令基础测绘项目承担单位补测或者重测;情节严重的,责令停业整顿,降低资质等级直至吊销测绘资质证书;给用户造成损失的,依法承担赔偿责任。

第三十四条　本条例规定的降低资质等级、吊销测绘资质证书的行政处罚,由颁发资质证书的部门决定;其他行政处罚由县级以上人民政府测绘行政主管部门决定。

第六章 附 则

第三十五条 本条例自 2009 年 8 月 1 日起施行。

9.4 中华人民共和国测绘成果管理条例

(2006 年 5 月 17 日国务院第 136 次会议通过,2006 年 5 月 27 日中华人民共和国国务院第 469 号令公布,自 2006 年 9 月 1 日起施行。)

第一章 总 则

第一条 为了加强对测绘成果的管理,维护国家安全,促进测绘成果的利用,满足经济建设、国防建设和社会发展的需要,根据《中华人民共和国测绘法》,制定本条例。

第二条 测绘成果的汇交、保管、利用和重要地理信息数据的审核与公布,适用本条例。

本条例所称测绘成果,是指通过测绘形成的数据、信息、图件以及相关的技术资料。测绘成果分为基础测绘成果和非基础测绘成果。

第三条 国务院测绘行政主管部门负责全国测绘成果工作的统一监督管理。国务院其他有关部门按照职责分工,负责本部门有关的测绘成果工作。

县级以上地方人民政府负责管理测绘工作的部门(以下称测绘行政主管部门)负责本行政区域测绘成果工作的统一监督管理。县级以上地方人民政府其他有关部门按照职责分工,负责本部门有关的测绘成果工作。

第四条 汇交、保管、公布、利用、销毁测绘成果应当遵守有关保密法律、法规的规定,采取必要的保密措施,保障测绘成果的安全。

第五条 对在测绘成果管理工作中作出突出贡献的单位和个人,由有关人民政府或者部门给予表彰和奖励。

第二章 汇交与保管

第六条 中央财政投资完成的测绘项目,由承担测绘项目的单位向国务院测绘行政主管部门汇交测绘成果资料;地方财政投资完成的测绘项目,由承担测绘项目的单位向测绘项目所在地的省、自治区、直辖市人民政府测绘行政主管部门汇交测绘成果资料;使用其他资金完成的测绘项目,由测绘项目出资人向测绘项目所在地的省、自治区、直辖市人民政府测绘行政主管部门汇交测绘成果资料。

第七条 测绘成果属于基础测绘成果的,应当汇交副本;属于非基础测绘成果的,应当汇交目录。测绘成果的副本和目录实行无偿汇交。

下列测绘成果为基础测绘成果:

(一)为建立全国统一的测绘基准和测绘系统进行的天文测量、三角测量、水准测量、卫星大地测量、重力测量所获取的数据、图件;

（二）基础航空摄影所获取的数据、影像资料；

（三）遥感卫星和其他航天飞行器对地观测所获取的基础地理信息遥感资料；

（四）国家基本比例尺地图、影像图及其数字化产品；

（五）基础地理信息系统的数据、信息等。

第八条 外国的组织或者个人依法与中华人民共和国有关部门或者单位合资、合作，经批准在中华人民共和国领域内从事测绘活动的，测绘成果归中方部门或者单位所有，并由中方部门或者单位向国务院测绘行政主管部门汇交测绘成果副本。

外国的组织或者个人依法在中华人民共和国管辖的其他海域从事测绘活动的，由其按照国务院测绘行政主管部门的规定汇交测绘成果副本或者目录。

第九条 测绘项目出资人或者承担国家投资的测绘项目的单位应当自测绘项目验收完成之日起3个月内，向测绘行政主管部门汇交测绘成果副本或者目录。测绘行政主管部门应当在收到汇交的测绘成果副本或者目录后，出具汇交凭证。

汇交测绘成果资料的范围由国务院测绘行政主管部门商国务院有关部门制定并公布。

第十条 测绘行政主管部门自收到汇交的测绘成果副本或者目录之日起10个工作日内，应当将其移交给测绘成果保管单位。

国务院测绘行政主管部门和省、自治区、直辖市人民政府测绘行政主管部门应当定期编制测绘成果资料目录，向社会公布。

第十一条 测绘成果保管单位应当建立健全测绘成果资料的保管制度，配备必要的设施，确保测绘成果资料的安全，并对基础测绘成果资料实行异地备份存放制度。

测绘成果资料的存放设施与条件，应当符合国家保密、消防及档案管理的有关规定和要求。

第十二条 测绘成果保管单位应当按照规定保管测绘成果资料，不得损毁、散失、转让。

第十三条 测绘项目的出资人或者承担测绘项目的单位，应当采取必要的措施，确保其获取的测绘成果的安全。

第三章 利 用

第十四条 县级以上人民政府测绘行政主管部门应当积极推进公众版测绘成果的加工和编制工作，并鼓励公众版测绘成果的开发利用，促进测绘成果的社会化应用。

第十五条 使用财政资金的测绘项目和使用财政资金的建设工程测绘项目，有关部门在批准立项前应当书面征求本级人民政府测绘行政主管部门的意见。测绘行政主管部门应当自收到征求意见材料之日起10日内，向征求意见的部门反馈意见。有适宜测绘成果的，应当充分利用已有的测绘成果，避免重复测绘。

第十六条 国家保密工作部门、国务院测绘行政主管部门应当商军队测绘主管部门，依照有关保密法律、行政法规的规定，确定测绘成果的秘密范围和秘密等级。

利用涉及国家秘密的测绘成果开发生产的产品，未经国务院测绘行政主管部门或者省、自治区、直辖市人民政府测绘行政主管部门进行保密技术处理的，其秘密等级不得低于所用测绘成果的秘密等级。

第十七条 法人或者其他组织需要利用属于国家秘密的基础测绘成果的，应当提出明确的利用目的和范围,报测绘成果所在地的测绘行政主管部门审批。

测绘行政主管部门审查同意的,应当以书面形式告知测绘成果的秘密等级、保密要求以及相关著作权保护要求。

第十八条 对外提供属于国家秘密的测绘成果,应当按照国务院和中央军事委员会规定的审批程序,报国务院测绘行政主管部门或者省、自治区、直辖市人民政府测绘行政主管部门审批;测绘行政主管部门在审批前,应当征求军队有关部门的意见。

第十九条 基础测绘成果和财政投资完成的其他测绘成果,用于国家机关决策和社会公益性事业的,应当无偿提供。

除前款规定外,测绘成果依法实行有偿使用制度。但是,各级人民政府及其有关部门和军队因防灾、减灾、国防建设等公共利益的需要,可以无偿使用测绘成果。

依法有偿使用测绘成果的,使用人与测绘项目出资人应当签订书面协议,明确双方的权利和义务。

第二十条 测绘成果涉及著作权保护和管理的,依照有关法律、行政法规的规定执行。

第二十一条 建立以地理信息数据为基础的信息系统,应当利用符合国家标准的基础地理信息数据。

第四章 重要地理信息数据的审核与公布

第二十二条 国家对重要地理信息数据实行统一审核与公布制度。

任何单位和个人不得擅自公布重要地理信息数据。

第二十三条 重要地理信息数据包括:

(一)国界、国家海岸线长度;

(二)领土、领海、毗连区、专属经济区面积;

(三)国家海岸滩涂面积、岛礁数量和面积;

(四)国家版图的重要特征点,地势、地貌分区位置;

(五)国务院测绘行政主管部门商国务院其他有关部门确定的其他重要自然和人文地理实体的位置、高程、深度、面积、长度等地理信息数据。

第二十四条 提出公布重要地理信息数据建议的单位或者个人,应当向国务院测绘行政主管部门或者省、自治区、直辖市人民政府测绘行政主管部门报送建议材料。

对需要公布的重要地理信息数据,国务院测绘行政主管部门应当提出审核意见,并与国务院其他有关部门、军队测绘主管部门会商后,报国务院批准。具体办法由国务院测绘行政主管部门制定。

第二十五条 国务院批准公布的重要地理信息数据,由国务院或者国务院授权的部门以公告形式公布。

在行政管理、新闻传播、对外交流、教学等对社会公众有影响的活动中,需要使用重要地理信息数据的,应当使用依法公布的重要地理信息数据。

第五章 法 律 责 任

第二十六条 违反本条例规定,县级以上人民政府测绘行政主管部门有下列行为之一的,由本级人民政府或者上级人民政府测绘行政主管部门责令改正,通报批评;对直接负责的主管人员和其他直接责任人员,依法给予处分:

(一)接收汇交的测绘成果副本或者目录,未依法出具汇交凭证的;
(二)未及时向测绘成果保管单位移交测绘成果资料的;
(三)未依法编制和公布测绘成果资料目录的;
(四)发现违法行为或者接到对违法行为的举报后,不及时进行处理的;
(五)不依法履行监督管理职责的其他行为。

第二十七条 违反本条例规定,未汇交测绘成果资料的,依照《中华人民共和国测绘法》第四十七条的规定进行处罚。

第二十八条 违反本条例规定,测绘成果保管单位有下列行为之一的,由测绘行政主管部门给予警告,责令改正;有违法所得的,没收违法所得;造成损失的,依法承担赔偿责任;对直接负责的主管人员和其他直接责任人员,依法给予处分:

(一)未按照测绘成果资料的保管制度管理测绘成果资料,造成测绘成果资料损毁、散失的;
(二)擅自转让汇交的测绘成果资料的;
(三)未依法向测绘成果的使用人提供测绘成果资料的。

第二十九条 违反本条例规定,有下列行为之一的,由测绘行政主管部门或者其他有关部门依据职责责令改正,给予警告,可以处10万元以下的罚款;对直接负责的主管人员和其他直接责任人员,依法给予处分:

(一)建立以地理信息数据为基础的信息系统,利用不符合国家标准的基础地理信息数据的;
(二)擅自公布重要地理信息数据的;
(三)在对社会公众有影响的活动中使用未经依法公布的重要地理信息数据的。

第六章 附 则

第三十条 法律、行政法规对编制出版地图的管理另有规定的,从其规定。

第三十一条 军事测绘成果的管理,按照中央军事委员会的有关规定执行。

第三十二条 本条例自2006年9月1日起施行。1989年3月21日国务院发布的《中华人民共和国测绘成果管理规定》同时废止。

9.5 中华人民共和国测量标志保护条例

(1996年9月4日中华人民共和国国务院令第203号发布,自1997年1月1日起施行。)

第一条 为了加强测量标志的保护和管理,根据《中华人民共和国测绘法》,制定本条例。

第二条 本条例适用于在中华人民共和国领域内和中华人民共和国管辖的其他海域设置的测量标志。

第三条 测量标志属于国家所有,是国家经济建设和科学研究的基础设施。

第四条 本条例所称测量标志,是指:

(一)建设在地上、地下或者建筑物上的各种等级的三角点、基线点、导线点、军用控制点、重力点、天文点、水准点的木质觇标、钢质觇标和标石标志,全球卫星定位控制点,以及用于地形测图、工程测量和形变测量的固定标志和海底大地点设施等永久性测量标志;

(二)测量中正在使用的临时性测量标志。

第五条 国务院测绘行政主管部门主管全国的测量标志保护工作。国务院其他有关部门按照国务院规定的职责分工,负责管理本部门专用的测量标志保护工作。

县级以上地方人民政府管理测绘工作的部门负责本行政区域内的测量标志保护工作。

军队测绘主管部门负责管理军事部门测量标志保护工作,并按照国务院、中央军事委员会规定的职责分工负责管理海洋基础测量标志保护工作。

第六条 县级以上人民政府应当加强对测量标志保护工作的领导,增强公民依法保护测量标志的意识。

乡级人民政府应当做好本行政区域内的测量标志保护管理工作。

第七条 对在保护永久性测量标志工作中做出显著成绩的单位和个人,给予奖励。

第八条 建设永久性测量标志,应当符合下列要求:

(一)使用国家规定的测绘基准和测绘标准;

(二)选择有利于测量标志长期保护和管理的点位;

(三)符合法律、法规规定的其他要求。

第九条 设置永久性测量标志的,应当对永久性测量标志设立明显标记;设置基础性测量标志的,还应当设立由国务院测绘行政主管部门统一监制的专门标牌。

第十条 建设永久性测量标志需要占用土地的,地面标志占用土地的范围为 36~100 平方米,地下标志占用土地的范围为 16~36 平方米。

第十一条 设置永久性测量标志,需要依法使用土地或者在建筑物上建设永久性测量标志的,有关单位和个人不得干扰和阻挠。

第十二条 国家对测量标志实行义务保管制度。

设置永久性测量标志的部门应当将永久性测量标志委托测量标志设置地的有关单位或者人员负责保管,签订测量标志委托保管书,明确委托方和被委托方的权利和义务,并由委托方将委托保管书抄送乡级人民政府和县级以上人民政府管理测绘工作的部门备案。

第十三条 负责保管测量标志的单位和人员,应当对其所保管的测量标志经常进行检查;发现测量标志有被移动或者损毁的情况时,应当及时报告当地乡级人民政府,并由乡级人民政府报告县级以上地方人民政府管理测绘工作的部门。

第十四条 负责保管测量标志的单位和人员有权制止、检举和控告移动、损毁、盗窃测量标志的行为,任何单位或者个人不得阻止和打击报复。

第十五条 国家对测量标志实行有偿使用;但是,使用测量标志从事军事测绘任务的除外。测量标志有偿使用的收入应当用于测量标志的维护、维修,不得挪作他用。具体办法由国务院测绘行政主管部门会同国务院物价行政主管部门规定。

第十六条 测绘人员使用永久性测量标志,应当持有测绘工作证件,并接受县级以上人民政府管理测绘工作的部门的监督和负责保管测量标志的单位和人员的查询,确保测量标志完好。

第十七条 测量标志保护工作应当执行维修规划和计划。

全国测量标志维修规划,由国务院测绘行政主管部门会同国务院其他有关部门制定。

省、自治区、直辖市人民政府管理测绘工作的部门应当组织同级有关部门,根据全国测量标志维修规划,制定本行政区域内的测量标志维修计划,并组织协调有关部门和单位统一实施。

第十八条 设置永久性测量标志的部门应当按照国家有关的测量标志维修规程,对永久性测量标志定期组织维修,保证测量标志正常使用。

第十九条 进行工程建设,应当避开永久性测量标志;确实无法避开,需要拆迁永久性测量标志或者使永久性测量标志失去使用效能的,工程建设单位应当履行下列批准手续:

(一)拆迁基础性测量标志或者使基础性测量标志失去使用效能的,由国务院测绘行政主管部门或者省、自治区、直辖市人民政府管理测绘工作的部门批准。

(二)拆迁部门专用的永久性测量标志或者使部门专用的永久性测量标志失去使用效能的,应当经设置测量标志的部门同意,并经省、自治区、直辖市人民政府管理测绘工作的部门批准。

拆迁永久性测量标志,还应当通知负责保管测量标志的有关单位和人员。

第二十条 经批准拆迁基础性测量标志或者使基础性测量标志失去使用效能的,工程建设单位应当按照国家有关规定向省、自治区、直辖市人民政府管理测绘工作的部门支付迁建费用。

经批准拆迁部门专用的测量标志或者使部门专用的测量标志失去使用效能的,工程建设单位应当按照国家有关规定向设置测量标志的部门支付迁建费用;设置部门专用的测量标志的部门查找不到的,工程建设单位应当按照国家有关规定向省、自治区、直辖市人民政府管理测绘工作的部门支付迁建费用。

第二十一条 永久性测量标志的重建工作,由收取测量标志迁建费用的部门组织实施。

第二十二条 测量标志受国家保护,禁止下列有损测量标志安全和使测量标志失去使用效能的行为:

(一)损毁或者擅自移动地下或者地上的永久性测量标志以及使用中的临时性测量标志的;

(二)在测量标志占地范围内烧荒、耕作、取土、挖沙或者侵占永久性测量标志用地的;

(三)在距永久性测量标志50米范围内采石、爆破、射击、架设高压电线的;

(四)在测量标志的占地范围内,建设影响测量标志使用效能的建筑物的;

(五)在测量标志上架设通讯设施、设置观望台、搭帐篷、拴牲畜或者设置其他有可能损毁测量标志的附着物的;

(六)擅自拆除设有测量标志的建筑物或者拆除建筑物上的测量标志的。

(七)其他有损测量标志安全和使用效能的。

第二十三条 有本条例第二十二条禁止的行为之一,或者有下列行为之一的,由县级以上人民政府管理测绘工作的部门责令限期改正,给予警告,并可以根据情节处以5万元以下

的罚款;对负有直接责任的主管人员和其他直接责任人员,依法给予行政处分;造成损失的,应当依法承担赔偿责任:

（一）干扰或者阻挠测量标志建设单位依法使用土地或者在建筑物上建设永久性测量标志的;

（二）工程建设单位未经批准擅自拆迁永久性测量标志或者使永久性测量标志失去使用效能的,或者拒绝按照国家有关规定支付迁建费用的;

（三）违反测绘操作规程进行测绘,使永久性测量标志受到损坏的;

（四）无证使用永久性测量标志并且拒绝县级以上人民政府管理测绘工作的部门监督和负责保管测量标志的单位和人员查询的。

第二十四条　管理测绘工作的部门的工作人员玩忽职守、滥用职权、徇私舞弊的,依法给予行政处分。

第二十五条　违反本条例规定,应当给予治安管理处罚的,依照治安管理处罚条例的有关规定给予处罚;构成犯罪的,依法追究刑事责任。

第二十六条　本条例自1997年1月1日起施行。1984年1月7日国务院发布的《测量标志保护条例》同时废止。

9.6　测绘资质管理规定

第一章　总　　则

第一条　为了加强对测绘资质的监督管理,规范测绘资质行政许可行为,维护市场秩序,促进地理信息产业发展,依据《中华人民共和国测绘法》《中华人民共和国行政许可法》,制定本规定。

第二条　从事测绘活动的单位,应当依法取得测绘资质证书,并在测绘资质等级许可的范围内从事测绘活动。

第三条　国家测绘地理信息局负责全国测绘资质的统一监督管理工作。

县级以上地方人民政府测绘地理信息主管部门负责本行政区域内测绘资质的监督管理工作。

第四条　测绘资质分为甲、乙、丙、丁四级。

测绘资质的专业范围划分为:大地测量、测绘航空摄影、摄影测量与遥感、地理信息系统工程、工程测量、不动产测绘、海洋测绘、地图编制、导航电子地图制作、互联网地图服务。

测绘资质各专业范围的等级划分及其考核条件由《测绘资质分级标准》规定。

第五条　国家测绘地理信息局是甲级测绘资质审批机关,负责审查甲级测绘资质申请并作出行政许可决定。

省级测绘地理信息主管部门是乙、丙、丁级测绘资质审批机关,负责受理、审查乙、丙、丁级测绘资质申请并作出行政许可决定;负责受理甲级测绘资质申请并提出初步审查意见。

省级测绘地理信息主管部门可以委托有条件的设区的市级测绘地理信息主管部门受理本行政区域内乙、丙、丁级测绘资质申请并提出初步审查意见;可以委托有条件的县级测绘地理信息主管部门受理本行政区域内丁级测绘资质申请并提出初步审查意见。

第二章 申请与受理

第六条 申请测绘资质的单位应当符合下列条件：

（一）具有企业或者事业单位法人资格；

（二）具有符合要求的专业技术人员、仪器设备和办公场所；

（三）具有健全的技术、质量保证体系，测绘成果档案管理制度及保密管理制度和条件；

（四）具有与申请从事测绘活动相匹配的测绘业绩和能力（初次申请除外）。

第七条 测绘资质审批机关应当将测绘资质行政许可的依据、条件、程序、期限以及需要提交的全部材料的目录等向社会公布。

第八条 测绘资质审批机关应当健全测绘资质管理信息系统维护机制，实现测绘资质行政许可在线受理和审查，方便管理相对人，提高行政效率，增强管理能力。

第九条 初次申请测绘资质的单位，应当提交下列材料的原件扫描件：

（一）企业法人营业执照或者事业单位法人证书，法定代表人的简历及任命或者聘任文件；

（二）符合要求的专业技术人员的身份证，毕业证书与测绘及相关专业技术岗位工作年限证明材料或者任职资格证书，劳动合同，社会保险缴纳证明等材料；

（三）符合要求的仪器设备所有权证明及省级以上测绘地理信息主管部门认可的测绘仪器检定单位出具的检定证书；

（四）单位办公场所证明；

（五）健全的测绘质量保证体系证明；

（六）测绘成果及资料档案管理制度材料；

（七）测绘成果保密管理制度材料。

第十条 申请晋升测绘资质等级的单位，应当提交下列材料的原件扫描件：

（一）符合要求的专业技术人员的身份证，毕业证书与测绘及相关专业技术岗位工作年限证明材料或者任职资格证书，劳动合同，社会保险缴纳证明等材料；

（二）符合要求的仪器设备所有权证明及省级以上测绘地理信息主管部门认可的测绘仪器检定单位出具的检定证书；

（三）健全的测绘质量保证体系证明；

（四）测绘成果及资料档案管理制度材料；

（五）测绘成果保密管理制度材料；

（六）与所申请升级专业范围相匹配的测绘业绩和能力证明材料。

申请新增专业范围的单位，应当提供第（一）至（五）项材料。

第十一条 拟从事生产、加工、利用属于国家秘密范围测绘成果的单位，其保密管理工作应当符合下列条件，并向测绘资质审批机关提交有关书面材料：

（一）依法成立3年以上的法人，无违法犯罪情况；

（二）依照国家有关保密和测绘地理信息法律法规，建立健全保密管理制度；

（三）设立保密工作机构，配备保密管理人员；

(四)依照国家有关规定,确定本单位保密要害部门、部位,明确岗位职责,设置安全可靠的保密防护措施;

(五)与涉密人员签署保密责任书,测绘成果核心涉密人员应当持有省级以上测绘地理信息主管部门颁发的涉密人员岗位培训证书。

第十二条 测绘资质审批机关应当自收到申请材料之日起 5 个工作日内作出不予受理、补正材料或者予以受理的决定。

第三章　审查与决定

第十三条 测绘资质审批机关应当自受理申请之日起 20 个工作日内作出行政许可决定。20 个工作日内不能作出决定的,经本机关负责人批准,可以延长 10 个工作日,并应当将延长期限的理由告知申请单位。

第十四条 申请单位符合法定条件的,测绘资质审批机关作出拟准予行政许可的决定,通过本机关网站向社会公示 5 个工作日。

公示期间有异议的,测绘资质审批机关应当组织调查核实。经核实有问题的,应当依法作出处理。

公示期满无异议的,或者有异议但经核实无问题的,测绘资质审批机关作出准予行政许可决定,并于 10 个工作日内向申请单位颁发测绘资质证书。

测绘资质审批机关作出准予行政许可决定,应当予以公开,公众有权查阅。

测绘资质审批机关作出不予行政许可决定,应当向申请单位书面说明理由。

第十五条 测绘资质证书分为正本和副本,由国家测绘地理信息局统一印制,正、副本具有同等法律效力。

测绘资质证书有效期不超过 5 年。编号形式为:等级 + 测资字 + 省级行政区编号 + 顺序号 + 校验位。

第十六条 初次申请测绘资质不得超过乙级。测绘资质单位申请晋升甲级测绘资质的,应当取得乙级测绘资质满 2 年。

申请的专业范围只设甲级的,不受前款规定限制。

第四章　变更与延续

第十七条 测绘资质单位的名称、注册地址、法定代表人发生变更的,应当在有关部门核准完成变更后 30 日内,向测绘资质审批机关提出变更申请,并提交下列材料的原件扫描件:

(一)变更申请文件;

(二)有关部门核准变更证明;

(三)测绘资质证书正、副本。

第十八条 测绘资质证书有效期满需要延续的,测绘资质单位应当在有效期满 60 日前,向测绘资质审批机关申请办理延续手续。

对继续符合测绘资质条件的单位,经测绘资质审批机关批准,有效期可以延续。

第十九条　测绘资质单位在领取新的测绘资质证书的同时,应当将原测绘资质证书交回测绘资质审批机关。

测绘资质单位遗失测绘资质证书申请补领的,应当持在公众媒体上刊登的遗失声明原件、补领证书申请等材料到测绘资质审批机关办理补领手续。

第二十条　测绘资质单位转制或者合并的,被转制或者合并单位的测绘资质条件可以计入转制或者合并后的新单位。

测绘资质单位分立的,分立后的单位不受本规定第十六条的限制,可以重新申请原资质等级和专业范围的测绘资质。

第五章　监督管理

第二十一条　各级测绘地理信息主管部门应当严格依法行政,坚持公开透明、便民高效、规范统一,加强对测绘资质单位的日常监督管理。

第二十二条　实行测绘资质年度报告公示制度。测绘资质单位应当于每年2月底前,通过测绘资质管理信息系统,按照规定格式向测绘地理信息主管部门报送本单位上一年度测绘资质年度报告,并向社会公示,任何单位和个人均可查询。

第二十三条　测绘资质年度报告内容包括本单位符合测绘资质条件、遵守测绘地理信息法律法规、上一年度单位名称、注册地址、办公地址和法定代表人变更、专业技术人员流动、仪器设备更新、基本情况变化(含上市、兼并重组、改制分立、重大股权变化等)、测绘地理信息统计报表报送情况、测绘项目质量(用户认可或者通过质检机构检查验收)、诚信等级等情况。

测绘资质单位应当对测绘资质年度报告的真实性、合法性负责。

各级测绘地理信息主管部门可以对本行政区域内测绘资质单位的测绘资质年度报告公示内容进行抽查。经检查发现测绘资质年度报告隐瞒真实情况、弄虚作假的,测绘地理信息主管部门依法予以相应处罚。

对未按规定期限报送测绘资质年度报告的单位,测绘地理信息主管部门应当提醒其履行测绘资质年度报告公示义务。

第二十四条　实行测绘资质巡查制度。各级测绘地理信息主管部门应当有计划地对测绘资质单位执行《测绘资质管理规定》和《测绘资质分级标准》的有关情况进行巡查。

国家测绘地理信息局负责指导全国测绘资质巡查工作,并对省级测绘地理信息主管部门开展的巡查工作进行抽查。

省级测绘地理信息主管部门负责制定本行政区域内测绘资质巡查工作计划,并组织实施。每年巡查比例不少于本行政区域内各等级测绘资质单位总数的5%。

各级测绘地理信息主管部门组织开展测绘资质巡查工作,应当事先向被巡查单位发出书面通知,告知巡查时间、巡查内容和具体要求。巡查结束后,应当向被巡查单位书面反馈意见。

第二十五条　实行测绘地理信息市场信用管理制度。各级测绘地理信息主管部门应当加强测绘地理信息市场信用管理,褒扬诚信,惩戒失信,营造依法经营、有序竞争的市场环境。

第二十六条　测绘资质单位违法从事测绘活动被依法查处的,查处违法行为的测绘地理信息主管部门应当将违法事实、处理结果报告上级测绘地理信息主管部门和测绘资质审批机关。

第六章　罚　　则

第二十七条　测绘资质单位违法从事测绘活动的,各级测绘地理信息主管部门应当依照《中华人民共和国测绘法》及有关法律、法规的规定予以处罚。

第二十八条　测绘资质单位有下列情形之一的,予以通报批评:

(一)在测绘资质申请和日常监督管理中隐瞒有关情况、提供虚假材料或者拒绝提供反映其测绘活动情况的真实材料的;

(二)两年未履行测绘资质年度报告公示义务的;

(三)测绘地理信息市场信用等级评定为不合格的。

第二十九条　测绘资质单位有下列情形之一的,应当依法予以办理注销手续:

(一)测绘资质证书有效期满未延续的;

(二)测绘资质单位法人资格终止的;

(三)测绘资质行政许可决定依法被撤销、撤回的;

(四)测绘资质证书依法被吊销的;

(五)测绘资质证书所载各专业范围均不再符合法定条件的;

(六)测绘资质单位申请注销的。

第三十条　测绘资质单位的部分专业范围不符合相应资质标准条件的,应当依法予以核减相应专业范围。

第三十一条　测绘资质单位有下列情形之一的,应当依法视情节责令停业整顿或者降低资质等级:

(一)超越资质等级许可的范围从事测绘活动的;

(二)以其他测绘资质单位的名义从事测绘活动的;

(三)将承揽的测绘项目转包的;

(四)测绘成果质量经省级以上测绘地理信息质检机构判定为批不合格的;

(五)涂改、倒卖、出租、出借或者以其他形式转让测绘资质证书的;

(六)违反保密规定加工、处理和利用涉密测绘成果,存在失泄密隐患被查处的。

第三十二条　测绘资质单位有下列情形之一的,应当依法吊销测绘资质证书:

(一)有本规定第三十一条的情形之一且情节严重的;

(二)以欺骗手段取得测绘资质证书从事测绘活动的;

(三)承担国家投资的测绘项目,且经暂扣测绘资质证书6个月仍不汇交测绘成果资料的。

第三十三条　测绘资质单位在从事测绘活动中,因泄露国家秘密被国家安全机关查处的,测绘资质审批机关应当注销其测绘资质证书。

第三十四条　依照本规定作出的核减专业范围、降低资质等级、吊销测绘资质证书、办理注销手续等决定,由测绘资质审批机关实施,其他决定由各级测绘地理信息主管部门实施。

第三十五条 各级测绘地理信息主管部门及其工作人员在测绘资质审查和监督管理工作中玩忽职守、滥用职权、徇私舞弊的，依照《中华人民共和国测绘法》和《中华人民共和国行政许可法》的有关规定予以处理。构成犯罪的，依法追究刑事责任。

第七章 附 则

第三十六条 中外合资、合作企业测绘资质的申请、受理和审查依据《外国的组织或者个人来华测绘管理暂行办法》及有关规定办理。

第三十七条 本规定自2014年8月1日起施行。2009年3月12日发布的《测绘资质管理规定》同时废止。

9.7 测绘资质分级标准

前 言

一、本标准划分为通用标准、专业标准两部分。

通用标准是指对各专业范围统一适用的标准。

专业标准包括大地测量、测绘航空摄影、摄影测量与遥感、地理信息系统工程、工程测量、不动产测绘、海洋测绘、地图编制、导航电子地图制作、互联网地图服务。

本标准中各专业范围划分为若干专业子项。

二、凡申请测绘资质的单位，应当同时达到通用标准和相应的专业标准要求。

三、本标准中的作业限额是指承担测绘项目的最高限量。

四、本标准中的定量考核标准是指最低限量。

五、省级测绘地理信息主管部门可以根据本地实际情况，适当调整各专业标准中乙、丙、丁级的人员规模、仪器设备数量要求。调整后的地方标准，不得高于本标准的高一等级考核条件，也不得低于本标准的低一等级考核条件，不得修改专业范围及专业子项、考核指标和作业限额，不得突破通用标准的规定。调整后的标准应当报送国家测绘地理信息局备案。

六、本标准自2014年8月1日起施行。2009年3月12日发布的《测绘资质分级标准》同时废止。

通 用 标 准

一、主体资格

具有企业或者事业单位法人资格。

二、专业技术人员

1. 本标准所称专业技术人员，包括测绘专业技术人员和测绘相关专业技术人员。

测绘专业技术人员，是指测绘工程、地理信息、地图制图、摄影测量、遥感、大地测量、工程测量、地籍测绘、土地管理、矿山测量、导航工程、地理国情监测等专业的技术人员。

测绘相关专业技术人员,是指地理、地质、工程勘察、资源勘查、土木、建筑、规划、市政、水利、电力、道桥、工民建、海洋、计算机、软件、电子、信息、通信、物联网、统计、生态、印刷等专业的技术人员。

申请大地测量、测绘航空摄影、摄影测量与遥感、工程测量、不动产测绘、海洋测绘、地图编制、导航电子地图制作的单位,测绘相关专业技术人员不得超过本标准对专业技术人员要求数量的60%;申请地理信息系统工程的单位,测绘相关专业技术人员不得超过本标准对专业技术人员要求数量的80%;申请互联网地图服务的单位,专业技术人员比例不作要求。

2. 符合下列条件之一的专业技术人员,可以计入相应类别人员数量:

(1)高级专业技术人员:取得测绘及相关专业高级专业技术任职资格;获得测绘及相关专业博士学位并在测绘及相关专业技术岗位工作3年以上;获得测绘及相关专业硕士学位并在测绘及相关专业技术岗位工作8年以上;测绘及相关专业大学本科毕业并在测绘及相关专业技术岗位工作10年以上。

(2)中级专业技术人员:取得测绘及相关专业中级专业技术任职资格;获得测绘及相关专业博士学位并在测绘及相关专业技术岗位工作1年以上;获得测绘及相关专业硕士学位并在测绘及相关专业技术岗位工作3年以上;测绘及相关专业大学本科毕业并在测绘及相关专业技术岗位工作5年以上;测绘及相关专业大学专科毕业并在测绘及相关专业技术岗位工作7年以上;获得测绘地理信息行业技师职业资格(但不得超过2人)。

(3)初级专业技术人员:取得测绘及相关专业初级专业技术任职资格;测绘及相关专业大学本科毕业;测绘及相关专业大学专科毕业并在测绘及相关专业技术岗位工作2年以上;测绘及相关专业中专毕业并在测绘及相关专业技术岗位工作4年以上。

(4)注册测绘师,是指经过考核认定和注册测绘师资格考试取得《中华人民共和国注册测绘师资格证书》,并依法进行注册的人员。注册测绘师可以计入中级专业技术人员数量。

3. 同一单位申请两个以上专业范围的,对人员数量的要求不累加计算。

4. 年龄超过65周岁的人员和兼职人员,不得计入专业技术人员数量。

5. 自本标准施行之日起满3年后,甲、乙级测绘资质单位的注册测绘师数量应当达到本标准的考核要求。自本标准施行之日起满5年后,丙、丁级测绘资质单位也应当具备相应数量的注册测绘师,具体要求另行规定。

6. 未取得专业技术职务任职资格的其他测绘从业人员,应当通过测绘地理信息行业职业技能鉴定获得国家职业资格证书。

三、仪器设备

按各专业标准核算仪器设备数量时,所有权非本单位的、报废的、检定有效期已过的仪器设备等,均不能计入。

随着科学技术的发展,性能指标更优越的仪器设备可以替代某一专业标准所规定的相应仪器设备。

四、办公场所

各等级测绘资质单位的办公场所:甲级不少于$600m^2$,乙级不少于$150m^2$,丙级不少于

$40m^2$，丁级不少于 $20m^2$。

五、质量管理

甲级测绘资质单位应当通过 ISO 9000 系列质量保证体系认证；乙级测绘资质单位应当通过 ISO 9000 系列质量保证体系认证或者通过省级测绘地理信息主管部门考核；丙级测绘资质单位应当通过 ISO 9000 系列质量保证体系认证或者设区的市级以上测绘地理信息主管部门考核；丁级测绘资质单位应当通过县级以上测绘地理信息主管部门考核。

申请互联网地图服务专业范围的，不受前款规定限制。

六、档案和保密管理

测绘资质单位应当有健全的测绘成果及资料档案管理制度和保密制度；设立保密工作机构，配备保密管理人员；确定保密要害部门、部位，明确保密岗位责任，与涉密人员签订保密责任书；测绘成果核心涉密人员应当持有省级以上测绘地理信息主管部门颁发的涉密人员岗位培训证书；建立测绘成果核准、登记、注销、检查、延期使用等管理制度；生产、存储、处理涉密测绘成果档案的设备设施与条件，应当符合国家保密、消防及档案管理的有关规定和要求。

七、测绘业绩

1. 申请晋升甲级测绘资质的，应当符合以下条件：近 2 年内完成的测绘服务总值不少于 1600 万元，且有 3 个以上测绘工程项目取得省级以上测绘地理信息主管部门认可的质检机构出具的质量检验合格证明。

2. 申请晋升乙级测绘资质的，应当符合以下条件：近 2 年内完成的测绘服务总值不少于 400 万元，且有 2 个以上测绘工程项目取得设区的市级以上测绘地理信息主管部门认可的质检机构出具的质量检验合格证明。

3. 申请晋升丙级测绘资质的，应当符合以下条件：近 2 年内完成的测绘服务总值不少于 50 万元，且有 1 个以上测绘工程项目取得县级以上测绘地理信息主管部门认可的质检机构出具的质量检验合格证明。

4. 申请导航电子地图制作或者互联网地图服务专业范围的，不作测绘业绩考核要求。

八、测绘监理

从事测绘监理应当取得相应专业范围及专业子项的测绘资质。

本标准在摄影测量与遥感、地理信息系统工程、工程测量、不动产测绘、海洋测绘等 5 个市场化程度较高的专业范围下设置相应的甲、乙级测绘监理专业子项。

申请甲级测绘监理专业子项的，应当符合以下条件：取得相应专业范围的甲级测绘资质；近 2 年内，在每个相应专业范围内有 2 个以上测绘工程项目取得省级以上测绘地理信息主管部门认可的质检机构出具的质量检验合格证明。

申请乙级测绘监理专业子项的，应当符合以下条件：取得相应专业范围的甲级或者乙级测绘资质；近 2 年内，在每个相应专业范围内有 1 个以上测绘工程项目取得省级以上测绘地理信息主管部门认可的质检机构出具的质量检验合格证明。

测绘监理资质单位不得超出其测绘监理专业范围和作业限额从事测绘监理活动。

乙级测绘监理资质单位不得监理甲级测绘资质单位施测的测绘工程项目。

大地测量专业标准

专业子项	考核指标	考核内容		甲级	乙级
	人员规模	测绘及相关专业技术人员		60人（含注册测绘师5人），其中高级8人，中级17人	25人（含注册测绘师2人），其中高级2人、中级8人
	仪器设备	1. 卫星定位测量	全球导航卫星系统接收机（5mm+1×10⁻⁶D 精度以上）	10台	6台
			扼流圈天线	10台	—
		2. 全球导航卫星系统连续运行基准站网位置数据服务	服务器	6台	3台
			数据存储设备	50TB	10TB
		3. 水准测量	水准仪（S1级精度以上）	10台	5台
		4. 三角测量	全站仪	10台（2″级精度以上，其中0.5″级精度以上2台）	5台（2″级精度以上，其中1″级精度以上2台）
		5. 天文测量	天文测量设备	2台	1台
		6. 重力测量	重力仪（0.02mgal精度以上）	4台	2台
		7. 基线测量	基线测量设备（1×10⁻⁶精度以上）	1套	—
1. 卫星定位测量 2. 全球导航卫星系统连续运行基准站网位置数据处理服务 3. 水准测量 4. 三角测量 5. 天文测量 6. 重力测量 7. 基线测量 8. 大地测量数据处理	作业限额			无限额限制	1：C级以下。不得承担全球导航卫星系统连续运行基准站建设。 2：设在设区的市级行政区域以下。不得提供国家和区域参考框架数据服务。不得提供优于0.1m精度的位置数据服务。 3～5：三等以下。 6：专业重力测量。 7：不得承担。 8：相应于上述限额

测绘航空摄影专业标准

专业子项	考核指标	考核内容		考核标准	
				甲级	乙级
1.一般航摄 2.无人飞行器航摄 3.倾斜航摄	人员规模	测绘及相关专业技术人员		30人（含注册测绘师2人，其中高级4人、中级10人）	15人（含注册测绘师1人，其中高级2人、中级5人）
		设备供应商培训合格的飞行器操控技术人员		6人	2人
	仪器设备	1.一般航摄	航摄仪及其他传感器	4套（其中2套有IMU/DGPS系统）	2套（其中1套有IMU/DGPS系统）
		2.无人飞行器航摄	无人飞行器系统	3套	1套
		3.倾斜航摄	多镜头多角度倾斜摄影测量系统	1套	—
			多角度倾斜摄影真三维处理系统	1套	—
	技术能力	3.倾斜航摄		具备专业子项1满2年以上	—
	保密管理			有专门的数据处理区域，配备必要的保密设备与设施，采取保密技术防护措施，计算机和网络的使用符合国家保密要求	
	作业限额			无限额限制	1：影像地面分辨率优于0.2m，200km²以下；0.2m，400km²以下；0.2~1m，5000km²以下。 2：影像地面分辨率优于0.2m，50km²以下；0.2m，400km²以下；0.2~1m，500km²以下。 3：不得承担

摄影测量与遥感专业标准

专业子项	考核指标	考核内容		甲级	乙级	丙级
1. 摄影测量与遥感外业 2. 摄影测量与遥感内业 3. 摄影测量与遥感监理	人员规模	测绘及相关专业技术人员		60人（含注册测绘师2人），其中高级8人，中级17人	25人（含注册测绘师1人），其中高级2人，中级8人	8人，其中中级3人
	仪器设备	1. 摄影测量与遥感外业	全球导航卫星系统接收机（5mm+1×10⁻⁶D 精度以上）	6台	3台	1台
			全站仪（2″级精度以上）	6台	4台	2台
			水准仪（S3级精度以上）	6台	3台	2台
		2. 摄影测量与遥感内业	全数字摄影测量系统或者遥感图像处理系统	15套	8套	4套
	作业限额			无限额限制	无限额限制	1～2：1∶500比例尺，20km²以下；1∶1000比例尺，30km²以下；1∶2000比例尺，50km²以下；1∶5000比例尺，100km²以下；小于或者等于1∶1万比例尺的不得承担。 3：不得承担

地理信息系统工程专业标准

专业子项	考核指标	考核内容		甲级	乙级	丙级
1. 地理信息数据采集 2. 地理信息数据处理 3. 地理信息系统及数据库建设 4. 地面移动测量 5. 地理信息软件开发 6. 地理信息系统工程监理	人员规模	测绘及相关专业技术人员		60人（含注册测绘师2人），其中高级8人、中级17人	25人（含注册测绘师1人），其中高级2人、中级8人	8人，其中中级3人
	仪器设备	1. 地理信息数据采集	全球导航卫星系统接收机	6台（其中5mm+1×$10^{-6}D$精度以上不少于3台）	3台（其中5mm+1×$10^{-6}D$精度以上不少于2台）	2台
		2. 地理信息数据处理	地理信息处理软件	10套	5套	1套
		3. 地理信息系统及数据库建设	地理信息系统平台软件	10套	5套	1套
		4. 地面移动测量	地面移动测量系统	2套（GNSS+INS+LiDAR）或者6套（GNSS+INS+影像获取设备，绝对精度优于0.5m	1套（GNSS+INS+LiDAR，绝对精度优于0.5m）或者3套（GNSS+INS+影像获取设备，绝对精度优于10m，其中至少1套绝对精度优于0.5m）	1套（GNSS+影像获取设备），绝对精度优于20m
		系统标定场		1个	1个	—
	作业限额			无限额限制	1~3：设区的市级行政区域以下。 4~5：无限额限制。 6：相应于上述限额	1~3：县级行政区域以下。 4：精度优于1m，不得承担；1m（不含）至10m，无限额限制，100km²以下；劣于10m，无限额限制。用于带状地形测量时：精度优于1m，不得承担；1m（不含）至10m，400km²以下，无限额限制 5：无限额限制。 6：不得承担

工程测量专业标准

专业子项	考核指标	考核内容	考核标准			
			甲级	乙级	丙级	丁级
1. 控制测量 2. 地形测量 3. 规划测量 4. 建筑工程测量 5. 变形形变与精密测量 6. 市政工程测量 7. 水利工程测量 8. 线路与桥隧测量 9. 地下管线测量 10. 矿山测量 11. 工程测量监理	人员规模	测绘及相关专业技术人员	60人（含注册测绘师5人），其中高级8人，中级17人	25人（含注册测绘师2人），其中高级2人，中级8人	8人，其中中级3人	4人，其中中级1人
	仪器设备	全球导航卫星系统接收机（5mm+1×10⁻⁶D 精度以上）	6台	4台	2台	—
		全站仪	10台（其中2″级精度以上5台）	5台（其中2″级精度3台）	3台（其中2″级精度以上1台）	2台（5″级精度以上）
		水准仪（S3级精度以上）	6台	3台	2台	1台
		全站仪（0.5″级精度以上）	2台	1台	—	—
		水准仪（S05级精度以上）	2台	1台	—	—
		测深仪	3台	2台	1台	1台
		地下管线探测仪	3台	2台	1台	1台
	专业子项1~10	作业限额	无限额限制	1：三等以下。 2：1:500 比例尺，30km² 以下；1:1000 比例尺，50km² 以下；1:2000 比例尺，80km² 以下；1:5000 比例尺，100km² 以下；1:1万比例尺，200km² 以下。 3：总建筑面积50 万m² 以下；国家重点建设工程不得承担。	1：四等以下。 2：1:500 比例尺，15km² 以下；1:1000 比例尺，20km² 以下；1:2000 比例尺，30km² 以下；1:5000 比例尺，60km² 以下。 3：总建筑面积30 万m² 以下；国家重点建设工程不得承担。	1：等级以外。 2：1:500 比例尺，10km² 以下；1:1000 比例尺，15km² 以下；1:2000 比例尺，20km² 以下。 3：总建筑面积20 万m² 以下；国家重点建设工程不得承担。 4：7层以下的住宅，高度24m 以下的非住宅性质的民用建筑。

续上表

专业子项	考核指标	考核内容	考核标准			
			甲级	乙级	丙级	丁级
1. 控制测量 2. 地形测量 3. 规划测量 4. 建筑工程测量 5. 变形变与精密测量 6. 市政工程测量 7. 水利工程测量 8. 线路与桥隧测量 9. 地下管线测量 10. 矿山测量 11. 工程测量监理		作业限额	无限额限制	4：建筑范围 1km² 以下，单个建筑物 10 万 m² 以下。 5：一般精密设备安装，建筑面积在 10 万 m² 以下且高度在 100m 以下的建筑。 6：特大城市特大道路，大中等城市主干道路，一般立交桥。 7：不得承担大型水利水电工程。 8：300km 以下的线路，多孔跨径总长在 100m 以下的桥梁，4km 以下的隧道。 9：管线长度 300km 以下。 10：矿区控制面积 200km² 以下。 11：相应于上述限额	4：30 层以下的住宅，高度 70m 以下的非住宅性质的民用建筑。 5：不得承担精密工程测量。建筑面积在 2 万 m² 以下且高度在 50m 以下的建筑，高速公路的桥隧及城市轨道交通项目。 6：大中等城市一般道路，小城市道路。 7：中型、小型水利水电工程。 8：200km 以下的线路，多孔跨径总长在 30m 以下的桥梁，3km 以下的隧道。不得承担铁路、高速公路的桥隧及城市轨道交通项目。 9：管线长度 200km 以下。 10：矿区控制面积 100km² 以下。 11：不得承担	5：不得承担。 6：局部市政工程。 7：小型水利水电工程。 8：100km 以下的线路。不得承担铁路、隧道测量。不得承担城市轨道交通项目。 9：管线长度 100km 以下。 10：局部矿山测量、巷道测量。 11：不得承担

不动产测绘专业标准

专业子项	考核指标	考核内容		考核标准			
				甲级	乙级	丙级	丁级
专业子项 1~3	人员规模	测绘及相关专业技术人员		60人（含注册测绘师5人），其中高级8人，中级17人	25人（含注册测绘师2人），其中高级2人、中级8人	8人，其中中级3人	4人，其中中级1人
	仪器设备	全球导航卫星系统接收机 $(5mm + 1 \times 10^{-6}D$ 精度以上$)$		6台	3台	2台	—
		全站仪		5台	3台	2台	1台
2. 房产测绘		手持测距仪		20台	12台	6台	3台
	作业限额			无限额限制	1：日常地籍调查及设区的市级以下地籍总调查中的地籍测绘。2：规划许可证载单栋建筑面积10万 m² 以下；单个合同标不超过建筑面积200万 m²。3：无限额限制。4：相应于上述限额	1：日常地籍调查及县级以下地籍总调查中的地籍测绘。2：规划许可证载单栋建筑面积5万 m² 以下；单个合同标不超过建筑面积100万 m²。3~4：不得承担	1：日常地籍调查及乡镇级以下地籍总调查中的地籍测绘。2：规划许可证载单栋建筑面积2万 m² 以下；单个合同标不超过建筑面积50万 m²。3~4：不得承担

1. 地籍测绘
2. 房产测绘
3. 行政区域界线测绘
4. 不动产测绘监理

海洋测绘专业标准

专业子项	考核指标	考核内容		考核标准			
				甲级	乙级	丙级	丁级
1. 海域权属测绘 2. 海岸地形测量 3. 水深测量 4. 水文观测 5. 海洋工程测量 6. 扫海测量 7. 深度基准测量 8. 海图编制 9. 海洋测绘监理	人员规模	测绘及相关专业技术人员		60人（含注册测绘师5人），其中高级8人、中级17人	25人（含注册测绘师2人），其中高级2人、中级8人	8人，其中中级3人	4人，其中中级1人
	仪器设备	专业子项1～7	全球导航卫星系统接收机	8台（其中5mm+1×10⁻⁶D精度以上不少于4台）	3台（其中5mm+1×10⁻⁶D精度以上不少于2台）	—	—
			全站仪（2″级精度以上）	2台	1台	1台	1台
			水准仪（S3级精度以上）	6台	3台	2台	1台
			测深仪	8台	4台	2台	—
			声速仪	3台	2台	1台	—
			水位计	10台	5台	2台	—
			验流计	2台	1台	—	—
		5. 海洋工程测量	浅地层剖面仪	1台	1台	—	—
			多波束测深系统	2套	1套	—	—
		6. 扫海测量	侧扫声呐	2台	1台	—	—
			海洋磁力仪	1台	1台	—	—
			多波束测深系统	1台	—	—	—
		8. 海图编制	图形扫描仪（A0幅面）	1台	—	—	—
	作业限额			无限额限制	1：无限额限制。 2～6：100km²以下。 7～8：不得承担。 9：相应于上述限额	1：无限额限制。 2～4：50km²以下。 5～9：不得承担	1：无限额限制。 2～9：不得承担

地图编制专业标准

专业子项	考核指标	考核内容	考核标准	
			甲级	乙级
1. 地形图 2. 教学地图 3. 世界政区地图 4. 全国及地方政区地图 5. 电子地图 6. 真三维地图 7. 其他专用地图	人员规模	测绘及相关专业技术人员	60人（含注册测绘师2人，其中高级8人、中级17人）	25人（含注册测绘师1人，其中高级2人、中级8人）
	仪器设备	高性能图形编辑计算机	50台	20台
		图形扫描仪（A0幅面）	1台	—
		高性能数据服务器	2台	—
	技术能力	3. 世界政区地图	具有相对固定且权威的国际间资料交换机制，具有自主知识产权的全球地图数据库和独立完成分国、分洲、世界地图集（册）设计、编制的能力	—
		4. 全国及地方政区地图	具有独立完成相应区域范围的地图集（册）设计、编制能力；具有自主知识产权的相应区域范围的地图数据库	—
	生产业绩	2. 教学地图	具备专业子项4，且近2年独立完成80种以上县级以上行政区域范围内的教学地图集（册）	—
		3. 世界政区地图 4. 全国及地方政区地图	近2年完成40种以上县级以上行政区域范围内的地图集（册）编制项目	—
	作业限额		无限额限制	1~2、4~7：省级及以下行政区域范围内 3：不得承担

导航电子地图制作专业标准

专业子项	考核指标	考核内容	考核标准 甲级
导航电子地图制作	人员规模	测绘及相关专业技术人员	100人（含注册测绘师5人），其中高级10人、中级20人
	仪器设备	外业数据采集设备	50台（定位精度≤10m）
		导航地图编辑系统	具备以下功能： 1. 对道路和交通信息、POI、背景、注记的空间信息和属性信息的编辑制作； 2. 支持数据更新机制的导航地图数据库管理； 3. 通用交换格式数据输出
		在线存储设备	60TB（有效存储容量）
	保密管理	保密制度	保密管理条件经国家测绘地理信息局考核合格，符合以下要求： 1. 保密机构健全、人员、职责明确落实； 2. 保密制度完善，使所属人员知悉与其工作有关的保密范围和各项保密制度； 3. 涉密要害部门制定严格的保密防范措施，并组织实施。配备必要的保密设备和设施； 4. 经常进行测绘保密检查，禁止使用无线网络必须与互联网物理隔离； 5. 在数据制作与使用、作业区域，发现问题及时解决； 6. 在互联网上使用的计算机必须关闭USB端口、串口、并口必须封闭；生产办公设备禁止在互联网上使用，作业环节中的数据必须使用经加密处理的自有格式 7. 数据生产环节中的数据必须使用经加密处理的自有格式
	仪器设备	导航电子地图数据模型和规格	数据模型和规格应当符合《车载导航电子地图产品规范》（GB/T 20267—2006）的基本要求
		作业规范	包括内外业的作业组织、人员配备、环境配置
		产品编译规范	规定场所的作业组织、人员限制、保密措施、环境和流程
		质量检查规范	执行《导航电子地图检测规范》（CH/T 1019—2010）的规定。
		数据生产工艺流程说明	规定外业采集、内业编辑制作、数据编译、质量检查各作业环节工艺和作业环节之间的流程

互联网地图服务专业标准

专业子项	考核指标	考核内容	考核标准	
			甲级	乙级
1. 地理位置定位 2. 地理信息上传标注 3. 地图数据库开发	人员规模	地图制图或者计算机类专业技术人员	20人,其中中级5人	12人,其中中级2人
		地图安全审校人员	5人	2人
	仪器设备	专用软件	有独立地图引擎	—
	保密管理		存放地图数据的服务器设在中华人民共和国境内 建立地图数据安全管理制度,配备安全保障技术设施	
	质量管理		建立质量管理规定和互联网地图服务质量责任制,成立质量管理机构并配备经过培训的质检人员	
	作业限额		无限额限制	1~2:无限额限制。 3:不得承担

习 题 答 案

第 1 章　测绘法律法规概述

一、单项选择题

1. [答案] C

    [解析] 2017 年 4 月 27 日《测绘法》进行第二次修订,于 2017 年 7 月 1 日起实施。

2. [答案] A

    [解析] 2017 年 4 月 27 日《测绘法》进行第二次修订,2017 年新修订的《测绘法》共 10 章 68 条,是我国在今后一段时期从事测绘活动和进行测绘管理的基本准则和依据,是我国测绘工作的基本法律,是从事测绘活动的基本准则。

3. [答案] B

    [解析]《测绘法》第二十七条规定:国家对从事测绘活动的单位实行测绘资质管理制度。从事测绘活动的单位依法取得相应等级的测绘资质证书,方可从事测绘活动。

4. [答案] C

    [解析]《测绘法》第二十九条规定:测绘单位不得超越资质等级许可的范围从事测绘活动。

5. [答案] C

    [解析] 测绘人员的测绘作业证件的式样,由国务院测绘地理信息主管部门统一规定,由省、自治区、直辖市测绘地理信息主管部门审核发放,测绘人员进行测绘活动应当持有测绘作业证件。测绘活动范围广泛,测绘作业证件并未限定在一定区域使用。

6. [答案] A

    [解析]《测绘法》第九条规定:国家设立和采用全国统一的大地基准、高程基准、深度基准和重力基准,其数据由国务院测绘地理信息主管部门审核,并与国务院其他有关部门、军队测绘部门会商后,报国务院批准。

7. [答案] D

    [解析]《测绘法》第九条规定:国家设立和采用全国统一的大地基准、高程基准、深度基准和重力基准,其数据由国务院测绘地理信息主管部门审核,并与国务院其他有关部门、军队测绘部门会商后,报国务院批准

8. [答案] A

    [解析]《测绘法》第十四条规定:县级以上人民政府测绘地理信息主管部门应当会

同本级人民政府其他有关部门,加强对卫星导航定位基准站建设和运行维护的规范和指导。

二、多项选择题

1. [答案] ABCD

[解析] 测绘行政法规主要有《地图管理条例》《基础测绘条例》《中华人民共和国测绘成果管理条例》和《中华人民共和国测量标志保护条例》。《测绘资质分级标准》属于规范性文件。

2. [答案] ABCE

[解析] 我国的测绘法律法规体系由法律、行政法规、地方性法规、部门规章、政府规章、重要规范文件等共同组成。《测绘技术方案设计书》不属于测绘法律法规组成部分。

三、简答题

略

四、论述题

略

第 2 章　测绘资质资格

一、单项选择题

1. [答案] A

[解析] 2014 年修订实施的《测绘资质管理规定》将地籍测绘、界线测绘、房产测绘统一划入不动产测绘后,目前,我国的测绘资质专业范围为 10 类。

2. [答案] B

[解析] 考核对《测绘资质管理规定》的掌握程度。测绘单位自取得测绘资质证书之日起,一般 2 年后方可申请升级,并且要达到相应的标准和条件,不存在自动升级的规定。

3. [答案] D

[解析] 测绘资质证书有效期为 5 年,有效期满需要延续的,应当在有效期满 60 日前,向省级以上测绘地理信息行政主管部门提出申请。本题意在考察考生对《测绘资质管理规定》关于测绘资质延续规定的熟练掌握程度。

4. [答案] D

[解析] 考核甲级单位的质量管理体系规定。我国目前甲级测绘单位必须通过 ISO 9000 系列质量保证体系认证。

5. [答案] B

[解析] 房产测绘资质的审批须征求房产行政主管部门的意见,是《房产测绘管理办法》中的规定,与《测绘法》及《测绘资质管理规定》相矛盾。根据《测绘资质管理规定》,目前,除申请合作企业资质外,申请任何专业范围的测绘资质,均不需要征求其他部门的意见。

6. [答案] C

[解析] 目前我国测绘资质业务分类及专业限定,主要考虑相关专业对技术、设备要求都比较高,如大地测量,只限定在甲、乙级;摄影测量与遥感、地理信息系统工程都限制到丙级,而海洋测绘业务比较广泛,因此放宽到丁级。

7. [答案] B

[解析] 考核测绘项目监理的相关规定。摄影测量与遥感专业市场化程度比较高,《测绘资质分级标准》中明确摄影测量与遥感专业下设甲、乙级监理子项。

8. [答案] D

[解析]《测绘资质分级标准》提出了不动产测绘的概念,并将地籍测绘、行政区域界线测绘和房产测绘统一划入不动产测绘,而地籍测绘、行政区域界线测绘和房产测绘只作为其专业子项。

9. [答案] B

[解析] 考核注册测绘师执业规定。注册测绘师的注册单位与人事关系所在单位可以不是一个单位,但必须在一个具有测绘资质的单位执业。

10. [答案] A

[解析] 考核对注册测绘师执业规定的准确理解和记忆。根据《注册测绘师制度暂行规定》,在测绘活动中形成的技术设计文件,必须由注册测绘师签字并加盖执业印章后方可生效。

11. [答案] B

[解析] 考核注册测绘师的执业责任。谁委托谁负责,但委托单位可以向注册测绘师追偿。

12. [答案] D

[解析] 注册证和执业印章在有效期限内是注册测绘师的执业凭证,必须由注册测绘师本人保管、使用,这是注册测绘师的基本权利。

13. [答案] C

[解析] 申请领取测绘作业证的基本条件,就是从事测绘外业作业的人员。测绘外业作业人员必须持有测绘作业证,而注册测绘师、测绘行业技师等虽可能从事测绘外业作业,但并不绝对,因此,答案只能选择C。

14. [答案] D

[解析] 测绘成果大都涉及国家秘密,对外提供或者携带出境,必须依法经过批准。《外国的组织或者个人来华测绘管理暂行办法》规定,来华测绘成果归中方部门或者单位所有的,未经依法批准,不得以任何形式将测绘成果携带或者传输出境。

15. [答案] A

[解析] 考核外国的组织或者个人来华测绘的禁止性规定。根据《外国的组织或者个人来华测绘管理暂行办法》,外国组织或者个人来华测绘不得从事地图编制、大地测量、行政区域界线、导航电子地图制作、测绘航空摄影等。其中地图编制中,就包括了地方性教学地图编制。

16. [答案] B

[解析] 考核行政许可部门的责任。按照谁许可、谁送达的原则,准予一次性测绘

的,由国务院测绘地理信息行政主管部门依法向申请人送达批准文件,并抄送测绘活动所在地的省、自治区、直辖市人民政府测绘地理信息行政主管部门。

二、多项选择题

1. [答案] BCDE

[解析] 考核《测绘资质分级标准》中对测绘单位质量管理体系的规定。在《测绘资质分级标准》通用标准中对此有明确规定。

2. [答案] BDE

[解析] 考察《测绘资质分级标准》中的工程测量专业标准。对于需要配备的特殊仪器,考生应当加强重点复习。

3. [答案] ABDE

[解析] 根据《注册测绘师制度暂行规定》,注册测绘师从事执业活动,由其所在单位接受委托并统一收费。因测绘成果质量问题造成的经济损失,接受委托的单位应承担赔偿责任。接受委托的单位依法向承担测绘业务的注册测绘师追偿。

4. [答案] ABE

[解析] 这是一道关于测绘作业证的综合题,考点较多,要在对《测绘作业证管理规定》全面理解的基础上进行作答。

5. [答案] ABC

[解析] 考核外国的组织或者个人来华测绘的基本原则。其中,最基本的原则就是不得涉及国家秘密、必须遵守国家有关法律法规。因此,前三个选项是正确的。

三、简答题

略

四、论述题

略

第3章 测绘项目管理和测绘标准化

一、单项选择题

1. [答案] C

[解析] 考核合同无效的规定。合同无效是《中华人民共和国合同法》中学习的重要内容,也是近年来注册测绘师《中华人民共和国合同法》考试内容的重点。

2. [答案] D

[解析] 考核联合体投标的规定。《中华人民共和国招标投标法》规定,两个以上法人或者其他组织可以组成一个联合体,以一个投标人的身份共同投标。

3. [答案] B

[解析] 根据《中华人民共和国合同法》,订立合同可以采取书面形式,也可以采用口

头形式,但是法律规定采用书面形式的应当采取书面形式。因此,第二选项不正确。

4. [答案] D

[解析] 根据《测绘市场管理暂行办法》,当事人双方应当全面履行测绘合同。测绘合同发生纠纷时,当事人双方应当依照《中华人民共和国经济合同法》的规定解决。

5. [答案] B

[解析] 目前,我国测绘产品或者测绘工程价格实行政府指导价,因此,测绘工程项目投标时工程费用确定的主要依据标准,应当是国家测绘地理信息局制定的《测绘工程产品价格》。

6. [答案] D

[解析] 测绘项目的承包方可以分包测绘项目,但不得分包项目主体部分,分包量不得超过项目总承包量的40%。

7. [答案] D

[解析] 折旧费用不列入成本费用。成本费用中,包括直接费用、间接费用和期间费用。

8. [答案] C

[解析] 分包量不得高于总承包量的40%。

9. [答案] D

[解析] 此题属于理解题。成果交接完毕后,工程费用如果没有结清,合同不可能终止。因此,根据《测绘合同》示范文本附则,本合同由双方代表签字,加盖双方公章或合同专用章即生效。全部成果交接完毕和测绘工程费结算完成后,本合同终止。

10. [答案] C

[解析]《中华人民共和国计量法》及《测绘计量管理暂行办法》均有规定,测绘产品质量监督检验机构必须向省级以上计量行政主管部门申请计量认证。

11. [答案] D

[解析] 考核对标准化知识和测绘专业知识的综合理解。全球定位系统测量规范是规范 GPS 测量数据获取与处理的规范。

12. [答案] B

[解析] 考核标准常识。用汉语拼音的第一个字母表示。"GB"代表强制性国家标准。"GB/T"代表推荐性国家标准。"CH"代表测绘行业标准。

13. [答案] B

[解析] 国家标准由国务院标准化行政主管部门复审,行业标准由国务院有关行业主管部门负责。

14. [答案] A

[解析]《测绘标准化工作管理办法》规定,测绘标准复审周期一般不超过五年,下列情况应当及时进行复审:

(1)不适应科学技术的发展和经济建设需要的。
(2)相关技术发生了重大变化的。
(3)标准实施过程中出现重大技术问题或有重要反对意见的。

15. [答案] A

[解析] 根据《中华人民共和国标准化法》,对需要在全国范围内统一的技术要求,应当制定国家标准。国家标准由国务院标准化行政主管部门制定。对没有国家标准而又需要在全国某个行业范围内统一的技术要求,可以制定行业标准。行业标准由国务院有关行政主管部门制定,并报国务院标准化行政主管部门备案,在公布国家标准之后,该项行业标准即行废止。

16. [答案] A

[解析] 导航电子地图涉及国家安全,按照标准化法的要求,应当制定强制性国家标准。因此,《导航电子地图安全处理技术基本要求》属于强制性国家标准。

17. [答案] D

[解析] 在公布国家标准之后,该项行业标准即行废止。

18. [答案] D

[解析] 教学用测绘计量器具经测绘地理信息行政主管部门登记后,可不进行检定,但只能用于教学示范。

二、多项选择题

1. [答案] ABCD

[解析] 根据《中华人民共和国合同法》,当事人订立、履行合同,应当遵守法律、行政法规,尊重社会公德,不得扰乱社会经济秩序,损害社会公共利益。在中华人民共和国境内履行的中外合资经营企业合同、中外合作经营企业合同、中外合作勘探开发自然资源合同,适用中华人民共和国法律。

2. [答案] BCD

[解析] 《测绘法》对测绘单位在承揽测绘项目时应当承担的法律义务作出了具体规定。重点要掌握《测绘法》关于测绘资质资格的相关法律规定。

3. [答案] BDE

[解析] 根据《中华人民共和国合同法》,当事人协商一致,可以解除合同;因不可抗力致使不能实现合同目的,可以解除合同;当事人一方迟延履行债务或者有其他违约行为致使不能实现合同目的的,可以解除合同。

4. [答案] BCE

[解析] 考核《测绘法》中有关测绘项目发包和承包的规定。项目发包单位不得将测绘项目发包给不具有相应测绘资质等级的单位。

5. [答案] ABCD

[解析] 考核《测绘法》中关于非法转包测绘项目的法律责任。

6. [答案] ABCE

[解析] 理解《测绘》市场有关当事人之间的权利与义务关系。D选项为权利,而不是义务。

7. [答案] BCD

[解析] 考核标准的基本知识。国家基本比例尺地图,公众版地图及其测绘的方法、过程、质量、检验和管理等方面的技术要求和测绘术语、分类、模式、代号、代码、符号、图式、

图例等技术要求,应当制定强制性国家测绘标准,其他三个选项应当制定测绘标准化指导性技术文件。

8. [答案] ACE

[解析] 没收测绘成果和测绘仪器属于强制性措施,在法律、法规没有明确规定的情况下,测绘地理信息行政主管部门不能作出强制性的处理措施。《测绘计量管理暂行办法》属于国家测绘地理信息局制定的规范性文件,不能作出强制性规定措施。因此,B、D 选项是错误的。

9. [答案] AC

[解析] 教学示范用测绘仪器可以免检,但必须向测绘主管部门登记,并不得用于测绘生产。教学用测绘仪器经检定合格后,当然可以用于测绘生产。测绘仪器经周期检定,必须合格后,方可再用于测绘生产。国家权威科研机构未经授权,不得从事测绘计量检定工作。

10. [答案] BCDE

[解析] 根据《测绘标准化工作管理办法》,长期采用国际标准化组织以及其他国际组织技术报告的,应当制定测绘标准化指导性技术文件,没必要制定强制性测绘标准或者强制性条款。

11. [答案] ACDE

[解析] 《中华人民共和国计量法实施细则》中对计量标准器具使用必须具备的条件进行了规定。

三、简答题

略

四、论述题

略

第4章 测绘基准和测绘系统

一、单项选择题

1. [答案] B

[解析] 建立独立平面坐标系属于省级测绘地理信息主管部门审批职责范围的是:①50万人口以下城市;②列入省级项目的大型工程项目;③其他确需省级测绘地理信息主管部门审批的项目。

2. [答案] B

[解析] 按照国务院要求,自2008年开始,建立城市坐标系统,必须使用2000国家大地坐标系。

3. [答案] C

[解析] 相对独立的平面坐标系统指以任意点和方向起算建立的平面坐标系统,不是正北方向。

4. [答案] A

[解析] 50万人口以上的城市建立相对独立的平面坐标系统,由国务院测绘地理信息主管部门审批。石家庄市作为河北省省会,市区人口已超过300万。一般而言,省会城市建立相对独立的平面坐标系统,均应报国务院测绘地理信息主管部门审批。

5. [答案] A

[解析] 收取测量标志有偿使用费是测绘地理信息行政主管部门的职责。

6. [答案] D

[解析] 拆迁永久性测量标志或者使永久性测量标志失去效能的,属于行政许可事项,测量标志保护条例明确由省级以上测绘地理信息行政主管部门负责审批。

7. [答案] A

[解析]《测量标志保护条例》规定,经批准拆迁基础性测量标志或者使基础性测量标志失去使用效能的,工程建设单位应当按照国家有关规定向省、自治区、直辖市人民政府管理测绘工作的部门支付迁建费用。

8. [答案] B

[解析] 永久性测量标志属于公共设施,使用永久性测量标志不需要申请,使用军用控制点的,也不需要征得军队测绘部门的同意。测量标志保管员没有权力收取有偿使用费。因此,不论是采取排除法,还是从理解记忆的角度出发,答案只能选择B。

9. [答案] C

[解析]《测量标志保护条例》明确规定,永久性测量标志的重建工作,由收取测量标志迁建费用的部门组织实施。

10. [答案] D

[解析] 根据《测量标志保护条例》,设置部门专用的测量标志的部门查找不到的,工程建设单位应当按照国家有关规定向省、自治区、直辖市人民政府管理测绘工作的部门支付迁建费用。

11. [答案] D

[解析] 基础性测量标志一般都由省级以上测绘地理信息行政主管部门建设,因此,《测量标志保护条例》规定,拆迁基础性测量标志或者使基础性测量标志失去使用效能的,应当由国务院测绘地理信息行政主管部门或者省级测绘地理信息行政主管部门批准。

12. [答案] C

[解析] 新中国成立以来,我国多个国民经济建设部门先后建立了90多万座永久性测量标志,测量标志保护涉及众多部门。因此,测量标志保护条例规定,全国测量标志维修规划由国务院测绘地理信息主管部门会同国务院其他有关部门制定。

二、多项选择题

1. [答案] ABDE

[解析]《建立相对独立的平面坐标系统管理办法》中有明确的规定。C选项正确的答案应当是能够反映建设单位测绘成果资料档案管理设施和制度的证明文件。

2. [答案] ACDE

[解析]《建立相对独立的平面坐标系统管理办法》中有明确的规定,系统转换参数属于国家秘密,不得对外公布。

3. [答案] BCE

[解析] 建立相对独立的平面坐标系统审批属于行政许可事项,必须按照《中华人民共和国行政许可法》的规定依法进行审批。申请材料不齐全、不符合规定形式要求的,应当场或者在规定的时限内通知申请人一次性补正,而不能作出不予批准的决定。

4. [答案] ABDE

[解析] 考核建设永久性测量标志的要求。《测量标志保护条例》规定地面标志占用土地的范围为 $36 \sim 100m^2$,合计为 $3600m^2$,因此,C 选项答案是错误的。

5. [答案] ABE

[解析] 测量标志受国家保护,法律、法规对有损测量标志安全和使测量标志失去使用效能的行为进行了禁止性规定,前提条件是有损测量标志安全和使测量标志失去使用效能,以此作为依据去逐一排除选项。

6. [答案] ABCD

[解析]《测量标志保护条例》对测量标志保管人员的权利与义务有明确规定。收取测量标志有偿使用费属于测绘行政主管部门的职责。

7. [答案] ABDE

[解析] 拆迁部门专用的永久性测量标志或者使部门专用的永久性测量标志失去使用效能的,应当经设置测量标志的部门同意,并经省、自治区、直辖市人民政府管理测绘工作的部门批准。

8. [答案] BCD

[解析]《测绘法》和《测量标志保护条例》中对违反测量标志管理规定的法律责任有明确规定。E 选项中,虽然违反测绘操作规程进行测绘,但并未确定使永久性测量标志受到损坏,因此不承担法律责任;A 选项中,无证使用永久性测量标志并且拒绝县级以上人民政府管理测绘工作的部门监督和负责保管测量标志的单位和人员查询的,才追究其法律责任。单纯是由于未持有测绘作业证使用永久性测量标志,不应当追究法律责任。

三、简答题

略

四、论述题

略

第 5 章　基础测绘管理

一、单项选择题

1. [答案] C

[解析] 发展改革部门属于立项批准部门,财政部门是资金拨付部门,如果属于市县

的项目,也没必要征求省级测绘地理信息行政主管部门的意见。因此,最有可能的就是同级测绘地理信息行政主管部门,目的是避免重复测绘。

2. [答案] B

[解析] 国家发展改革部门是政府年度计划编制管理部门。为此,《基础测绘条例》规定,国务院发展改革部门会同国务院测绘主管部门负责编制全国基础测绘年度计划。

3. [答案] C

[解析] 测绘单位对测绘成果质量负责。类似这种题目往年也考过,不论题干千变万化,测绘单位对测绘成果质量负责这一核心根本不会改变。

4. [答案] B

[解析]《测绘法》明确规定,国家对基础测绘成果实行定期更新制度。

5. [答案] D

[解析] 考核基础测绘工作基本原则。由于基础测绘成果大多涉及国家秘密,因此,原则中一定有涉及安全、保密方面的内容,由此可排除 A 选项。基础测绘工作涉及国民经济建设的多个部门,因此,原则中一定会有统筹或者综合规划之类的要求,由此便可排除 B 选项。国家对基础测绘实行定期更新制度,由此便可排除 C 选项。如果掌握定期更新制度,直接就可以排除前3个选项。

6. [答案] A

[解析] 基础测绘应急保障预案内容,最主要的就是体现应急状况,一般情况下不会首先考虑经费投入问题。

7. [答案] A

[解析] 基础测绘中长期规划是政府对基础测绘在时间和空间上的战略部署及其具体安排,其主要任务包括加强重大问题研究,理清发展思路,做好重大工程项目的筛选和指标论证;其规划期应当根据基础测绘工作特点、经济建设、社会发展和国防建设的实际需要合理确定,一般至少为五年。

8. [答案] C

[解析] 根据《基础测绘条例》,确定基础测绘成果更新周期的因素有三个:①国民经济和社会发展对基础地理信息的需求;②测绘科学技术水平和测绘生产能力;③基础地理信息变化情况。

9. [答案] B

[解析] 涉密基础测绘成果一旦失泄密,会给国家安全带来严重危害。因此,《测绘成果管理条例》规定,测绘成果所在地的测绘地理信息行政主管部门按照职权,应当对涉及国家秘密的基础测绘成果实行审批。

二、多项选择题

1. [答案] BCDE

[解析]《基础测绘条例》规定,国家安排基础测绘设施建设资金,应当优先考虑航空摄影测量、卫星遥感、数据传输以及基础测绘应急保障的需要。

2. [答案] ABC

[解析]《基础测绘条例》规定,基础测绘成果更新周期应当根据不同地区国民经济和社会发展的需要、测绘科学技术水平和测绘生产能力、基础地理信息变化情况等因素确定。

3. [答案] ACD

[解析]《基础测绘条例》第十六条:基础测绘项目承担单位应当具有与所承担的基础测绘项目相应等级的测绘资质,并不得超越其资质等级许可的范围从事基础测绘活动。基础测绘项目承担单位应当具备健全的保密制度和完善的保密设施,严格执行有关保守国家秘密法律、法规的规定。

4. [答案] ABE

[解析] 根据《基础测绘条例》,国务院测绘地理信息主管部门组织实施以下基础测绘工作:①建立全国统一的测绘基准和测绘系统;②建立和更新国家基础地理信息系统;③组织实施国家基础航空摄影;④获取国家基础地理信息遥感资料;⑤测制和更新全国1:100万至1:2.5万国家基本比例尺地图、影像图及其数字化产品。

5. [答案] BCDE

[解析] 根据《基础测绘成果应急提供办法》,基础测绘成果应急提供的原则:①时效性;②安全性;③可靠性;④无偿性。

三、简答题

略

四、论述题

略

第6章 测绘成果管理

一、单项选择题

1. [答案] A

[解析] 测绘成果汇交的目的是促进成果资料共享利用。《测绘法》规定国家实行测绘成果无偿汇交制度。

2. [答案] C

[解析] 利用涉及国家秘密的测绘成果开发生产的产品,涉及国家秘密,危害国家安全,因此,必须经过测绘地理信息行政主管部门进行保密技术处理。

3. [答案] A

[解析] 测绘管理工作国家秘密目录中已明示。

4. [答案] B

[解析] 对全部产品进行检验是不可能的,对首件产品和末件产品进行检验,不能准确地反映出产品质量问题,因此,《中华人民共和国产品质量法》规定,产品质量监督检验的主要方式是实行抽样检验。

5.[答案] A

[解析] 国家有关产品质量的法律法规和《测绘生产质量管理规定》,都有明确规定,测绘单位必须接受测绘地理信息行政主管部门组织的产品质量的监督检查,并主动提供抽样产品,不提供抽样产品的,其产品按"批不合格"处理。

6.[答案] D

[解析] 沿海省的滩涂面积不属于国家重要的地理信息数据,不需要国务院测绘地理信息行政主管部门审核。

7.[答案] C

[解析] 国务院批准公布的重要地理信息数据不可能由省级人民政府或者省级测绘地理信息行政主管部门公布,也不可能由提出审核重要地理信息数据的建议人公布,只能是由国务院或国务院授权的部门公布。

8.[答案] D

[解析] 测绘单位质量主要负责人的职责,其中很重要的一项,就是处理生产过程中的重大技术问题和质量争议。

9.[答案] D

[解析]《测绘法》中有具体规定。从选项的字面上也可以得出正确答案。

10.[答案] B

[解析]《重要地理信息数据审核公布管理规定》明确以公告形式公布。

11.[答案] C

[解析]《中华人民共和国保守秘密法》对涉密信息系统有专门规定。很显然,保密设施、设备应当在系统建设之前就进行配备,而不是在系统建设完成后才配备。

12.[答案] D

[解析] 考核《测绘法》中有关测绘成果保密的规定。

13.[答案] D

[解析] 海岸线属于国家重要地理信息数据,需要由国务院测绘地理信息主管部门审核并报国务院批准后才能公布。

14.[答案] D

[解析] 考核《测绘生产质量管理规定》中的测绘生产作业过程中的质量管理。经过程检查的产品不是最终产品,不能直接交付用户使用。

15.[答案] A

[解析] 工程测量数据和图件顾名思义,属于专业测绘的内容,不属于基础测绘成果。

16.[答案] B

[解析] 涉密基础测绘成果仅限于在申请人本单位使用,不得延伸至其单位上级主管部门。

17.[答案] B

[解析] 考核《测绘成果管理条例》中关于重要地理信息数据审核公布的规定。

18.[答案] C

[解析] 考核测绘科技档案的内容。测绘生产项目费用支出档案属于财务档案,不属于测绘科技档案。

19. [答案] C

[解析] 国家秘密不得使用特快专递。

20. [答案] C

[解析] 测绘地理信息行政主管部门进行质量监督抽检属于管理行为,不属于测绘作业过程中的质量控制措施。

21. [答案] B

[解析] 《测绘成果管理条例》规定,汇交测绘成果资料的范围由国务院测绘地理信息主管部门商国务院有关部门制定并公布,而不是单纯由国务院测绘地理信息主管部门制定并公布。

22. [答案] B

[解析] 《测绘成果管理条例》规定,利用涉密成果开发生产测绘产品,其秘密等级不得低于所用成果的秘密等级。

23. [答案] D

[解析] 考核《中华人民共和国保守国家秘密法》中的定密权限问题。上述答案选项中,只有省级以上保密行政管理部门才具有定密权限。

24. [答案] D

[解析] 《关于加强涉密地理信息数据应用安全监管的通知》中明确规定,使用涉密地理信息数据的建设项目,严禁委托给外国企业或者外国独资、中外合资、中外合作以及具有外资背景的企业承担。

25. [答案] A

[解析] 考核《重要地理信息数据审核公布管理规定》关于受理建议人申请的有关规定。

26. [答案] D

[解析] A、B 级 GPS 点成果的使用审批权是国务院测绘地理信息主管部门。

27. [答案] D

[解析] 过程检查完成后应及时编写过程质量检查报告,而不是最终质量检查报告。

28. [答案] B

[解析] 考核《遥感影像公开使用管理规定(试行)》。公开使用的遥感影像空间位置精度不得高于 505m;影像地面分辨率不得优于 0.5m;不标注涉密信息、不处理建筑物、构筑物等固定设施。

29. [答案] D

[解析] 考核申请使用基础测绘成果的条件。

30. [答案] D

[解析] 考核涉密成果使用规定。涉密测绘成果只能按照申请的使用目的使用,使用完成后必须按规定销毁,不得在其他项目中使用。

31. [答案] B

[解析] 测绘产品质量监督检查计划,由省级以上人民政府测绘主管部门编制,报同级人民政府技术监督行政部门审批。

32. [答案] B

[解析] 测绘产品质量检验人员应当通过任职资格考核。达到合格标准,取得测绘产品质量检验员证的,方可从事测绘产品质量检验工作。类似题目以往曾经考过,是比较容易命题的考点。

33. [答案] A

[解析] 测绘单位可以按照测绘项目的实际情况实行项目质量负责人制度。项目质量负责人对该测绘项目的产品质量负直接责任。

34. [答案] D

[解析] 国家对测绘成果实行无偿汇交制度。

35. [答案] D

[解析] 对外提供属于国家秘密的测绘成果,应当按照国务院和中央军事委员会规定的审批程序,报国务院测绘地理信息主管部门或者省、自治区、直辖市人民政府测绘地理信息行政主管部门审批;测绘地理信息行政主管部门在审批前,应当征求军队有关部门的意见。

36. [答案] A

[解析] 1:50万、1:25万、1:10万、1:5万、1:2.5万国家基本比例尺地图、影像图和数字化产品,由国务院测绘地理信息主管部门负责审批。

37. [答案] B

[解析] 基础测绘成果和财政投资完成的其他测绘成果,用于国家机关决策和社会公益性事业的,应当无偿提供。而用于其他目的时,应当依法实行有偿使用制度。

38. [答案] B

[解析] 外国的组织或者个人依法与中华人民共和国有关部门或者单位合资、合作,经批准在中华人民共和国领域内从事测绘活动的,测绘成果归中方部门或者单位所有,并由中方部门或者单位向国务院测绘地理信息主管部门汇交测绘成果副本。

39. [答案] C

[解析] 测绘单位的法定代表人确定本单位的质量方针和质量目标,签发质量手册;建立本单位的质量体系并保证其有效运行;对提供的测绘产品承担产品质量责任。

二、多项选择题

1. [答案] AB

[解析] 根据《测绘生产质量管理规定》,要求甲、乙级单位应当设立质量管理或者质量检查机构。

2. [答案] ABCD

[解析] 《基础测绘条例》规定,基础测绘成果和财政投资完成的其他测绘成果,用于国家机关决策和社会公益性事业的,应当无偿提供。

3. [答案] ABCD

[解析] 考核《重要地理信息数据审核公布管理规定》中对重要地理信息数据范围的规定。

4. [答案] BCE

[解析] 考核《测绘法》中测绘成果质量不合格的法律责任。

5. [答案] CDE

[解析] 考核测绘地理信息行政主管部门的义务。测绘地理信息行政主管部门应该书面告知测绘成果的秘密等级、保密要求和著作权保护要求。

6. [答案] ABD

[解析] 考核重要地理信息数据审核的主要内容。

7. [答案] ABD

[解析] 测绘单位的法定代表人确定本单位的质量方针和质量目标,签发质量手册;建立本单位的质量体系并保证其有效运行;对提供的测绘产品承担产品质量责任。

8. [答案] BCDE

[解析] 测绘单位的质量主管负责人按照职责分工负责质量方针、质量目标的贯彻实施,签发有关的质量文件及作业指导;组织编制测绘项目的技术设计书,并对设计质量负责;处理生产过程中的重大技术问题和质量争议;审核技术总结;审定测绘产品的交付验收。

三、简答题

略

四、论述题

略

第7章 界线测绘与不动产测绘管理

一、单项选择题

1. [答案] A

[解析]《测绘法》规定,中华人民共和国国界线的测绘,按照中华人民共和国与相邻国家缔结的边界条约或者协定执行。

2. [答案] D

[解析] 行政区域界线的测绘,按照国务院有关规定执行。省、自治县、直辖市和自治州、县、自治县、市行政区域界线的标准画法图,由国务院民政部门和国务院测绘地理信息行政主管部门拟订,报国务院批准后公布。

3. [答案] D

[解析] 国务院测绘地理信息主管部门会同国务院土地行政主管部门编制全国地籍测绘规划。县级以上地方人民政府测绘地理信息行政主管部门会同同级土地行政主管部门编制本行政区域的地籍测绘规划。

4. [答案] B

[解析] 测量土地的权属界址线,应当按照县级以上人民政府确定的权属界线的界址点、界址线或者提供的有关登记资料和附图进行。

5. [答案] C

[解析] 考核《行政区域界线管理条例》中有关行政区域界线测绘的规定,行政区域界线测绘,应当执行勘界测绘技术规范。

6. [答案] B

[解析] 考核《测绘法》中有关权属界址线的规定。

7. [答案] D

[解析] 考核《测绘法》中与房屋产权、产籍相关的房屋面积测量的规定。

8. [答案] A

[解析] 考核《房产测绘管理办法》中有关房产测绘委托的规定。

9. [答案] C

[解析] 考核《行政区域界线管理条例》。一般原则是批准的单位进行备案。

10. [答案] D

[解析] 考核《房产测绘管理办法》。《房产测绘管理办法》规定,当事人对房产测绘成果有异议的,可以委托国家认定的房产测绘成果鉴定机构进行鉴定。

11. [答案] C

[解析]《测绘法》规定,中华人民共和国地图的国界线标准样图,由外交部和国务院测绘地理信息行政主管部门拟定。

12. [答案] B

[解析] 考核《房产测绘管理办法》中的法律责任。本题考核的关键点,在于房产测绘的特殊性。在房产测绘面积测算中不执行国家标准、规范和规定的,由县级以上房地产行政主管部门予以处罚,而不是测绘地理信息行政主管部门。

13. [答案] A

[解析]《测绘法》规定,取消测绘资质的行政处罚由颁发资质证书的机关作出。

14. [答案] D

[解析] 根据《房产测绘管理办法》,房产测绘所需费用由委托人支付。

二、多项选择题

1. [答案] ABCD

[解析] 考核《房产测绘管理办法》中有关房产测绘委托的相关规定。

2. [答案] ABCD

[解析]《房产测绘管理办法》规定,用于房屋权属登记等房产管理的房产测绘成果,房地产行政主管部门应当对施测单位的资格、测绘成果的适用性、界址点准确性、面积测算依据与方法等内容进行审核。

3. [答案] ACE

[解析] 考核行政区域界线测绘的内容,行政区域界线测绘的内容包括界桩的埋设与测定、边界线的调绘、边界线走向的文字说明、边界线地形图的标绘、界线详图的编撰与制印

等工作。

三、简答题

略

第8章 地图管理

一、单项选择题

1. [答案] C

    [解析] 考核《地图审核管理规定》中有关地图送审的规定。制作标准画法地图并向社会公布使用,是各级测绘地理信息行政主管部门的公共服务职能。直接使用标准画法地图,并且没有编辑改动的,可以不送审,但应当在地图上注明地图制作单位名称。

2. [答案] A

    [解析]《地图编制出版管理条例》规定,保密地图和内部地图不得以任何形式公开出版、发行或者展示。

3. [答案] D

    [解析] 国务院公布的重要地理信息数据可以公开使用。其他有关数据都涉及国家秘密,不得在公开地图上表示。

4. [答案] D

    [解析] 按照地图审核管理权限,地方性地图由省级测绘地理信息行政主管部门负责审核。

5. [答案] A

    [解析] 根据《地图审核管理规定》,国务院测绘地理信息主管部门可以委托省级测绘地理信息行政主管部门审核不涉及国界线的省、自治区、直辖市历史地图,对于涉及国界线的省、自治区、直辖市历史地图,国务院测绘地理信息主管部门不能委托省级测绘地理信息行政主管部门审核。

6. [答案] C

    [解析] 历史地图、世界地图和时事宣传图,报外交部和国务院测绘地理信息主管部门审核。

7. [答案] C

    [解析] 考核地图审核备案制度,目的是检验地图审核申请人是否依法履行应当履行的义务。

8. [答案] C

    [解析] 考核《公开地图内容表示补充规定(试行)》中有关设施的位置精度问题。

9. [答案] C

    [解析] 按照地图审核管理权限和历史地图、界线地图以及时事宣传地图特点,由外交部和国务院测绘地理信息主管部门审核。

10. [答案] C

[解析] 考核《公开地图内容表示若干规定》中有关位置精度的规定。

11. [答案] B

[解析] 涉及国界线的省级行政区域地图,省、自治区、直辖市历史地图(不涉及国界线),省、自治区、直辖市地方性中小学教学地图,世界性和全国性示意地图,国务院测绘地理信息行政主管部门可以委托省级测绘地理信息行政主管部门审核。

12. [答案] D

[解析] 测绘地理信息行政主管部门负责审核的地图内容包括:保密审查,国界线、省、自治区、直辖市行政区域界线,重要地理要素及名称等内容审查。

13. [答案] B

[解析] 公开地图位置精度不得高于50m,等高距不得小于50m,数字高程模型格网不得小于100m。

14. [答案] D

[解析] 涉及使用国家秘密测绘成果编制的地图,提交经国务院测绘地理信息行政主管部门有关机构进行保密技术处理和使用保密插件的证明文件。

二、多项选择题

1. [答案] ABDE

[解析] 考核《地图编制出版管理条例》有关编制地图应当符合的基本要求。

2. [答案] ABCE

[解析] 考核《公开地图内容表示若干规定》中有关地图比例尺的规定。省、自治区地图,比例尺等于或小于1∶50万;直辖市地图及辖区面积小于10万 km^2 的省、自治区地图,比例尺应当等于或小于1∶25万。

3. [答案] BDE

[解析] 根据《地图审核管理规定》,历史地图、世界性地图、时事宣传地图和其他需要会同外交部审查的地图,由国务院测绘地理信息主管部门受理会同外交部进行审核。

4. [答案] ABCE

[解析] 《公开地图内容表示补充规定(试行)》已明确,公开地图禁止表示的内容包括:重要桥梁的限高、限宽、净空、载重量和坡度属性;江河的通航能力、水深、流速和岸质属性;水库的库容属性;高压电线、通信线、管道的属性。仅沼泽地的名称属性可在公开地图表示。

5. [答案] ABCE

[解析] 根据《地图审核管理规定》,地图审核的主要内容有:保密审查;国界线、省、自治区、直辖市行政区域界线(包括中国历史疆界)和特别行政区界线;重要地理要素及名称等内容;国务院测绘地理信息主管部门规定需要审核的其他内容。同时审核内容还应包括:地图编制是否符合国家规定的地图编制标准;地图表示内容是否含有国家有关法律、行政法规规定不得表示的内容。

6. [答案] ABCE

[解析] 数据认定指省级以上测绘地理信息主管部门委托的认定机构证明基础地理

信息数据符合相关技术标准的强制性要求的评定活动。数据认定应上交的材料包括：数据生产单位相应的测绘资质证明文件、数据生产设计书、数据经注册测绘师签字认可的证明文件、经有关主管部门检查验收的文档资料。

三、简答题

略

四、论述题

略

参 考 文 献

[1] 国家测绘地理信息局职业技能鉴定指导中心. 测绘管理与法律法规[M]. 北京:测绘出版社,2015.
[2] 胡伍生,于先文,章其祥. 测绘管理与法律法规考点分析与试题详解[M]. 北京:人民交通出版社股份有限公司,2017.
[3] 杨敏. 测绘管理与法律法规[M]. 天津:天津大学出版社,2012.
[4] 李维森,谢经荣,王振江. 中华人民共和国测绘成果管理条例释义[M]. 北京:中国法制出版社,2006.
[5] 胡伍生,于先文,章其祥. 测绘管理与法律法规历年真题详解[M]. 北京:人民交通出版社股份有限公司,2016.
[6] 黄张裕,高俊强. 测绘管理法规概论[M]. 南京:河海大学出版社,2011.
[7] 国家测绘地理信息局法规与行业管理司. 测绘地理信息法律法规文件汇编[M]. 北京:测绘出版社,2012.
[8] 张万峰. 中国测绘法律制度概论[M]. 北京:人民交通出版社,2007.
[9] 国家测绘局. 测绘与地理信息标准化指导与实践[M]. 北京:测绘出版社,2008.